高职高专公共基础课系列教材

经济数学(下册)

主　编　陈艳花　张忠诚
副主编　刘　蓉　王　燕　唐富贵

西安电子科技大学出版社

内容简介

本书分为上、下两册，共8章. 其中上册为第1章至第4章，分别为函数、极限与连续，导数与微分，微分中值定理与导数的应用，不定积分与定积分；下册为第5章至第8章，分别为多元函数微积分，微分方程初步，无穷级数，线性代数初步.

本书适合高职高专院校经济管理类各专业学生使用.

图书在版编目(CIP)数据

经济数学. 下册/陈艳花，张忠诚主编. —西安：西安电子科技大学出版社，2022.3
(2022.8重印)
ISBN 978-7-5606-6377-7

Ⅰ. ①经… Ⅱ. ①陈… ②张… Ⅲ. ①经济数学—高等职业教育—教材
Ⅳ. ① F224.0

中国版本图书馆CIP数据核字(2022)第033041号

策　　划　刘玉芳　刘统军
责任编辑　程广兰　刘玉芳
出版发行　西安电子科技大学出版社(西安市太白南路2号)
电　　话　(029)88202421　88201467　　邮　　编　710071
网　　址　www.xduph.com　　电子邮箱　xdupfxb001@163.com
经　　销　新华书店
印刷单位　陕西天意印务有限责任公司
版　　次　2022年3月第1版　2022年8月第2次印刷
开　　本　787毫米×1092毫米　1/16　印　张11.5
字　　数　271千字
印　　数　501～3500册
定　　价　35.00元
ISBN 978-7-5606-6377-7/F

XDUP 6679001-2

前　言

为满足高职高专院校培养应用型人才的需要，本书以学生发展为目标，以重能力培养、重知识应用为原则编写而成，可供高职高专院校经济管理类各专业学生使用.

本书在内容的取舍上尤其注重数学与经济管理的有机结合，强调微积分的概念与有关原理在经济管理中的应用，强调书中所用的有关经济管理中的概念的严密性和规范性，力求在保持传统高职高专同类教材优点的基础上，将微积分的思想、概念和方法与经济管理中的相关知识恰当结合，为学生后续课程的学习打下良好的数学基础.

本书在构建各章节的知识体系时，体现了案例驱动和突出应用的教学思想，即用现实和经济管理中的实例作为引例引出基本概念，通过“已知”诱导启发学生理解“未知”，进而带着问题学习相关的数学基本概念、基本原理和基本方法，最后用所学数学知识解决类似于“案例分析”这样的实际问题.

本书在充分考虑到当前高职高专院校生源变化的特点、学生的认知水平、经济数学的教学需要和教学特点的基础上，设计、安排和组织了全书内容. 在保证数学概念准确的前提下，本书尽量借助几何直观使得一些抽象的数学概念更形象化，从而引导学生不断发现问题、分析问题和解决问题，在探索问题的过程中主动学习知识、掌握技巧，从而获得成就感，增强自信心.

基于分层教学的需要以及高职高专不同专业对数学能力的不同要求，本书在内容上设置了必学和选学(带 * 号内容)两部分，与之对应的习题也分为必做和选做(带 * 号部分). 选学部分可供对数学有较高要求的专业选用，有愿望进一步扩大知识面的学生亦可自学.

基于高职高专学生“专升本”以及部分学有余力学生的需求，本书每章后均设置了“拓展提高”环节，并配以相关的自测题(拓展练习). 通过学习拓展内容，学生可拓宽解题思路，提高解题技巧.

本书是多位编者通力合作的结果. 具体的编写分工是：刘蓉执笔第 1 章，陈艳花执笔第 2 章、第 3 章和第 8 章，唐富贵执笔第 4 章，王燕执笔第 5 章，张忠诚执笔第 6 章和第 7 章. 陈艳花负责全书的统稿和定稿.

在本书的编写过程中，四川商务职业学院数学教研室的蒋磊副教授审阅了书稿并提出了很多有益的建议. 四川商务职业学院和西安电子科技大学出版社对本书的出版提供了大力支持和帮助，在此深表感谢.

限于编者水平，书中难免存在不妥之处，恳请专家、同行和读者批评指正.

编　者

2021 年 10 月

目　　录

第 5 章　多元函数微积分

学习目标

○ 知识学习目标

1. 理解二元函数的概念；
2. 了解二元函数的极限、连续的概念和性质；
3. 熟练掌握求偏导数和全微分的方法；
4. 了解二元函数极值与条件极值的概念；
5. 了解二重积分的概念、几何意义与基本性质，会计算简单的二重积分.

○ 能力培养目标

1. 会用多元函数微积分的思想、概念和方法消化吸收经济问题中的概念和原理；
2. 会利用二元函数的极值解决经济中的最优化问题；
3. 学会直面困难，从困难中学到知识.

5.1　多元函数

前面各章中所研究的一元函数 $y=f(x)$ 是因变量 y 与一个自变量 x 之间的关系，但在许多实际问题中，特别是在经济分析中，往往一个行为可能涉及多方面的因素. 例如，某种商品的市场需求量不仅与该商品的市场价格有关，而且与消费者的收入以及该商品的其他替代品的价格等因素有关，即决定该商品的市场需求量的因素不止一个. 我们应该如何去反映这些变量之间的关系呢？显然，前面所介绍的一元函数的知识已经不能满足要求了，需要把一元函数的知识作相应的拓展，建立多元函数的概念.

5.1.1　基本概念

在学习一元函数时，曾使用过邻域和区间的概念，由于讨论多元函数的需要，下面将这些概念进行推广.

1. 邻域

设 $P_0(x_0, y_0)$ 为 xOy 平面上一定点，δ 为一正数，则以 P_0 为圆心、δ 为半径的开区域

$$D=\{(x, y)\mid (x-x_0)^2+(y-y_0)^2<\delta^2\}$$

称为点 P_0 的 δ 邻域，记作 $U(P_0, \delta)$.

2. 平面区域

一般地，由平面上一条或几条曲线所围成的一部分平面或整个平面称为平面区域，简称区域，通常记作 D. 例如，平面上 $x^2+y^2\leqslant a^2$ 的区域为

$$D_1=\{(x,\ y)\,|\,x^2+y^2\leqslant a^2\},$$

平面上 $y>x$ 的区域为

$$D_2=\{(x,\ y)\,|\,y>x\}.$$

围成区域的曲线称为该区域的边界. 不包括边界上任何点的区域称为开区域，包括全部边界在内的区域称为闭区域，包括部分边界在内的区域称为半开半闭区域.

如果一个区域延伸到无穷远处，则称该区域为无界区域，否则称为有界区域. 如圆形区域、环形区域、矩形区域都是有界区域，而第一象限、无限延伸的扇形都是无界区域.

平面上的区域均可用含该区域内的点的坐标$(x,\ y)$的二元不等式或不等式组来表示(也称为平面区域的解析式)，而且同一个区域可以有不同表示形式.

3. 多元函数的定义

引例 5.1.1【二元生产函数】 现代的任何生产过程中，厂商的产出 Q 均依赖于不同的投入，即生产要素，这些生产要素包括土地 、资本、劳动力和企业家. 为简单起见，我们把注意力限制在资本 K 和劳动力 L 上，即产出 Q 依赖于资本 K 和劳动力 L，则生产函数可写成

$$Q=f(K,\ L).$$

引例 5.1.2【多元需求函数】 一种商品的市场需求量不仅与该商品的价格有关，还与多种其他因素有关，如替代品和互补品的价格、消费者的收入、广告的支出等. 我们用 $x_1,\ x_2,\ \cdots,\ x_n$依次表示这些因素，则需求函数可表示为

$$Q=f(x_1,\ x_2,\ \cdots,\ x_n).$$

问题分析 引例 5.1.1 和引例 5.1.2 中的问题就是我们在经济管理中常常遇到的经济函数问题，与一元函数类似，抛开例子中的具体意义，抓住其本质加以概括，将多个变量间的关系用数学式子表示出来，即得到函数关系式.

定义 5.1.1 设有三个变量 z、x、y 和平面上的一个非空点集 D. 如果对于任意的 $(x,\ y)\in D$，变量 z 按照一定的规律总有唯一确定的值与之对应，则称变量 z 为变量 x 和 y 的二元函数，记作

$$z=f(x,\ y),\ (x,\ y)\in D,$$

其中，变量 x 和 y 叫作自变量，变量 z 称为因变量，自变量 x 和 y 的取值范围 D 称为函数 $z=f(x,\ y)$的定义域. 若对于确定的点$(x_0,\ y_0)\in D$，按照对应法则 f，变量 z 有唯一确定的值 z_0 与之对应，则称 z_0 为函数 $z=f(x,\ y)$在点$(x_0,\ y_0)$处的函数值，记作

$$z_0=f(x_0,\ y_0)\text{ 或 }z\Big|_{\substack{x=x_0\\ y=y_0}}.$$

类似地，可以定义三元函数 $u=f(x,\ y,\ z)$及一般的 n 元函数：

$$u=f(x_1,\ x_2,\ \cdots,\ x_n).$$

二元及二元以上的函数统称为多元函数.

由定义 5.1.1 可知，引例 5.1.1 中的生产函数为二元函数，引例 5.1.2 中的需求函数为 n 元函数.

注　由一元函数推广到多元函数除了形式上的变化，应特别注意本质上的一些变化. 这些本质上的变化主要表现在一元函数和二元函数之间，而二元函数与三元及其以上函数之间则没有本质差异，只是描述的空间维数有所变化. 因此，本章着重讨论的是二元函数的微积分.

例题讲解

例 5.1.1　求函数 $z=\frac{1}{\sqrt{x}}\ln(x+y)$ 的定义域.

解　要使函数有意义，须满足：

$$\begin{cases} x>0 \\ x+y>0 \end{cases},$$

因此函数的定义域为 $D=\{(x,\ y)\mid x>0 \text{ 且 } x+y>0\}$，其在平面上所表示的区域如图 5.1.1 所示.

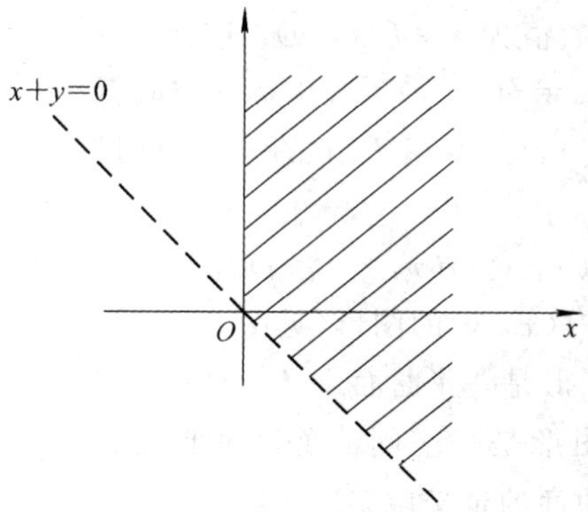

图 5.1.1

例 5.1.2　求函数 $z=\frac{1}{\sqrt{4-x^2-y^2}}+\ln(x^2+y^2-1)$ 的定义域，并计算 $f(1,\ 1)$.

解　要使函数有意义，须满足：

$$\begin{cases} 4-x^2-y^2>0 \\ x^2+y^2-1>0 \end{cases},$$

即

$$\begin{cases} x^2+y^2<4 \\ x^2+y^2>1 \end{cases},$$

因此函数的定义域为 $D=\{(x,\ y)\mid 1<x^2+y^2<4\}$，其在平面上所表示的区域如图 5.1.2 所示.

$$f(1,\ 1)=\frac{1}{\sqrt{4-1^2-1^2}}+\ln(1^2+1^2-1)=\frac{\sqrt{2}}{2}.$$

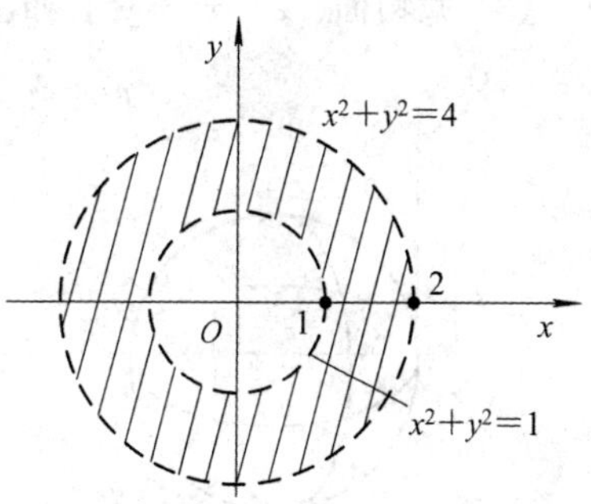

图 5.1.2

例 5.1.3　求函数 $z=\arcsin\frac{x}{a}+\arcsin\frac{x}{b}$ 的定义域($a>0$，$b>0$).

解　要使函数有意义，须满足：

$$\begin{cases}-1\leqslant \dfrac{x}{a}\leqslant 1\\ -1\leqslant \dfrac{y}{b}\leqslant 1\end{cases}，即 \begin{cases}-a\leqslant x\leqslant a\\ -b\leqslant y\leqslant b\end{cases},$$

因此函数的定义域为 $D=\{(x, y)\mid -a\leqslant x\leqslant a, -b\leqslant y\leqslant b\}$，其在平面上所表示的区域如图 5.1.3 所示.

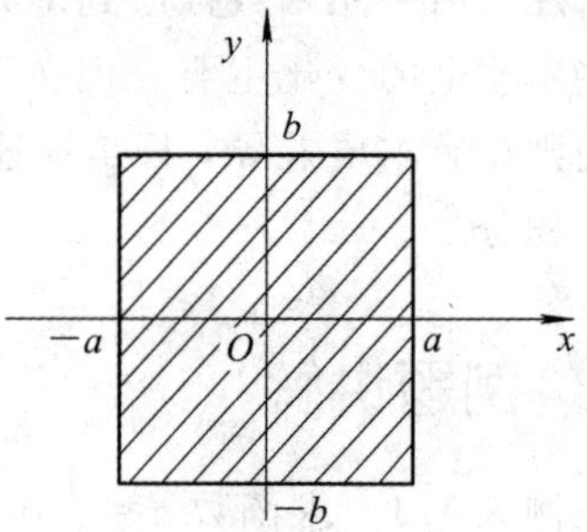

图 5.1.3

求二元函数的定义域时，要注意以下原则：

(1) 对于某些函数的代数和或乘积形式的二元函数，其定义域就是这些函数定义域的公共平面区域.

(2) 求复合函数的定义域时，首先要弄清函数的复合关系，其次要按每一个复合步骤对自变量的取值范围一层一层地求下去，从而求出复合函数的定义域.

4. 二元函数的图形

设函数 $z=f(x, y)$ 的定义域为 D. 对于任意取定的点 $P(x, y)\in D$，对应的函数值为 $z=f(x, y)$. 这样，以 x 为横坐标、y 为纵坐标和 $z=f(x, y)$ 为竖坐标在空间就确定一点 $M(x, y, z)$. 当 (x, y) 取遍 D 上的一切点时，得到一个空间点集

$$\{(x, y, z)\mid z=f(x, y), (x, y)\in D\},$$

这个点集称为二元函数 $z=f(x, y)$ 的图形(见图 5.1.4). 通常我们也说二元函数的图形是一张曲面.

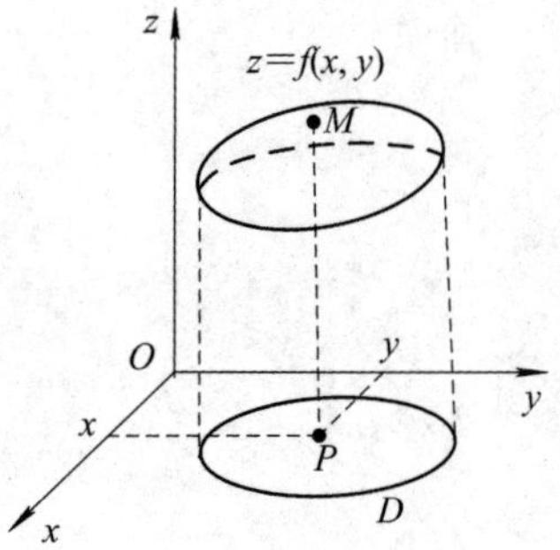

图 5.1.4

一般地，二元函数的图形是一空间曲面，该曲面在 xOy 平面上的投影就是该曲面的定义域 D.

常见的二元函数及图形如下：

(1) 球面：$(x-x_0)^2+(y-y_0)^2+(z-z_0)^2=R^2$，如图 5.1.5 所示.

(2) 柱面：$x^2+y^2=R^2$，如图 5.1.6 所示.

(3) 抛物面：$z=x^2+y^2$，如图 5.1.7 所示.

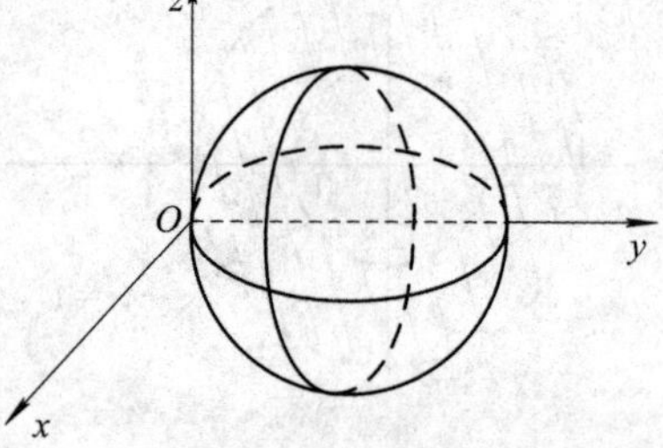

图 5.1.5

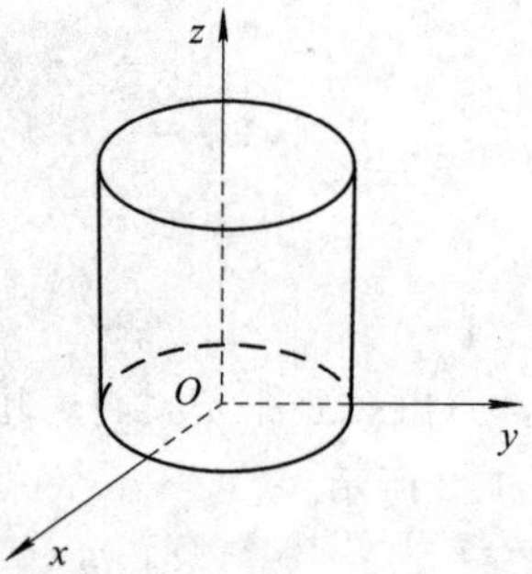

图 5.1.6

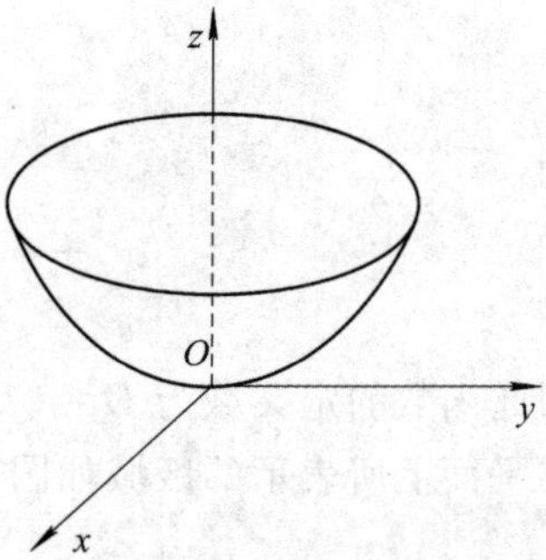

图 5.1.7

5.1.2 二元函数的极限

由于二元函数是一元函数的推广，因此二元函数的极限的基本概念和计算方法会与一

元函数有很大的联系，同时由于变量个数增多，也有其新的特点．在此，我们将二元函数的极限问题与一元函数的极限问题进行对比研究．在学习的过程中，多注意它们在概念和计算方法上的区别与联系，这样有助于掌握新的知识．

定义5.1.2　设函数 $z=f(x, y)$在点 $P_0(x_0, y_0)$的某一邻域内有定义(点$P_0(x_0, y_0)$可以除外)，$P(x, y)$是该邻域内异于 $P_0(x_0, y_0)$的任意一点，如果当点$P(x, y)$以任意方式无限趋于点 $P_0(x_0, y_0)$时，对应的函数值 $f(x, y)$都无限趋于一个确定的常数A，则称 A 为函数 $f(x, y)$当 $x\to x_0$，$y\to y_0$ 时的极限，记作

$$\lim_{\substack{x\to x_0\\ y\to y_0}} f(x, y) = A,$$

或

$$f(x, y) \to A\ (x\to x_0,\ y\to y_0).$$

二元函数的极限与一元函数的极限具有相同的性质和运算法则，在此不再详述．为了区别于一元函数的极限，我们称二元函数的极限为二重极限．

注　① 二重极限存在的充要条件是当动点 $P(x, y)$以任何方式(方向、曲线)趋于定点 $P_0(x_0, y_0)$时，相应的极限都存在且相等．

② 当动点 $P(x, y)$以某种方式趋于定点 $P_0(x_0, y_0)$时相应的极限不存在，或以两种不同的方式趋于定点 $P_0(x_0, y_0)$时相应的极限虽存在但不相等，则二重极限不存在．这是因为在平面上由一点到另一点的路径有无穷多条．

因为二重极限的动点 $P(x, y)$趋于定点 $P_0(x_0, y_0)$的方式要比一元函数极限的 x 趋于 x_0 复杂得多，所以求二元函数极限比求一元函数极限难得多．因此，对于求二元函数的极限，我们只作一般的要求．

例题讲解

例 5.1.4　求 $\lim\limits_{\substack{x\to 0\\ y\to 2}}\dfrac{\sin(x^2 y)}{x^2}$．

解　$\lim\limits_{\substack{x\to 0\\ y\to 2}}\dfrac{\sin(x^2 y)}{x^2}=\lim\limits_{\substack{x\to 0\\ y\to 2}}\left(\dfrac{\sin(x^2 y)}{x^2 y}\cdot y\right)=\lim\limits_{\substack{x\to 0\\ y\to 2}}\dfrac{\sin(x^2 y)}{x^2 y}\cdot\lim\limits_{\substack{x\to 0\\ y\to 2}}y=1\cdot 2=2.$

对于某些特殊的二元函数的极限，可以转化成一元函数的极限来求解．

例 5.1.5　求$\lim\limits_{\substack{x\to 0\\ y\to 0}}\dfrac{x^2+y^2}{\sqrt{x^2+y^2+1}-1}$．

解　令 $\rho=x^2+y^2$，则当 $x\to 0$，$y\to 0$ 时，$\rho\to 0$，于是

$$\lim_{\substack{x\to 0\\ y\to 0}}\frac{x^2+y^2}{\sqrt{x^2+y^2+1}-1}=\lim_{\rho\to 0}\frac{\rho}{\sqrt{\rho+1}-1}=\lim_{\rho\to 0}\frac{\rho(\sqrt{\rho+1}+1)}{(\sqrt{\rho+1}-1)(\sqrt{\rho+1}+1)}$$

$$=\lim_{\rho\to 0}(\sqrt{\rho+1}+1)=2.$$

例 5.1.6　证明：$\lim\limits_{\substack{x\to 0\\ y\to 0}}\dfrac{xy}{x^2+y^2}$不存在．

证　当 $P(x, y)$沿直线 $y=kx$ 趋近于点(0, 0)时，有

$$\lim_{\substack{x\to 0\\ y\to 0}}\frac{xy}{x^2+y^2}=\lim_{\substack{x\to 0\\ y=kx\to 0}}\frac{kx^2}{x^2+(kx)^2}=\frac{k}{1+k^2},$$

显然，此极限值随 k 的取值不同而不同，因此极限不存在.

5.1.3 二元函数的连续性

类似于一元函数的连续与间断的概念，可以给出二元函数的连续与间断的定义. 这里首先给出二元函数在某点 $P_0(x_0, y_0)$ 处连续的定义.

1. 二元函数的连续性定义

定义 5.1.3 设二元函数 $z=f(x, y)$ 在点 $P_0(x_0, y_0)$ 的某一邻域内有定义，如果

$$\lim_{\substack{x\to x_0\\ y\to y_0}} f(x, y) = f(x_0, y_0),$$

则称二元函数 $z=f(x, y)$ 在点 $P_0(x_0, y_0)$ 处连续，点 $P_0(x_0, y_0)$ 称为函数 $z=f(x, y)$ 的连续点；否则，称二元函数 $z=f(x, y)$ 在点 $P_0(x_0, y_0)$ 处不连续(或间断)，点 $P_0(x_0, y_0)$ 称为函数 $z=f(x, y)$ 的不连续点(或间断点).

例如，函数 $z=3x-y^2$，在点(2, 1)处有 $\lim\limits_{\substack{x\to 2\\ y\to 1}}(3x-y^2)=5=f(2, 1)$，所以函数 $z=3x-y^2$ 在点(2, 1)处连续.

又如，函数 $z=\dfrac{xy}{x-y}$，当 $x-y=0$，即 $y=x$ 时，函数无意义，所以直线 $y=x$ 上的点都是函数的间断点.

如果函数 $f(x, y)$ 在区域 D 内的每一点都连续，则称 $f(x, y)$ 在区域 D 内连续，或称函数 $z=f(x, y)$ 为 D 内的连续函数.

以上关于二元函数的连续性概念，可相应地推广到 n 元函数中去.

2. 二元连续函数的性质

二元连续函数与一元连续函数有类似的性质，我们在这里不加证明地给出.

(1) 二元连续函数的和、差、积仍为连续函数；在分母不为零处，连续函数的商也是连续函数.

(2) 有限个连续函数的复合函数仍是连续函数.

与一元初等函数相似，多元初等函数是指可用一个式子表示的多元函数，这个式子是由常数及具有不同自变量的一元基本初等函数经过有限次的四则运算和复合运算而得到的. 例如，$z=3x^2y+5y^3-8x$，$u=\sin(3x^2+y+z)$，$f(x, y)=\ln(xy)+\cos^2(x+y)$ 等都是多元初等函数.

显然，一切多元初等函数在其定义区域内都是连续的. 所谓定义区域，是指包含在定义域内的区域或闭区域.

【习题 5.1】

1. 设函数 $f\left(x+y, \dfrac{y}{x}\right)=x^2-y^2$，求 $f(x, y)$.

2. 已知函数 $f(x, y)=x^2+y^2-xy\arctan\dfrac{x}{y}$，求 $f(tx, ty)$.

3. 求下列函数的定义域：

(1) $z=\ln[(16-x^2-y^2)(x^2+y^2-4)]$；　　(2) $z=\sqrt{1-\dfrac{x^2}{a^2}-\dfrac{y^2}{b^2}}$；

(3) $z=\sqrt{4-x^2-y^2}+\sqrt{x^2+y^2-1}$；　　(4) $z=\sqrt{x-\sqrt{y}}$；

(5) $z=\dfrac{\sqrt{4x-y^2}}{\ln(1-x^2-y^2)}$；　　(6) $z=\dfrac{1}{\sqrt{x^2-2xy}}$.

4. 求下列函数的极限：

(1) $\lim\limits_{\substack{x\to 0\\ y\to 0}}\dfrac{3xy}{\sqrt{xy+1}-1}$；　　(2) $\lim\limits_{\substack{x\to 0\\ y\to 0}}(1+xy)^{\frac{1}{\tan xy}}$；

(3) $\lim\limits_{\substack{x\to 0\\ y\to 0}}\dfrac{x+e^y}{\sqrt{x^2+y^2}}$；　　(4) $\lim\limits_{\substack{x\to 0\\ y\to 0}}(x+y)\sin\dfrac{1}{x^2+y^2}$.

习题 5.1 参考答案

5. 讨论下列函数的连续性：

(1) $z=\dfrac{y^2+2x}{y^2-2x}$；　　(2) $z=\ln(1-x^2-y^2)$.

5.2　偏导数与全微分

5.2.1　偏导数的定义及计算

引例 5.2.1【广告投入策略】　某公司可通过电视及户外两种方式做销售某商品的广告. 根据统计资料，销售利润 L(万元)与电视广告费用 x_1(万元)及户外广告费用 x_2(万元)之间的关系有如下经验公式：

$$L(x_1,\ x_2)=15+13x_1+31x_2-8x_1x_2-2x_1^2-10x_2^2.$$

在广告费用不限的情况下，如果要求最优广告策略，可以考察在户外广告费用 x_2 一定的前提条件下销售利润 L 对电视广告费用 x_1 的变化率，也可以分析在电视广告费用 x_1 一定的前提条件下销售利润 L 对户外广告费用 x_2 的变化率. 那么，如何计算这两种变化率呢？

问题分析　这种变化率问题与一元函数的变化率类似，即二元函数 z 在其中某一个自变量 x 或 y 不变时随另一个自变量变化的变化率问题，称为二元函数的偏导数的问题.

1. 偏导数的定义

在一元函数中，我们通过研究函数的变化率引入了导数概念，即

$$y'=f'(x)=\lim_{\Delta x\to 0}\frac{\Delta y}{\Delta x}.$$

同样地，我们也可以通过研究二元函数的变化率引入偏导数概念.

设函数 $z=f(x,\ y)$在点$(x_0,\ y_0)$的某一邻域内有定义，当自变量 y 固定在 y_0 而自变量 x 由 x_0 变到 $x_0+\Delta x$(即增量为 Δx)时，函数得到的增量

$$\Delta z_x=f(x_0+\Delta x,\ y_0)-f(x_0,\ y_0)$$

称为函数 $z=f(x,\ y)$对于 x 的偏改变量或偏增量.

类似地，当自变量 x 固定在 x_0 而自变量 y 由 y_0 变到 $y_0+\Delta y$(即其增量为 Δy)时，函数得到的增量

$$\Delta z_y = f(x_0, y_0 + \Delta y) - f(x_0, y_0)$$

称为函数 $z=f(x, y)$对于 y 的偏改变量或偏增量.

因此，对于二元函数的偏导数，我们有如下定义.

定义 5.2.1 设函数 $z=f(x, y)$在点(x_0, y_0)的某一邻域内有定义，当 y 固定在 y_0 而 x 在 x_0 处有增量 Δx 时，相应地函数有增量

$$\Delta z_x = f(x_0 + \Delta x, y_0) - f(x_0, y_0),$$

如果

$$\lim_{\Delta x \to 0} \frac{\Delta z_x}{\Delta x} = \lim_{\Delta x \to 0} \frac{f(x_0 + \Delta x, y_0) - f(x_0, y_0)}{\Delta x}$$

存在，则称此极限值为函数 $z=f(x, y)$在点(x_0, y_0)处对自变量 x 的偏导数，记作

$$\left.\frac{\partial z}{\partial x}\right|_{\substack{x=x_0\\ y=y_0}}, \left.\frac{\partial f}{\partial x}\right|_{\substack{x=x_0\\ y=y_0}}, z_x(x_0, y_0) \text{ 或 } f_x(x_0, y_0),$$

即

$$f_x(x_0, y_0) = \lim_{\Delta x \to 0} \frac{\Delta z_x}{\Delta x} = \lim_{\Delta x \to 0} \frac{f(x_0 + \Delta x, y_0) - f(x_0, y_0)}{\Delta x}.$$

类似地，函数 $z=f(x, y)$在点(x_0, y_0)处对自变量 y 的偏导数可定义为

$$f_y(x_0, y_0) = \lim_{\Delta y \to 0} \frac{\Delta z_y}{\Delta y} = \lim_{\Delta y \to 0} \frac{f(x_0, y_0 + \Delta y) - f(x_0, y_0)}{\Delta y},$$

记作

$$\left.\frac{\partial z}{\partial y}\right|_{\substack{x=x_0\\ y=y_0}}, \left.\frac{\partial f}{\partial y}\right|_{\substack{x=x_0\\ y=y_0}}, z_y(x_0, y_0) \text{ 或 } f_y(x_0, y_0).$$

如果函数 $z=f(x, y)$在区域 D 内的每一点(x, y)处对 x 和 y 的偏导数都存在，则称函数在区域 D 内可偏导，并且偏导数 $f_x(x, y)$与 $f_y(x, y)$在 D 内仍是 x、y 的二元函数，称它们为函数 $z=f(x, y)$的偏导函数(简称偏导数)，记作

$$\frac{\partial z}{\partial x}, \frac{\partial f}{\partial x}, z_x \text{ 或 } f_x(x, y),$$

及

$$\frac{\partial z}{\partial y}, \frac{\partial f}{\partial y}, z_y \text{ 或 } f_y(x, y),$$

其中

$$\frac{\partial z}{\partial x} = \frac{\partial f}{\partial x} = z_x = f_x(x, y) = \lim_{\Delta x \to 0} \frac{f(x + \Delta x, y) - f(x, y)}{\Delta x},$$

$$\frac{\partial z}{\partial y} = \frac{\partial f}{\partial y} = z_y = f_y(x, y) = \lim_{\Delta y \to 0} \frac{f(x, y + \Delta y) - f(x, y)}{\Delta y}.$$

二元函数偏导数的概念可以推广到三元及三元以上的函数. 例如，三元函数 $u=f(x, y, z)$在点(x, y, z)处对 x 的偏导数定义为

$$f_x(x, y, z) = \lim_{\Delta x \to 0} \frac{f(x + \Delta x, y, z) - f(x, y, z)}{\Delta x},$$

其中(x, y, z)是函数 $u=f(x, y, z)$的定义域内的点，它们的求法也仍旧是一元函数的微分法问题.

由偏导数的概念可知，函数 $z=f(x, y)$在点(x_0, y_0)处关于自变量 x 的偏导数 $f_x(x_0, y_0)$

就是偏导函数 $f_x(x, y)$在点(x_0, y_0)处的函数值，而 $f_y(x_0, y_0)$就是偏导函数 $f_y(x, y)$在点(x_0, y_0)处的函数值. 以后在不至于混淆的地方把偏导函数简称为偏导数.

2. 偏导数的计算

由定义 5.2.1 可知，求二元函数 $z=f(x, y)$对某一个变量的偏导数时，是将另一个变量看成常数，然后直接运用一元函数的基本求导公式、四则运算法则及复合函数求导法则来计算.

注　① 定义中偏导数记号$\dfrac{\partial z}{\partial x}$或$\dfrac{\partial f}{\partial x}$是一个整体量，不能像一元函数的导数那样看成微商，当作分子、分母参加运算，这样会导致运算上的错误.

② 分界点、不连续点处的偏导数要运用定义来求.

③ 一元函数如果在某点可导，则它在该点必定连续. 而二元函数在某点处的两个偏导数都存在时，它不一定在该点处连续.

例题讲解

例 5.2.1　求函数 $f(x, y)=x^2y+3xy+y^2$ 的偏导数 $f_x(x, y)$和 $f_y(x, y)$，并求 $f_x(0, 1)$、$f_x(1, -1)$、$f_y(1, 0)$和 $f_y(-1, -2)$.

解　求 $f_x(x, y)$时，视 y 为常量，于是有

$$f_x(x, y) = 2xy + 3y,$$

则

$$f_x(0, 1) = 2\cdot 0\cdot 1+3\cdot 1 = 3,$$

$$f_x(1, -1) = 2\cdot 1\cdot(-1)+3\cdot(-1) = -5.$$

同理，求 $f_y(x, y)$时，视 x 为常量，于是有

$$f_y(x, y) = x^2 + 3x + 2y,$$

则

$$f_y(1, 0) = 1^2 + 3\cdot 1 + 2\cdot 0 = 4,$$

$$f_y(-1, -2) = (-1)^2 + 3\cdot(-1) + 2\cdot(-2) = -6.$$

例 5.2.2　求函数 $z=\dfrac{x}{y}+\sin xy$ 的偏导数 $f_x(\pi, 2)$、$f_y(1, 2\pi)$.

解　先求偏导数，再代值.

因为 $z_x=\dfrac{1}{y}+y\cos xy$，$z_y=-\dfrac{x}{y^2}+x\cos xy$，所以

$$f_x(\pi, 2) = \frac{1}{2} + 2\cos 2\pi = \frac{5}{2},$$

$$f_y(1, 2\pi) = -\frac{1}{4\pi^2} + \cos 2\pi = -\frac{1}{4\pi^2} + 1.$$

例 5.2.3　验证函数

$$f(x, y) = \begin{cases} \dfrac{xy}{x^2+y^2}, & x^2+y^2 \neq 0 \\ 0, & x^2+y^2 = 0 \end{cases}$$

在点(0, 0)处的偏导数均存在，但在此点处不连续.

证 因为点(0, 0)是分段函数的分段点，所以只能用定义求偏导数.

$$\left.\frac{\partial f}{\partial x}\right|_{\substack{x=0\\y=0}}=\lim_{\Delta x\to 0}\frac{f(0+\Delta x,\ 0)-f(0,\ 0)}{\Delta x}=\lim_{\Delta x\to 0}\frac{0-0}{\Delta x}=0,$$

$$\left.\frac{\partial f}{\partial y}\right|_{\substack{x=0\\y=0}}=\lim_{\Delta y\to 0}\frac{f(0,\ 0+\Delta y)-f(0,\ 0)}{\Delta y}=\lim_{\Delta y\to 0}\frac{0-0}{\Delta y}=0,$$

故该函数在点(0, 0)处的两个偏导数都存在且都等于 0.

设此函数沿 $y=kx$ 趋于点(0, 0)，则有

$$\lim_{\substack{x\to 0\\y\to 0}}f(x,\ y)=\lim_{\substack{x\to 0\\y\to 0}}\frac{xy}{x^2+y^2}=\lim_{\substack{x\to 0\\y=kx\to 0}}\frac{kx^2}{x^2+(kx)^2}=\frac{k}{1+k^2},$$

当 k 取不同的值时，极限值也不相同，从而当 $x\to 0$，$y\to 0$ 时，函数 $f(x,\ y)$的极限不存在，因此，函数 $f(x,\ y)$在点(0, 0)处不连续.

注 与一元函数不同的是，二元函数即使在某点处的两个偏导数都存在，也不能保证它在该点处一定连续.

3. 二元函数在点(x_0, y_0)处偏导数的几何意义

设点 $M_0(x_0,\ y_0,\ f(x_0,\ y_0))$为曲面 $z=f(x,\ y)$上的一点，过点 M_0 作平面 $y=y_0$，截此曲面得一曲线，此曲线在平面 $y=y_0$ 上的方程为 $z=f(x,\ x_0)$，则偏导数 $f_x(x_0,\ y_0)$就是曲面 $f(x,\ y)$被平面 $y=y_0$ 所截得的曲线在点 M_0 处的切线 M_0T_x 对 x 轴的斜率(如图 5.2.1 所示).

同理，偏导数 $f_y(x_0,\ y_0)$就是曲面 $f(x,\ y)$被平面 $x=x_0$ 所截得的曲线在点 M_0 处的切线 M_0T_y 对 y 轴的斜率.

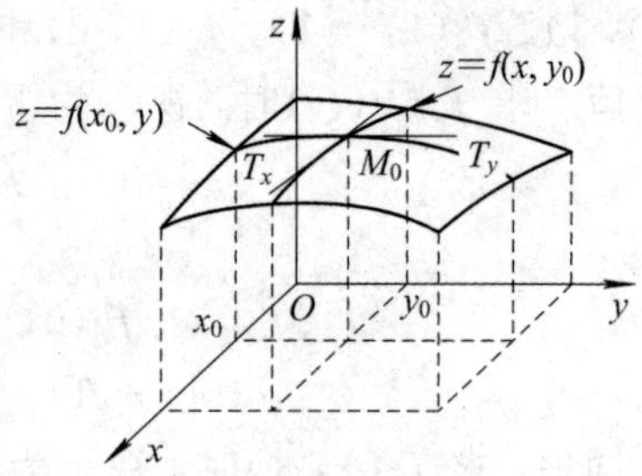

图 5.2.1

4. 高阶偏导数

定义 5.2.2 设函数 $z=f(x,\ y)$在区域 D 内具有偏导函数$\frac{\partial z}{\partial x}$和$\frac{\partial z}{\partial y}$，则在 D 内$\frac{\partial z}{\partial x}$ 和$\frac{\partial z}{\partial y}$都是 x、y 的函数. 如果这两个函数的偏导数存在，则称它们是二元函数 $z=f(x,\ y)$的二阶偏导数. 按照对变量求导的次序不同，共有下列 4 个二阶偏导数：

$$\frac{\partial}{\partial x}\left(\frac{\partial z}{\partial x}\right)=\frac{\partial^2 z}{\partial x^2}=f_{xx}(x,\ y)=z_{xx},\qquad \frac{\partial}{\partial y}\left(\frac{\partial z}{\partial x}\right)=\frac{\partial^2 z}{\partial x\partial y}=f_{xy}(x,\ y)=z_{xy},$$

$$\frac{\partial}{\partial x}\left(\frac{\partial z}{\partial y}\right)=\frac{\partial^2 z}{\partial y\partial x}=f_{yx}(x,\ y)=z_{yx},\qquad \frac{\partial}{\partial y}\left(\frac{\partial z}{\partial y}\right)=\frac{\partial^2 z}{\partial y^2}=f_{yy}(x,\ y)=z_{yy},$$

其中 z_{yx}、z_{xy} 称为混合偏导数. z_{yx} 表示函数 $z=f(x,\ y)$先对 y 后对 x 求偏导数，而 z_{xy} 表示先对 x 后对 y 求偏导数.

可以证明：当二阶混合偏导数 z_{yx} 与 z_{xy} 均为 x、y 的连续函数时，必有

$$z_{yx}=z_{xy}.$$

如果二阶偏导数也具有偏导数，则由此可以定义三阶偏导数，比如$\frac{\partial^3 z}{\partial x^3}=\frac{\partial}{\partial x}\left(\frac{\partial^2 z}{\partial x^2}\right)$，$\frac{\partial^3 z}{\partial x^2\partial y}=\frac{\partial}{\partial y}\left(\frac{\partial^2 z}{\partial x^2}\right)$等.

类似地，可以定义四阶、五阶……n 阶偏导数. 我们把二阶及二阶以上的偏导数统称为高阶偏导数.

例题讲解

例 5.2.4　求函数 $z=x^3y^3-2xy^2+xy-2$ 的二阶偏导数.

解

$$\frac{\partial z}{\partial x}=3x^2y^3-2y^2+y,\qquad \frac{\partial z}{\partial y}=3x^3y^2-4xy+x,$$

$$\frac{\partial^2 z}{\partial x^2}=6xy^3,\qquad \frac{\partial^2 z}{\partial y^2}=6x^3y-4x,$$

$$\frac{\partial^2 z}{\partial x\partial y}=9x^2y^2-4y+1,\qquad \frac{\partial^2 z}{\partial y\partial x}=9x^2y^2-4y+1.$$

例 5.2.4 中两个混合偏导数相等，即$\frac{\partial^2 z}{\partial x\partial y}=\frac{\partial^2 z}{\partial y\partial z}$，这是因为函数 $z=x^3y^3-2xy^2+xy-2$ 的两个二阶混合偏导数$\frac{\partial^2 z}{\partial y\partial x}$及$\frac{\partial^2 z}{\partial x\partial y}$在 xOy 平面上连续.

例 5.2.5　已知 $r=\sqrt{x^2+y^2+z^2}$，证明：$\frac{\partial^2 r}{\partial x^2}+\frac{\partial^2 r}{\partial y^2}+\frac{\partial^2 r}{\partial z^2}=\frac{2}{r}$.

证　因为 $r=\sqrt{x^2+y^2+z^2}=(x^2+y^2+z^2)^{\frac{1}{2}}$，所以

$$\frac{\partial r}{\partial x}=\frac{x}{\sqrt{x^2+y^2+z^2}},$$

$$\frac{\partial^2 r}{\partial x^2}=\frac{\sqrt{x^2+y^2+z^2}-x\cdot\dfrac{x}{\sqrt{x^2+y^2+z^2}}}{x^2+y^2+z^2}=\frac{y^2+z^2}{(x^2+y^2+z^2)^{\frac{3}{2}}},$$

同理可得

$$\frac{\partial^2 r}{\partial y^2}=\frac{x^2+z^2}{(x^2+y^2+z^2)^{\frac{3}{2}}},$$

$$\frac{\partial^2 r}{\partial z^2}=\frac{x^2+y^2}{(x^2+y^2+z^2)^{\frac{3}{2}}},$$

故

$$\frac{\partial^2 r}{\partial x^2}+\frac{\partial^2 r}{\partial y^2}+\frac{\partial^2 r}{\partial z^2}=\frac{2}{\sqrt{x^2+y^2+z^2}}=\frac{2}{r}.$$

5.2.2　二元复合函数的偏导数

在一元微积分中，复合函数的导数是一个重要内容. 对于多元函数也是如此，下面我们来讨论二元复合函数的偏导数的计算方法.

1. 二元复合函数的偏导数的概念

设函数 $z=f(u, v)$，$u=\varphi(x, y)$，$v=\varphi(x, y)$，则

$$z=f[\varphi(x, y), \varphi(x, y)]$$

为二元复合函数，其中 x、y 是自变量，u、v 是中间变量.

为了能更清楚地表示这些变量之间的复合关系，我们可以将其用图 5.2.2(链式图)表示. 链式图直观地说明了 5 个变量之间的关系，即二元复合函数 z 的变化有两部分：一部分和 u 有关，另一部分和 v 有关. 可以理解为变量 z 是通过两个路径分别与两个自变量 x、y 联系起来的. 显然，二元复合函数要比一元复合函数更复杂.

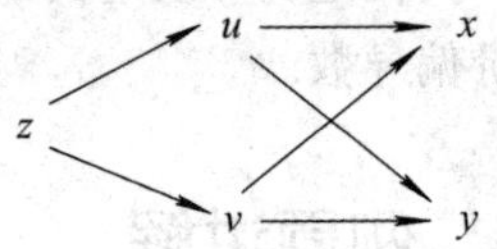

图 5.2.2

定理 5.2.1 如果函数 $u=\varphi(x, y)$ 和 $v=\psi(x, y)$ 在点 (x, y) 处的偏导数都存在，而函数 $z=f(u, v)$ 在对应点 (u, v) 具有连续偏导数，则复合函数 $z=f[\varphi(x, y), \psi(x, y)]$ 在点 (x, y) 处的偏导数也存在，且有

$$\frac{\partial z}{\partial x}=\frac{\partial z}{\partial u}\frac{\partial u}{\partial x}+\frac{\partial z}{\partial v}\frac{\partial v}{\partial x},$$

$$\frac{\partial z}{\partial y}=\frac{\partial z}{\partial u}\frac{\partial u}{\partial y}+\frac{\partial z}{\partial v}\frac{\partial v}{\partial y}.$$

注 ① 两个偏导数表达式中都是偏导数. 因为 $z=f[\varphi(x, y), \psi(x, y)]$ 是二元函数，z 对 x 的导数和 z 对 y 的导数都为偏导数，所以都用 $\frac{\partial z}{\partial x}$、$\frac{\partial z}{\partial y}$ 来表示. 对于函数 $u=\varphi(x, y)$、$v=\psi(x, y)$ 来说，也都为二元函数，所以，无论 u 对 x、y 还是 v 对 x、y 的导数，也都为偏导数，故用 $\frac{\partial u}{\partial x}$、$\frac{\partial u}{\partial y}$、$\frac{\partial v}{\partial x}$、$\frac{\partial v}{\partial y}$ 来表示.

② 定理5.2.1 中的二元复合函数的偏导数的计算要比一元复合函数复杂得多，它涉及的变量有 5 种，函数关系有 3 个，计算的原理相似.

例题讲解

例 5.2.6 已知 $z=e^u\sin v$，$u=xy$，$v=x+y$，求 $\frac{\partial z}{\partial x}$ 和 $\frac{\partial z}{\partial y}$.

解 作链式图(如图 5.2.2 所示)，根据链式图写出偏导数的表达式：

$$\frac{\partial z}{\partial x}=\frac{\partial z}{\partial u}\frac{\partial u}{\partial x}+\frac{\partial z}{\partial v}\frac{\partial v}{\partial x},$$

$$\frac{\partial z}{\partial y}=\frac{\partial z}{\partial u}\frac{\partial u}{\partial y}+\frac{\partial z}{\partial v}\frac{\partial v}{\partial y}.$$

计算各偏导数：

$$\frac{\partial z}{\partial u}=e^u\sin v,\quad \frac{\partial z}{\partial v}=e^u\cos v,$$

$$\frac{\partial u}{\partial x}=y,\quad \frac{\partial u}{\partial y}=x,\quad \frac{\partial v}{\partial x}=1,\quad \frac{\partial v}{\partial y}=1.$$

因此

$$\frac{\partial z}{\partial x}=\frac{\partial z}{\partial u}\frac{\partial u}{\partial x}+\frac{\partial z}{\partial v}\frac{\partial v}{\partial x}=e^u\sin v\cdot y+e^u\cos v\cdot 1=e^{xy}[y\sin(x+y)+\cos(x+y)],$$

$$\frac{\partial z}{\partial y}=\frac{\partial z}{\partial u}\frac{\partial u}{\partial y}+\frac{\partial z}{\partial v}\frac{\partial v}{\partial y}=e^u\sin v\cdot x+e^u\cos v\cdot 1=e^{xy}[x\sin(x+y)+\cos(x+y)].$$

例 5.2.7 求 $z=(3x^2+y^2)^{(4x+2y)}$ 的偏导数 $\frac{\partial z}{\partial x}$ 和 $\frac{\partial z}{\partial y}$.

解　求设 $u=3x^2+y^2$，$v=4x+2y$，则 $z=u^v$. 其链式图如图 5.2.2 所示. 根据链式图写出偏导数的表达式：

$$\frac{\partial z}{\partial x}=\frac{\partial z}{\partial u}\frac{\partial u}{\partial x}+\frac{\partial z}{\partial v}\frac{\partial v}{\partial x},$$

$$\frac{\partial z}{\partial y}=\frac{\partial z}{\partial u}\frac{\partial u}{\partial y}+\frac{\partial z}{\partial v}\frac{\partial v}{\partial y}.$$

计算各偏导数：

$$\frac{\partial z}{\partial u}=vu^{v-1},\quad \frac{\partial z}{\partial v}=u^v\ln u,\quad \frac{\partial u}{\partial x}=6x,\quad \frac{\partial u}{\partial y}=2y,\quad \frac{\partial v}{\partial x}=4,\quad \frac{\partial v}{\partial y}=2.$$

因此

$$\begin{aligned}\frac{\partial z}{\partial x}&=vu^{v-1}\cdot 6x+u^v\ln u\cdot 4\\&=2(3x^2+y^2)^{4x+2y-1}[6x(4x+2y)+4(3x^2+y^2)\ln(3x^2+y^2)],\\\frac{\partial z}{\partial y}&=vu^{v-1}\cdot 2y+u^v\ln u\cdot 2\\&=2(3x^2+y^2)^{4x+2y-1}[y(4x+2y)+(3x^2+y^2)\ln(3x^2+y^2)].\end{aligned}$$

注　二元复合函数偏导数的计算步骤如下：

① 分析变量关系，作链式图；

② 根据链式图写出偏导数的表达式；

③ 计算各偏导数；

④ 消去中间变量.

2. 二元复合函数偏导数的类型

除上述复合函数外，按复合函数中间变量的具体情况，二元复合函数还可大致分为以下几类.

(1) 复合函数的中间变量均为一元函数，其链式图如图 5.2.3 所示.

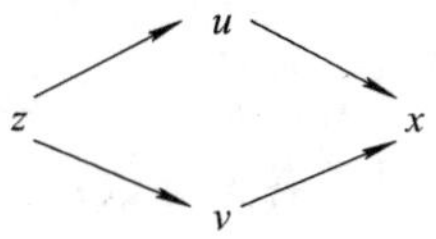

图 5.2.3

定理 5.2.2　设 $z=f(u,v)$，若 $u=\varphi(x)$ 和 $v=\psi(x)$ 在点 x 处都可导，$z=f(u,v)$ 在对应点 (u,v) 处具有连续偏导数，则复合函数 $z=f[\varphi(x),\psi(x)]$ 在点 x 处可导，且有

$$\frac{\mathrm{d}z}{\mathrm{d}x}=\frac{\partial z}{\partial u}\frac{\mathrm{d}u}{\mathrm{d}x}+\frac{\partial z}{\partial v}\frac{\mathrm{d}v}{\mathrm{d}x},$$

称 $\frac{\mathrm{d}z}{\mathrm{d}x}$ 为 z 对 x 的**全导数**.

(2) 复合函数的中间变量均为多元函数，其链式图如图 5.2.4 所示.

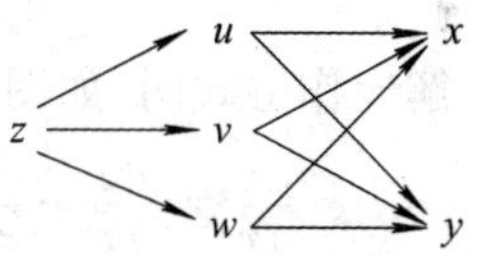

图 5.2.4

定理 5.2.3　设 $z=f(u,v,w)$，若 $u=\varphi(x,y)$、$v=\psi(x,y)$ 及 $w=\omega(x,y)$ 都在点 (x,y) 处具有对 x 及对 y 的偏导数，$z=f(u,v,w)$ 在对应点 (u,v,w) 处具有连续偏导数，则复合函数 $z=f[\varphi(x,y),\psi(x,y),\omega(x,y)]$ 在点 (x,y) 处的两个偏导数都存在，且有

$$\frac{\partial z}{\partial x}=\frac{\partial z}{\partial u}\frac{\partial u}{\partial x}+\frac{\partial z}{\partial v}\frac{\partial v}{\partial x}+\frac{\partial z}{\partial w}\frac{\partial w}{\partial x},$$

$$\frac{\partial z}{\partial y}=\frac{\partial z}{\partial u}\frac{\partial u}{\partial y}+\frac{\partial z}{\partial v}\frac{\partial v}{\partial y}+\frac{\partial z}{\partial w}\frac{\partial w}{\partial y}.$$

(3) 复合函数的中间变量既有一元函数又有多元函数，其链式图如图 5.2.5 所示.

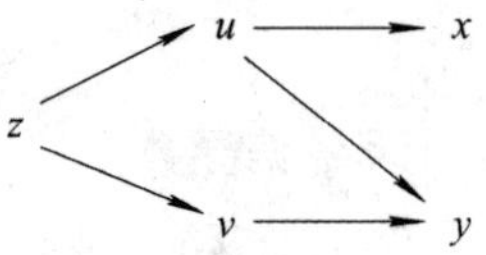

图 5.2.5

定理 5.2.4 设 $z=f(u, v)$，若 $u=\varphi(x, y)$在点(x, y)处具有对 x 及对 y 的偏导数，$v=\psi(y)$在点 y 处可导，$z=f(u, v)$在对应点(u, v)处具有连续偏导数，则复合函数 $z=f[\varphi(x, y), \psi(y)]$在点$(x, y)$处的两个偏导数都存在，且有

$$\frac{\partial z}{\partial x}=\frac{\partial z}{\partial u}\frac{\partial u}{\partial x},$$

$$\frac{\partial z}{\partial y}=\frac{\partial z}{\partial u}\frac{\partial u}{\partial y}+\frac{\partial z}{\partial v}\frac{\mathrm{d}v}{\mathrm{d}y}.$$

(4) 复合函数的自变量也是中间变量，其链式图如图5.2.6 所示.

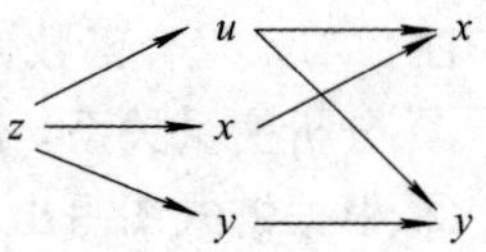

图 5.2.6

定理 5.2.5 若 $z=f(u, x, y)$具有连续偏导数，$u=\varphi(x, y)$具有偏导数，则复合函数 $z=f[\varphi(x, y), x, y]$的两个偏导数都存在，且有

$$\frac{\partial z}{\partial x}=\frac{\partial f}{\partial u}\frac{\partial u}{\partial x}+\frac{\partial f}{\partial x},\quad \frac{\partial z}{\partial y}=\frac{\partial f}{\partial u}\frac{\partial u}{\partial y}+\frac{\partial f}{\partial y}.$$

例题讲解

例 5.2.8 设 $z=\mathrm{e}^{u-2v}$，$u=\sin x$，$v=x^3$，求$\frac{\mathrm{d}z}{\mathrm{d}x}$.

解 作链式图(如图 5.2.3 所示)，则有

$$\frac{\mathrm{d}z}{\mathrm{d}x}=\frac{\partial z}{\partial u}\frac{\mathrm{d}u}{\mathrm{d}x}+\frac{\partial z}{\partial v}\frac{\mathrm{d}v}{\mathrm{d}x}.$$

计算各偏导数:

$$\frac{\partial z}{\partial u}=\mathrm{e}^{u-2v},\quad \frac{\partial z}{\partial v}=-2\mathrm{e}^{u-2v},\quad \frac{\mathrm{d}u}{\mathrm{d}x}=\cos x,\quad \frac{\mathrm{d}v}{\mathrm{d}x}=3x^2.$$

因此

$$\frac{\mathrm{d}z}{\mathrm{d}x}=\frac{\partial z}{\partial u}\frac{\mathrm{d}u}{\mathrm{d}x}+\frac{\partial z}{\partial v}\frac{\mathrm{d}v}{\mathrm{d}x}=\mathrm{e}^{u-2v}\cos x+(-2\mathrm{e}^{u-2v})\cdot 3x^2=\mathrm{e}^{\sin x-2x^3}(\cos x-6x^2).$$

例 5.2.9 设 $z=\frac{y}{x}$，$y=\sqrt{1-x^2}$，求$\frac{\mathrm{d}z}{\mathrm{d}x}$.

解 作链式图(如图 5.2.7 所示)，则有

$$\frac{\mathrm{d}z}{\mathrm{d}x}=\frac{\partial z}{\partial x}+\frac{\partial z}{\partial y}\frac{\mathrm{d}y}{\mathrm{d}x}$$

$$=-\frac{y}{x^2}+\frac{1}{x}\cdot\frac{-2x}{2\sqrt{1-x^2}}=-\frac{y}{x^2}-\frac{1}{\sqrt{1-x^2}}$$

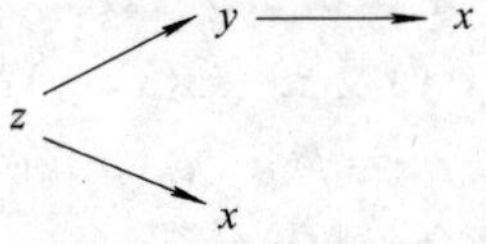

图 5.2.7

$$=-\frac{\sqrt{1-x^2}}{x^2}-\frac{1}{\sqrt{1-x^2}}=-\frac{1}{x^2\sqrt{1-x^2}}.$$

例 5.2.10　设 $z=f(\mathrm{e}^x,\ x^2y,\ xy^2)$，求$\frac{\partial z}{\partial x}$和$\frac{\partial z}{\partial y}$.

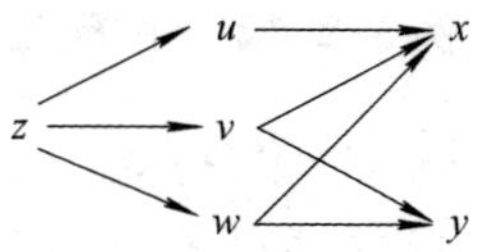

图 5.2.8

解　令 $u=\mathrm{e}^x$，$v=x^2y$，$w=xy^2$，则 $z=f(u,\ v,\ w)$，作链式图(如图 5.2.8 所示)，则有

$$\frac{\partial z}{\partial x}=\frac{\partial z}{\partial u}\frac{\mathrm{d}u}{\mathrm{d}x}+\frac{\partial z}{\partial v}\frac{\partial v}{\partial x}+\frac{\partial z}{\partial w}\frac{\partial w}{\partial x}$$

$$=f_u\cdot\mathrm{e}^x+f_v\cdot 2xy+f_w\cdot y^2=\mathrm{e}^xf_u+2xyf_v+y^2f_w,$$

$$\frac{\partial z}{\partial y}=\frac{\partial z}{\partial v}\frac{\partial v}{\partial y}+\frac{\partial z}{\partial w}\frac{\partial w}{\partial y}$$

$$=f_v\cdot x^2+f_w\cdot 2xy=x^2f_v+2xyf_w.$$

例 5.2.11　已知 $z=f(u,\ x,\ y)=\mathrm{e}^{x^2+y^2+u^2}$，$u=x^2\sin y$，求$\frac{\partial z}{\partial x}$和$\frac{\partial z}{\partial y}$.

解　作链式图(如图 5.2.6 所示)，则有

$$\frac{\partial z}{\partial x}=\frac{\partial f}{\partial u}\frac{\partial u}{\partial x}+\frac{\partial f}{\partial x}=2u\mathrm{e}^{x^2+y^2+u^2}\cdot 2x\sin y+2x\mathrm{e}^{x^2+y^2+u^2}$$

$$=2x\mathrm{e}^{x^2+y^2+x^4\sin^2 y}(2x^2\sin^2 y+1),$$

$$\frac{\partial z}{\partial y}=\frac{\partial f}{\partial u}\frac{\partial u}{\partial y}+\frac{\partial f}{\partial y}=2u\mathrm{e}^{x^2+y^2+u^2}\cdot x^2\cos y+2y\mathrm{e}^{x^2+y^2+u^2}$$

$$=2\mathrm{e}^{x^2+y^2+x^4\sin^2 y}(x^4\sin y\cos y+y).$$

注　多元复合函数由于有多个中间变量或多个自变量，函数、中间变量、自变量之间的关系错综复杂，无法用一个公式解决所有多元复合函数的求导问题. 因此，多元复合函数求导时，首要问题是学会根据具体复合情况，写出相应求导公式，然后分别求出各个所需的偏导数.

5.2.3　隐函数的求导法则

在一元函数微分学中，我们介绍了一种不经过显化而直接由方程 $F(x,\ y)=0$ 所确定的一元隐函数 $y=f(x)$的求导方法. 下面我们根据多元复合函数的求导法则导出另一种隐函数的求导公式.

1. 由方程 $F(x,\ y)=0$ 所确定的一元隐函数 $y=f(x)$的导数

设隐函数 $y=f(x)$由方程 $F(x,\ y)=0$ 所确定，把它代入 $F(x,\ y)=0$，则有恒等式

$$F(x,\ f(x))\equiv 0,$$

上式左端可看成是 x 的复合函数，两端对 x 求偏导数，由二元复合函数的求导法则得

$$\frac{\partial F}{\partial x}+\frac{\partial F}{\partial y}\cdot\frac{\mathrm{d}y}{\mathrm{d}x}=0,$$

当$\frac{\partial F}{\partial y}\neq 0$ 时，有

$$\frac{\mathrm{d}y}{\mathrm{d}x}=-\frac{\frac{\partial F}{\partial x}}{\frac{\partial F}{\partial y}}=-\frac{F_x}{F_y}. \tag{5.2.1}$$

例题讲解

例 5.2.12　由等式 $e^{xy}-3xy^2=0$ 所确定的 y 是 x 的函数，求$\frac{dy}{dx}$.

解　令 $F(x,y)=e^{xy}-3xy^2$，则$F_x=ye^{xy}-3y^2$，$F_y=xe^{xy}-6xy$. 由式(5.2.1)知，当 $F_y=xe^{xy}-6xy\neq0$ 时，

$$\frac{dy}{dx}=-\frac{F_x}{F_y}=-\frac{ye^{xy}-3y^2}{xe^{xy}-6xy}.$$

因为 $e^{xy}=3xy^2$，所以

$$\frac{dy}{dx}=-\frac{ye^{xy}-3y^2}{xe^{xy}-6xy}=-\frac{y(xy-1)}{x(xy-2)}.$$

2. 由方程 $F(x,y,z)=0$ 所确定的二元隐函数 $z=f(x,y)$ 的导数

设二元隐函数 $z=f(x,y)$由方程 $F(x,y,z)=0$ 所确定，把它代入 $F(x,y,z)=0$，则有恒等式

$$F(x,y,f(x,y))\equiv0,$$

上式左端可看成是 x、y 的复合函数，运用二元复合函数的求导法则，两端分别对 x、y 求偏导数，得

$$\frac{\partial F}{\partial x}+\frac{\partial F}{\partial z}\cdot\frac{\partial z}{\partial x}=0,\quad \frac{\partial F}{\partial y}+\frac{\partial F}{\partial z}\cdot\frac{\partial z}{\partial y}=0,$$

当$F_z\neq0$ 时，有

$$\begin{cases}\dfrac{\partial z}{\partial x}=-\dfrac{\dfrac{\partial F}{\partial x}}{\dfrac{\partial F}{\partial z}}=-\dfrac{F_x}{F_z}\\[2ex]\dfrac{\partial z}{\partial y}=-\dfrac{\dfrac{\partial F}{\partial y}}{\dfrac{\partial F}{\partial z}}=-\dfrac{F_y}{F_z}\end{cases}.\tag{5.2.2}$$

例题讲解

例 5.2.13　已知函数 $z=f(x,y)$由方程 $\ln\frac{z}{y}=\frac{x}{z}$所确定，求$\frac{\partial z}{\partial x}$和$\frac{\partial z}{\partial y}$.

解　令 $F(x,y,z)=\frac{x}{z}-\ln\frac{z}{y}$，则 $F_x=\frac{1}{z}$，$F_y=\frac{1}{y}$，$F_z=-\frac{x+z}{z^2}$. 由式(5.2.2)知，当 $F_z=-\frac{x+z}{z^2}\neq0$ 时，

$$\frac{\partial z}{\partial x}=-\frac{F_x}{F_z}=\frac{z}{x+z},\quad \frac{\partial z}{\partial y}=-\frac{F_y}{F_z}=\frac{z^2}{y(x+z)}.$$

5.2.4　二元函数的全微分

根据已学的知识知道，一元函数 $y=f(x)$在点 x 处微分存在的本质是：可用点 x 处自

变量的增量 Δx 的线性函数 $A\Delta x$ 近似地表示函数值的增量 Δy，从而简化 Δy 的计算. 现在，我们用同样的思路来处理二元函数的类似问题.

1. 全增量的定义

设二元函数 $z=f(x, y)$在区域 D 内有定义，点 $P(x, y)\in D$. 当自变量 x、y 在点 $P(x, y)$处分别有增量 Δx、Δy 时，称 $f(x+\Delta x, y+\Delta y)-f(x, y)$为函数 $f(x, y)$在点 $P(x, y)$处对应于自变量增量 Δx 和 Δy 的全增量，记作 Δz，即

$$\Delta z = f(x+\Delta x, y+\Delta y) - f(x, y).$$

2. 全微分

一般来说，$z=f(x, y)$的全增量 Δz 的计算比较复杂，能否与一元函数的情形一样，用自变量的增量 Δx 和 Δy 的线性函数 $A\Delta x+B\Delta y$ 来近似地代替函数的全增量 Δz? 我们先看下面的引例.

引例 5.2.2【金属薄片的面积的全增量】 一块矩形金属薄片受热后膨胀，其长和宽分别增加 Δx 和 Δy，问：薄片的面积 $A=xy$ 大约增加了多少？如何近似地表示它？

问题分析 如图 5.2.9 所示，要求薄片面积改变量的近似值，可以先试着求其精确值，再分析如何快捷地求其近似值.

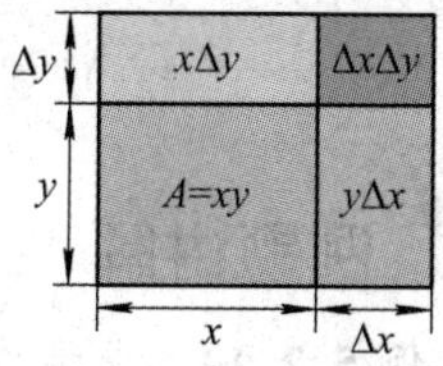

图 5.2.9

解 由图 5.2.9 易知，当长和宽分别增加 Δx 和 Δy 时，面积 A 的增量

$$\Delta A = y\Delta x + x\Delta y + \Delta x\Delta y$$

由两部分组成. 第一部分是 $y\Delta x+x\Delta y$，这是 ΔA 的主要部分. 第二部分是 $\Delta x\cdot\Delta y$，显然它比 $y\Delta x+x\Delta y$ 小得多. 令 $\rho=\sqrt{\Delta x^2+\Delta y^2}$，则当 $\rho\to 0$ 时，$\Delta x\cdot\Delta y$ 是比 ρ 高阶的无穷小.

若边长的改变量 Δx 和 Δy 不大，即 $|\Delta x|$ 和 $|\Delta y|$ 很小，则面积的改变量 ΔA 可近似地用第一部分(线性主部)来代替，其误差是当 $\rho\to 0$ 时，比 ρ 高阶的无穷小 $o(\rho)$，即

$$\Delta A = y\Delta x + x\Delta y + o(\rho),$$

因此，当 $|\Delta x|$ 和 $|\Delta y|$ 很小时，$\Delta A\approx y\Delta x+x\Delta y$.

定义 5.2.3 设函数 $z=f(x, y)$在点 $P(x, y)$的某邻域内有定义，如果函数 $z=f(x, y)$在点(x, y)处的全增量

$$\Delta z = f(x+\Delta x, y+\Delta y) - f(x, y)$$

可以表示为

$$\Delta z = A\Delta x + B\Delta y + o(\rho),$$

其中 A、B 与 Δx、Δy 无关，而仅与 x、y 有关，$\rho=\sqrt{(\Delta x)^2+(\Delta y)^2}$，则称函数 $z=f(x, y)$在点 $P(x, y)$处可微，并称 $A\Delta x+B\Delta y$ 为函数 $z=f(x, y)$在点(x, y)处的全微分，记为 $\mathrm{d}z$，即

$$\mathrm{d}z = A\Delta x + B\Delta y.$$

如果函数 $z=f(x, y)$在某区域 D 内各点处都可微分，则称函数在 D 内可微分.

定理 5.2.6(全微分存在的必要条件) 设函数 $z=f(x, y)$在点 $P(x, y)$处可微分，$\mathrm{d}z=A\Delta x+B\Delta y$，则 $z=f(x, y)$在点 $P(x, y)$处的偏导数必存在，且

$$\frac{\partial z}{\partial x} = A, \quad \frac{\partial z}{\partial y} = B.$$

定理 5.2.7(全微分存在的充分条件) 设函数 $z=f(x, y)$在点 $P(x, y)$处存在连续偏导数$\frac{\partial z}{\partial x}$、$\frac{\partial z}{\partial y}$,则 $z=f(x, y)$在点 $P(x, y)$处可微分,且

$$\mathrm{d}z = \frac{\partial z}{\partial x}\Delta x + \frac{\partial z}{\partial y}\Delta y. \tag{5.2.3}$$

与一元函数类似,规定自变量的增量等于自变量的微分,即 $\Delta x=\mathrm{d}x$,$\Delta y=\mathrm{d}y$,则全微分又可写成

$$\mathrm{d}z = \frac{\partial z}{\partial x}\mathrm{d}x + \frac{\partial z}{\partial y}\mathrm{d}y. \tag{5.2.4}$$

以上关于二元函数全微分的定义、可微条件和计算公式,可类似地推广到三元及以上的函数.

例如,三元函数 $u=f(x, y, z)$在点(x, y, z)处可微,则它的全微分就等于它的三个偏微分之和,即

$$\mathrm{d}u = \frac{\partial u}{\partial x}\mathrm{d}x + \frac{\partial u}{\partial y}\mathrm{d}y + \frac{\partial u}{\partial z}\mathrm{d}z. \tag{5.2.5}$$

例题讲解

例 5.2.14 求函数 $z=\mathrm{e}^{xy}$ 的全微分 并求$\mathrm{d}z\big|_{\substack{x=2\\y=1}}$.

解 因为$\frac{\partial z}{\partial x}=y\mathrm{e}^{xy}$,$\frac{\partial z}{\partial y}=x\mathrm{e}^{xy}$,所以

$$\mathrm{d}z = y\mathrm{e}^{xy}\mathrm{d}x + x\mathrm{e}^{xy}\mathrm{d}y,$$

$$\mathrm{d}z\Big|_{\substack{x=2\\y=1}} = \frac{\partial z}{\partial x}\Big|_{\substack{x=2\\y=1}} + \frac{\partial z}{\partial y}\Big|_{\substack{x=2\\y=1}} = \mathrm{e}^2(\mathrm{d}x + 2\mathrm{d}y).$$

例 5.2.15 计算函数 $u=x+\sin\frac{y}{2}+\mathrm{e}^{yz}$ 的全微分.

解 因为$\frac{\partial u}{\partial x}=1$,$\frac{\partial u}{\partial y}=\frac{1}{2}\cos\frac{y}{2}+z\mathrm{e}^{yz}$,$\frac{\partial u}{\partial z}=y\mathrm{e}^{yz}$,所以

$$\mathrm{d}u = \mathrm{d}x + \left(\frac{1}{2}\cos\frac{y}{2} + z\mathrm{e}^{yz}\right)\mathrm{d}y + y\mathrm{e}^{yz}\mathrm{d}z.$$

例 5.2.16 求函数 $z=\arctan\frac{y}{x}$的全微分.

解 因为

$$\frac{\partial z}{\partial x} = -\frac{y}{x^2+y^2}, \quad \frac{\partial z}{\partial y} = \frac{x}{x^2+y^2},$$

所以

$$\mathrm{d}z = -\frac{y}{x^2+y^2}\mathrm{d}x + \frac{x}{x^2+y^2}\mathrm{d}y = \frac{1}{x^2+y^2}(x\mathrm{d}y - y\mathrm{d}x).$$

【习题 5.2】

1. 求下列函数的偏导数:

(1) $z=x^5-6x^4y^2+y^6$；　　(2) $z=x^2\ln(x^2+y^2)$；

(3) $z=e^x(\cos y+x\sin y)$；　　(4) $z=\sin(xy)+\cos^2(xy)$；

(5) $z=(1+xy)^y$；　　(6) $z=\ln(x+\ln y)$；

(7) $z=\sin\dfrac{x}{y}\cdot\cos\dfrac{y}{x}$；　　(8) $u=x^{\frac{y}{z}}$.

2. 求下列函数在给定点处的偏导数：

(1) $f(x, y)=e^{x^2+y^2+xy}$，点 $(1, -1)$；　　(2) $z=(1+x)e^y$，点 $(1, 1)$；

(3) 设 $f(x, y)=x+(y-1)\arcsin\sqrt{\dfrac{x}{y}}$，求 $f_x(1, 1)$.

3. 求下列函数的二阶偏导数：

(1) $z=x^4+y^4-4x^2y^2$；　　(2) $z=y^x$.

4. 设 $z=\dfrac{1}{x}f(xy)+y\varphi(x+y)$，且 f、φ 具有二阶连续导数，求 $\dfrac{\partial^2 z}{\partial x\partial y}$.

5. 求下列函数的偏导数：

(1) 设 $z=e^{x-2y}$，$x=\sin t$，$y=t^3$，求 $\dfrac{dz}{dt}$；

(2) 设 $z=u^2\ln v$，$u=\dfrac{x}{y}$，$v=xy$，求 $\dfrac{\partial z}{\partial x}$ 和 $\dfrac{\partial z}{\partial y}$；

(3) 设 $z=u^2\ln v$，$u=xy$，$v=3x-2y$，求 $\dfrac{\partial z}{\partial x}$ 和 $\dfrac{\partial z}{\partial y}$；

(4) 设 $z=uv+\tan t$，$u=e^t$，$v=\sin t$，求 $\dfrac{dz}{dt}$.

6. 求下列各方程所确定的隐函数 $z=z(x, y)$ 的偏导数 $\dfrac{\partial z}{\partial x}$ 和 $\dfrac{\partial z}{\partial y}$.

(1) $z^3-3xyz=1$；　　(2) $\arctan xy+\cos z=0$；

(3) $y^z=x^y$；　　(4) $e^{-xy}-2z-e^z=2$.

7. 设函数 $z=f(x, y)$ 由 $e^{2z}-xyz=0$ 所确定，求证：$\dfrac{\partial z}{\partial x}=\dfrac{z}{x(2z-1)}$.

8. 求下列函数的全微分：

(1) $z=y^x$；　　(2) $z=xye^{xy}$；

(3) $z=x^2y+y^2$；　　(4) $z=x^2e^y+y^2\cos x$；

(5) $u=x-\sin\dfrac{y}{2}+\arctan\dfrac{z}{y}$；　　(6) $u=\ln\sqrt{(x^2+y^2+z^2)}$.

习题 5.2 参考答案

5.3　二元函数的极值及其在经济分析中的应用

引例 5.3.1【最大利润问题】 某工厂生产两种产品，总成本函数是 $C=Q_1^2+2Q_1Q_2+Q_2^2+5$. 两种产品的需求函数分别是 $Q_1=26-P_1$ 和 $Q_2=10-\dfrac{1}{4}P_2$. 为使利润最大，试确定两种产品的产量及最大利润.

问题分析 这是我们在经济管理中常常遇到的最优化问题，要解决这个问题，相当于要计算二元函数的最值. 与一元函数类似，要解决最值问题，先定义二元函数的极值.

5.3.1 二元函数的极值

1. 极值的定义

定义 5.3.1 设函数 $z=f(x, y)$ 在点 $P_0(x_0, y_0)$ 的某一邻域内有定义，如果对此邻域内除点 $P_0(x_0, y_0)$ 外的任意点 $P(x, y)$，均有 $f(x, y)<f(x_0, y_0)$(或 $f(x, y)>f(x_0, y_0)$)，则称点 $P_0(x_0, y_0)$ 为函数 $z=f(x, y)$ 的极大值点(或极小值点)，称 $f(x_0, y_0)$ 为极大值(或极小值). 极大值点和极小值点统称为极值点，极大值和极小值统称为极值.

类似地，可定义三元函数 $u=f(x, y, z)$ 的极大值和极小值.

例如，函数 $z=3x^2+4y^2$ 在点 $(0, 0)$ 处有极小值 0，函数 $z=-\sqrt{x^2+y^2}$ 在点 $(0, 0)$ 处有极大值 0，函数 $z=xy$ 在点 $(0, 0)$ 处没有极值.

2. 极值的判定

二元函数的极值问题一般可以利用偏导数来解决. 下面两个定理是关于二元函数极值问题的结论.

定理 5.3.1(极值存在的必要条件) 设函数 $z=f(x, y)$ 在点 $P_0(x_0, y_0)$ 处可微，且 (x_0, y_0) 是函数 $z=f(x, y)$ 的极值点，则

$$f_x(x_0, y_0)=0, \quad f_y(x_0, y_0)=0.$$

证 不妨设函数 $z=f(x, y)$ 在点 $P_0(x_0, y_0)$ 处取得极大值，根据极大值的定义，对于点 $P_0(x_0, y_0)$ 的某一邻域内异于 $P_0(x_0, y_0)$ 的任意一点 $P(x, y)$ 都有不等式

$$f(x, y)<f(x_0, y_0).$$

特别地，在该邻域内取 $y=y_0$，$x\neq x_0$ 的点，有

$$f(x, y_0)<f(x_0, y_0),$$

这表明一元函数 $f(x, y_0)$ 在点 $x=x_0$ 处取得极大值. 因为 $z=f(x, y)$ 在点 $P_0(x_0, y_0)$ 处可微，所以

$$f_x(x_0, y_0)=0.$$

同理可证

$$f_y(x_0, y_0)=0.$$

类似于一元函数的驻点定义，凡是能使 $f_x(x, y)=0$ 和 $f_y(x, y)=0$ 同时成立的点 $P_0(x_0, y_0)$，称为函数 $z=f(x, y)$ 的驻点.

注 定理 5.3.1 说明，在偏导数存在的条件下，函数的极值点必是驻点，但驻点却不一定是极值点. 例如，点 $(0, 0)$ 是函数 $z=x^2-y^2$ 的驻点，但不是该函数的极值点. 因为在原点 $(0, 0)$ 附近，当 $x>y$ 时，在点 (x, y) 处 $f(x, y)>0$，而当 $x<y$ 时，在点 (x, y) 处 $f(x, y)<0$，所以 $(0, 0)$ 不是极值点.

一个驻点在什么情况下是极值点呢？下面的定理给出了这个问题的答案.

定理 5.3.2(极值存在的充分条件) 设函数 $z=f(x, y)$ 在点 (x_0, y_0) 的某一邻域内连续且具有一阶及二阶连续偏导数，又 $f_x(x_0, y_0)=0$，$f_y(x_0, y_0)=0$，令

$$A=f_{xx}(x_0, y_0), \quad B=f_{xy}(x_0, y_0), \quad C=f_{yy}(x_0, y_0)$$

则 $f(x, y)$ 在 (x_0, y_0) 处是否取得极值的条件如下：

(1) 当 $B^2-AC<0$ 时，点 (x_0, y_0) 是极值点，且当 $A<0$ 时 $f(x_0, y_0)$ 为极大值，当 $A>0$ 时 $f(x_0, y_0)$ 为极小值；

(2) 当 $B^2-AC>0$ 时，点 (x_0, y_0) 不是极值点；

(3) 当 $B^2-AC=0$ 时，点 (x_0, y_0) 有可能是极值点也有可能不是极值点，需另作讨论.

由定理 5.3.1 和定理 5.3.2 可得，求具有二阶连续偏导数的函数 $z=f(x, y)$ 的极值的步骤如下：

第一步：求偏导数，解方程组

$$\begin{cases} f_x(x, y) = 0 \\ f_x(x, y) = 0 \end{cases},$$

求出 $z=f(x, y)$ 的所有驻点.

第二步：对于每一个驻点 (x_0, y_0)，计算相应二阶偏导数 A、B 和 C 的值.

第三步：根据 B^2-AC 及 A 的符号，按照定理 5.3.2 的结论判定极值存在与否，是极大值还是极小值.

例题讲解

例 5.3.1　求函数 $f(x, y)=x^3-y^3+3x^2+3y^2-9x$ 的极值.

解　先解方程组

$$\begin{cases} f_x(x, y) = 3x^2+6x-9 = 0 \\ f_y(x, y) = -3y^2+6y = 0 \end{cases},$$

求得驻点为 $(1, 0)$、$(1, 2)$、$(-3, 0)$、$(-3, 2)$.

再求出二阶偏导数，即

$$f_{xx}(x, y) = 6x+6, \quad f_{xy}(x, y) = 0, \quad f_{yy}(x, y) = -6y+6.$$

在点 $(1, 0)$ 处，因为 $B^2-AC=-12\cdot 6<0$ 且 $A>0$，所以函数在点 $(1, 0)$ 处有极小值 $f(1, 0)=-5$.

在点 $(1, 2)$ 处，因为 $B^2-AC=12\cdot 6>0$，所以 $f(1, 2)$ 不是极值.

在点 $(-3, 0)$ 处，因为 $B^2-AC=12\cdot 6>0$，所以 $f(-3, 0)$ 不是极值.

在点 $(-3, 2)$ 处，因为 $B^2-AC=-12\cdot 6<0$ 且 $A<0$，所以函数在点 $(-3, 2)$ 处有极大值 $f(-3, 2)=31$.

注　已经知道，一元函数在驻点和导数不存在的点处都可能取得极值. 同样，二元函数的极值也可能在个别偏导数不存在的点处取得. 例如，函数 $z=-\sqrt{x^2+y^2}$ 在点 $(0, 0)$ 处有极大值，但该函数在点 $(0, 0)$ 处不存在偏导数. 因此，对于二元函数的极值问题，除了考虑函数的驻点外，还要考虑那些使偏导数不存在的点.

5.3 2　二元函数的最值

与一元函数类似，我们可以利用函数的极值来求函数的最大值和最小值. 对于有界闭区域 D 上连续的二元函数 $f(x, y)$，一定能在该区域上取得最大值和最小值. 这种使函数 $f(x, y)$ 取得最值的点既可能在 D 的内部，也可能在 D 的边界上.

若函数 $f(x, y)$ 的最值在区域 D 的内部取得，则这个最值也是函数的极值，它必在函数的驻点或偏导数不存在的点处取得.

若函数 $f(x, y)$ 的最值在区域 D 的边界上取得，则可根据 D 的边界将 $f(x, y)$ 转化为定义在某个闭区间上的一元函数，利用一元函数求最值的方法求出 $f(x, y)$ 在 D 的边界上的最值.

综上所述，求有界闭区域 D 上连续函数 $f(x, y)$ 最值的步骤如下：

(1) 求出在 D 的内部的所有极值；

(2) 求出 $f(x, y)$ 在 D 的边界上的最值；

(3) 比较上述函数值的大小，最大者就是函数的最大值，最小者就是函数的最小值.

在实际问题中，我们知道函数的最大值(或最小值)一定在区域的内部取得. 如果函数在区域内只有一个驻点，那么这个唯一的驻点就是所要求的最大值(或最小值)点，即函数在该点处取得最大值(或最小值).

例题讲解

例 5.3.2 某厂要用铁板做成一个容积 $V=2\ \text{m}^2$ 的有盖长方体水箱，怎样选取长、宽、高才能做到用料最省？

解 设水箱的长为 x m、宽为 y m，则高为 $\dfrac{2}{xy}$ m，水箱所用材料的面积为

$$S = 2\left(xy + y \cdot \frac{2}{xy} + x \cdot \frac{2}{xy}\right) = 2\left(xy + \frac{2}{x} + \frac{2}{y}\right) \quad (x>0,\ y>0).$$

令

$$\begin{cases} S_x = 2\left(x - \dfrac{2}{x^2}\right) = 0 \\ S_y = 2\left(x - \dfrac{2}{y^2}\right) = 0 \end{cases},$$

解方程组，得

$$\begin{cases} x = \sqrt[3]{2} \\ y = \sqrt[3]{2} \end{cases}.$$

据实际情况可知，函数 S 在唯一驻点 $(\sqrt[3]{2}, \sqrt[3]{2})$ 处取得最小值，此时高为 $\dfrac{2}{\sqrt[3]{2} \cdot \sqrt[3]{2}} = \sqrt[3]{2}$ m，即当水箱的长、宽、高均为 $\sqrt[3]{2}$ m 时，用料最省.

案例分析

案例 5.3.1【最大利润问题】 某工厂生产两种产品，总成本函数是 $C=Q_1^2+2Q_1Q_2+Q_2^2+5$. 两种产品的需求函数分别是 $Q_1=26-P_1$ 和 $Q_2=10-\dfrac{1}{4}P_2$. 为使利润最大，试确定两种产品的产量及最大利润.

解 由题设知总收益函数为

$$R = R_1 + R_2 = P_1Q_1 + P_2Q_2 = (26-Q_1)Q_1 + (40-4Q_2)Q_2,$$

从而利润函数为

$$L = R - C = 26Q_1 + 40Q_2 - 2Q_1^2 - 2Q_1Q_2 - 5Q_2^2 - 5,$$

由极值存在的必要条件和充分条件可求得当 $Q_1=5$，$Q_2=3$ 时，利润最大，最大利润为 120.

*5.3.3　条件极值与拉格朗日乘数法

引例 5.3.2【最小成本问题】 某企业生产两种商品的日产量分别为 x 和 y(件)，总成本函数为

$$C(x, y) = 8x^2 - xy + 12y^2,$$

商品的限额为 $x+y=42$，求最小成本.

问题分析 这个问题就是我们在经济管理中常常遇到的最优化问题. 和前面讨论的实际问题求最值不同的是，这里的总成本函数的自变量(两种商品的日产量 x 和 y)受市场需求的限制，需要两种商品的日产量不超过 42，即 $x+y=42$. 要解决这个问题，需要在约束条件下进行.

这种对函数的自变量有附加条件的极值问题称为条件极值问题. 而对自变量除了限制在定义域内以外，并没有其他附加条件的极值问题称为无条件极值问题.

在实际问题中，有些条件极值问题可转换为无条件极值问题来处理. 但许多条件极值问题不一定能转化为无条件极值问题，即使能转化，也很复杂，不易求解. 因此，我们需要寻求其他的解决方法. 下面介绍一种直接求条件极值的常用方法——拉格朗日乘数法.

拉格朗日乘数法 要求函数 $z=f(x, y)$在约束条件 $\varphi(x, y)=0$ 下的可能极值点，可以按照如下步骤进行：

(1) 构造辅助函数(拉格朗日函数)：

$$F(x, y) = f(x, y) + \lambda\varphi(x, y),$$

其中 λ 为拉格朗日乘数.

(2) 求 $F(x, y)$对 x 与 y 的一阶偏导数，并使之为零，然后与 $\varphi(x, y)=0$ 联立，即

$$\begin{cases} f_x(x, y) + \lambda\varphi_x(x, y) = 0 \\ f_y(x, y) + \lambda\varphi_y(x, y) = 0, \\ \varphi(x, y) = 0 \end{cases}$$

解方程组，得到的(x_0, y_0)就是函数 $z=f(x, y)$在约束条件 $\varphi(x, y)=0$ 下的可能条件极值点.

(3) 判断所求得的点(x_0, y_0)是否是极值点.

对于实际问题，当求出的可能条件极值点(x_0, y_0)唯一且实际问题又确实存在极值点时，则该点就是条件极值点.

例题讲解

例 5.3.3 用拉格朗日乘数法求解例 5.3.2，即求函数 $S=2(xy+yz+zx)$在约束条件 $xyz=V=2$(即 $2-xyz=0$)下的最小值.

解 构造拉格朗日函数：

$$F(x, y, z) = 2(xy + yz + zx) + \lambda(2 - xyz),$$

求其对 x、y 与 z 的偏导数，使之为零，并与约束条件联立，得

$$\begin{cases} F_x = 2(y+z) - \lambda yz = 0 \\ F_y = 2(x+z) - \lambda xz = 0 \\ F_z = 2(y+x) - \lambda xy = 0 \\ 2 - xyz = 0 \end{cases},$$

解方程组，得 $x=y=z=\sqrt[3]{2}$，故点$(\sqrt[3]{2}, \sqrt[3]{2}, \sqrt[3]{2})$是函数 $S(x, y, z)$的可能极值点.

因为只有一个驻点，并且此问题的最小值是存在的，所以驻点$(\sqrt[3]{2}, \sqrt[3]{2}, \sqrt[3]{2})$也是函数的最小值点，这与例 5.3.2 的结论相同.

案例分析

案例 5.3.2【最小成本问题】 某企业生产两种商品的日产量分别为 x 和 y(件)，总成本函数为

$$C(x, y) = 8x^2 - xy + 12y^2,$$

商品的限额为 $x+y=42$，求最小成本.

解 构造拉格朗日函数：

$$F(x, y) = 8x^2 - xy + 12y^2 + \lambda(x + y - 42),$$

求其对 x、y 的偏导数，使之为零，并与约束条件 $x+y-42=0$ 联立，得

$$\begin{cases} F_x = 16x - y + \lambda = 0 \\ F_y = -x + 24y + \lambda = 0, \\ x + y - 42 = 0 \end{cases}$$

解方程组，得 $x=25$，$y=7$，故驻点为(25，17)，它是总成本函数 $C(x, y)$的可能极值点.

因为只有一个驻点，并且此问题的最小值是存在的，所以驻点(25，17)也是函数的最小值点，故最小成本为

$$C(25, 17) = 8043\ (\text{元}).$$

【习题 5.3】

1. 求下列函数的极值：

(1) $z=x^2+y^2-6xy-39x+18y+18$；

(2) $z=x^2-y^2+1$；

(3) $z=x^3+y^3-3xy$；

(4) $z=(6x-x^2)(4y-y^2)$.

2. 某工厂生产甲、乙两种产品，市场售价分别为 11 元和 10 元. 已知生产 x 单位的产品甲和生产 y 单位的产品乙所需的总费用(单位：万元)为

$$40 + 2x + 3y + 0.1(3x^2 + xy + 3y^2),$$

试求该工厂取得最大利润时，甲、乙两种产品的产量.

3. 某厂家生产的一种产品同时在两个市场销售，售价分别为 P_1、P_2，销售量分别为 Q_1、Q_2，需求函数及总成本函数分别为 $Q_1=24-0.2P_1$，$Q_2=10-0.5P_2$，$C=35+40(Q_1+Q_2)$，试问：厂家如何确定两个市场的售价，能使其获得的总利润最大？最大总利润为

习题 5.3 参考答案

多少?

5.4 二重积分

本节我们将在一元函数的定积分的基础上，把定积分的概念加以推广，介绍二重积分的概念、计算方法以及它们的应用.

5.4.1 二重积分的概念

引例 5.4.1【曲顶柱体的体积】 曲顶柱体是指这样的立体，它的底是 xOy 面上的有界闭区域 D，侧面是以 D 的边界曲线为准线而母线平行于 z 轴的柱面，顶是曲面 $z=f(x, y)$ ($f(x, y)\geqslant 0$ 且在 D 上连续)，其图像如图 5.4.1 所示. 如何计算曲顶柱体的体积呢?

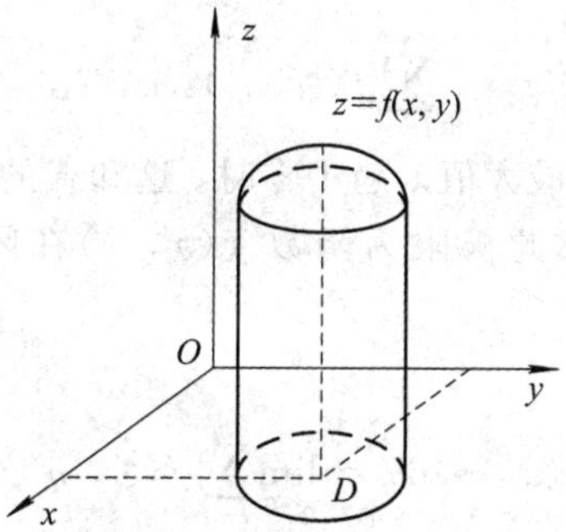

图 5.4.1

问题分析 我们知道，平顶柱体因为高不变，所以它的体积等于底面积与高的乘积. 而曲顶柱体的顶是曲面 $f(x, y)$，所以它的高是个变量. 因此，它的体积不能直接用平顶柱体体积的公式来计算，但可以仿照第 4 章求曲边梯形面积的方法，即“分割，取近似，求和，取极限”的方法来求出曲顶柱体的体积.

具体过程如下:

第一步: 分割. 用一组曲线网将区域 D 任意分割成 n 个小区域

$$\Delta\sigma_1, \Delta\sigma_2, \cdots, \Delta\sigma_n,$$

其中 $\Delta\sigma_i(i=1, 2, \cdots, n)$表示第 i 个小闭区域，也表示它的面积. 分别以这些小闭区域的边界曲线为准线，作母线平行于 z 轴的柱面，这些柱面将原来的曲顶柱体分割为 n 个小曲顶柱体.

第二步: 取近似. 在每个小区域 $\Delta\sigma_i$ 中任取一点(ξ_i, η_i)，当小闭区域的直径很小时，小曲顶柱体可近似地看作以 $\Delta\sigma_i$ 为底、$f(\xi_i, \eta_i)$为高的平顶柱体，从而得到第 i 个小曲顶柱体体积 ΔV_i 的近似值为 $f(\xi_i, \eta_i)\Delta\sigma_i$，即

$$\Delta V_i \approx f(\xi_i, \eta_i)\Delta\sigma_i \quad (i=1, 2, \cdots, n).$$

第三步: 求和. 将这 n 个小曲顶柱体体积的近似值相加，得到所求曲顶柱体体积的近似值，即

$$V \approx \sum_{i=1}^{n} f(\xi_i, \eta_i)\Delta\sigma_i.$$

第四步：取极限. 以 λ 表示 n 个小区域中直径的最大值. 当 $\lambda \to 0$，即曲线网充分细密时，极限 $\lim\limits_{\lambda\to 0}\sum\limits_{i=1}^{n} f(\xi_i, \eta_i)\Delta\sigma_i$ 就给出了曲顶柱体体积的精确值，即

$$V = \lim_{\lambda\to 0}\sum_{i=1}^{n} f(\xi_i, \eta_i)\Delta\sigma_i.$$

上述过程，就是二重积分产生的实际背景，由此引入二重积分的概念.

1. 二重积分的定义

定义 5.4.1 设 $f(x, y)$是定义在有界闭区域 D 上的有界函数，将闭区域 D 任意分成 n 个小区域 $\Delta\sigma_i(i=1, 2, \cdots, n)$，其中 $\Delta\sigma_i$ 表示第 i 个小闭区域，也表示它的面积. 在每个 $\Delta\sigma_i$ 上任取一点$(\xi_i, \eta_i)(i=1, 2, \cdots, n)$，作乘积

$$f(\xi_i, \eta_i)\Delta\sigma_i \quad (i = 1, 2, \cdots, n),$$

并作和

$$\sum_{i=1}^{n} f(\xi_i, \eta_i)\Delta\sigma_i, \tag{5.4.1}$$

如果当 n 个小区域的直径中的最大值 λ 趋于零时，这和式的极限存在且与闭区域 D 的分法及点(ξ_i, η_i)的取法无关，则称此极限为函数 $f(x, y)$在闭区域 D 上的二重积分，记为 $\iint\limits_D f(x, y)\mathrm{d}\sigma$，即

$$\iint_D f(x, y)\mathrm{d}\sigma = \lim_{\lambda\to 0}\sum_{i=1}^{n} f(\xi_i, \eta_i)\Delta\sigma_i, \tag{5.4.2}$$

其中 $f(x, y)$称为被积函数，$f(x, y)\mathrm{d}\sigma$ 称为被积表达式，$\mathrm{d}\sigma$ 称为面积微元，x 和 y 称为积分变量，D 称为积分区域，并称 $\sum\limits_{i=1}^{n} f(\xi_i, \eta_i)\Delta\sigma_i$ 为积分和.

关于定义 5.4.1 的两点说明：

(1) 如果二重积分 $\iint\limits_D f(x, y)\mathrm{d}\sigma$ 存在，则称函数 $f(x, y)$在闭区域 D 上可积. 可以证明，如果函数 $f(x, y)$在闭区域 D 上连续，则 $f(x, y)$在 D 上的二重积分必定存在. 今后，我们总假定被积函数 $f(x, y)$在积分区域 D 上是连续的，所以 $f(x, y)$在 D 上的二重积分总存在.

(2) 根据定义 5.4.1 可知，如果函数 $f(x, y)$在闭区域 D 上可积，则二重积分的值与 D 的分法及点(ξ_i, η_i)的取法无关.

2. 二重积分的性质

比较定积分与二重积分的定义，可以得到二重积分具有与定积分类似的性质，现叙述如下.

性质 1 函数的和(或差)的二重积分等于各个二重积分的和(或差)，即

$$\iint_D [f(x, y) \pm g(x, y)]\mathrm{d}\sigma = \iint_D f(x, y)\mathrm{d}\sigma \pm \iint_D g(x, y)\mathrm{d}\sigma.$$

性质 2 被积函数的常数因子可以提到二重积分号的外面，即

$$\iint_D kf(x, y)\mathrm{d}\sigma = k\iint_D f(x, y)\mathrm{d}\sigma \quad (\text{其中 } k \text{ 为常数}).$$

性质 3(区域的可加性)　如果闭区域 D 被连续曲线分为两个闭区域D_1与D_2，则在 D 上的二重积分等于在D_1上二重积分与在D_2 上二重积分的和，即

$$\iint_D f(x, y)\mathrm{d}\sigma = \iint_{D_1} f(x, y)\mathrm{d}\sigma + \iint_{D_2} f(x, y)\mathrm{d}\sigma.$$

性质 4　如果在 D 上有 $f(x, y)=1$，则 $\iint_D 1\cdot\mathrm{d}\sigma = \iint_D \mathrm{d}\sigma = \sigma$（其中 σ 为 D 的面积）.

性质 5(保序性)　如果在 D 上，$f(x, y)\leqslant g(x, y)$，则有

$$\iint_D f(x, y)\mathrm{d}\sigma \leqslant \iint_D g(x, y)\mathrm{d}\sigma.$$

由性质 5 可推出

$$\left|\iint_D f(x, y)\mathrm{d}\sigma\right| \leqslant \iint_D |f(x, y)|\mathrm{d}\sigma.$$

性质 6(估值定理)　设 M 和 m 分别是 $f(x, y)$在闭区域 D 上的最大值和最小值，σ 为 D 的面积，则有

$$m\sigma \leqslant \iint_D f(x, y)\mathrm{d}\sigma \leqslant M\sigma.$$

性质 7(中值定理)　设函数 $f(x, y)$在闭有界区域 D 上连续，σ 为 D 的面积，则在 D 上至少存在一点(ξ, η)，使得

$$\iint_D f(x, y)\mathrm{d}\sigma = f(\xi, \eta)\sigma.$$

5.4.2　二重积分的计算

与定积分的计算一样，除了一些特殊情形外，利用二重积分的定义计算二重积分是非常困难的. 因此需要寻求一种简便的计算方法，这就是将二重积分化为两次定积分来计算，转化后的这种两次积分，称为二次积分或累次积分.

1. 直角坐标系下二重积分的计算

在二重积分的定义中，对区域 D 的分割是任意的. 因此，在直角坐标系中，可以用平行于坐标轴的直线网来把区域 D 划分成若干个矩形小区域. 设矩形小区域 $\Delta\sigma_i$ 的边长为 Δx_i和 Δy_j，于是 $\Delta\sigma_i=\Delta x_i\Delta y_j$. 故在直角坐标系中，面积微元 $\mathrm{d}\sigma$ 可记为 $\mathrm{d}x\mathrm{d}y$，即 $\mathrm{d}\sigma=\mathrm{d}x\mathrm{d}y$. 于是二重积分可表示为

$$\iint_D f(x, y)\mathrm{d}\sigma = \iint_D f(x, y)\mathrm{d}x\mathrm{d}y. \tag{5.4.3}$$

在具体给出二重积分 $\iint_D f(x, y)\mathrm{d}\sigma$ 化成累次积分的方法之前，先介绍两个积分区域.

形如 $D=\{(x, y)\,|\,\varphi_1(x)\leqslant y\leqslant\varphi_2(x), a\leqslant x\leqslant b\}$的闭区域，称为 X 型区域，其中函数 $\varphi_1(x)$和 $\varphi_2(x)$在区间$[a, b]$上连续，如图 5.4.2 所示.

类似地，形如 $L=\{(x, y)\,|\,\varphi_1(y)\leqslant x\leqslant\varphi_2(y), c\leqslant y\leqslant d\}$的闭区域，称为 Y 型区域，其中函数 $\varphi_1(y)$和 $\varphi_2(y)$在区间$[c, d]$上连续，如图 5.4.3 所示.

下面根据二重积分的几何意义，讨论不同积分区域下化二重积分 $\iint_D f(x, y)\mathrm{d}\sigma$ 为累次

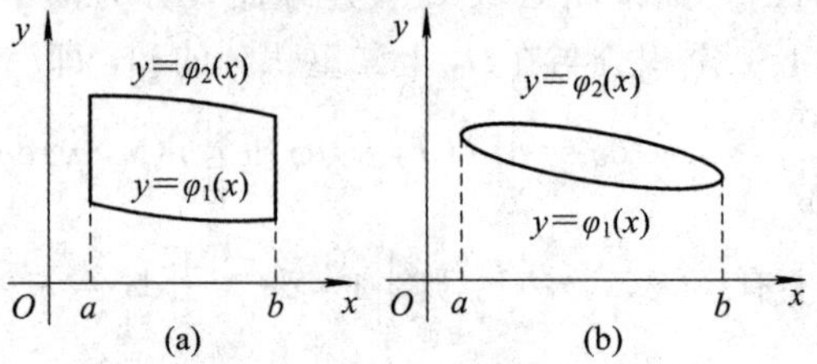

图 5.4.2

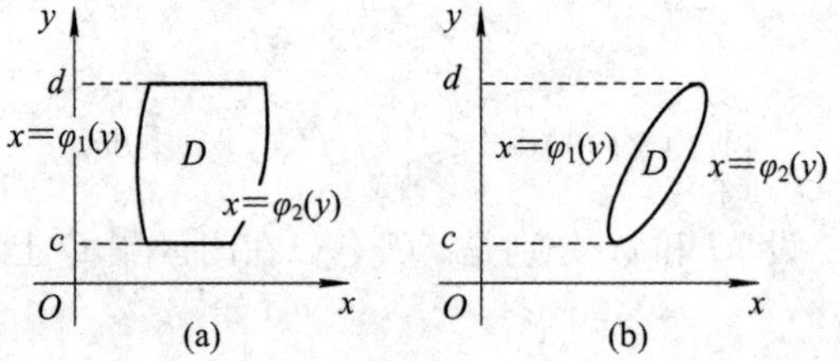

图 5.4.3

积分的计算方法.

1) 积分区域为 X 型区域

如果积分区域为 X 型区域，且 $f(x, y)\geqslant 0$，二重积分 $\iint\limits_D f(x, y)\mathrm{d}\sigma$ 的值表示以 D 为底、以曲面 $z=f(x, y)$ 为顶的曲顶柱体的体积. 下面利用定积分中计算“平行截面面积为已知的立体之体积”的方法来求这个曲顶柱体的体积.

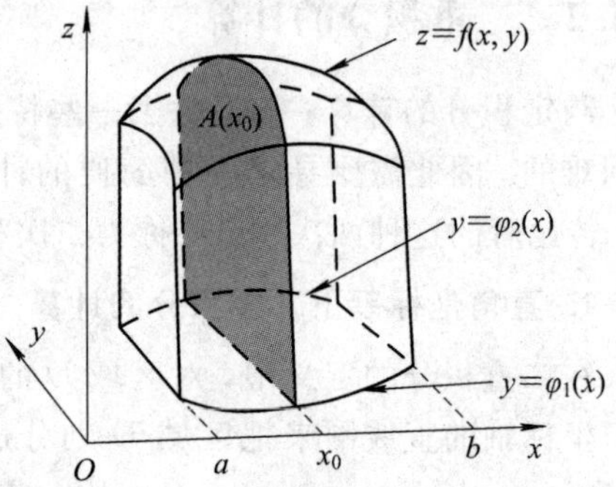

图 5.4.4

在区间$[a, b]$上任意取定一个点 x_0，用平行于 yOz 面的平面 $x=x_0$ 去截曲顶柱体(如图 5.4.4 所示)，所得的截面是一个以区间$(\varphi_1(x_0), \varphi_2(x_0))$为底、曲线 $z=f(x_0, y)$为曲边的曲边梯形，所以这截面的面积为

$$A(x_0)=\int_{\varphi_1(x_0)}^{\varphi_2(x_0)} f(x_0, y)\mathrm{d}y.$$

因为 x_0 是区间$[a, b]$内任意一点，所以可以将 x_0 换成 x，得到在 x 处截面的面积为

$$A(x)=\int_{\varphi_1(x)}^{\varphi_2(x)} f(x, y)\mathrm{d}y,$$

于是，应用计算平行截面面积为已知的立体体积的方法，得曲顶柱体的体积为

$$V=\int_a^b A(x)\mathrm{d}x=\int_a^b\left[\int_{\varphi_1(x)}^{\varphi_2(x)} f(x, y)\mathrm{d}y\right]\mathrm{d}x ,$$

即

$$\iint\limits_D f(x, y)\mathrm{d}\sigma=\int_a^b\left[\int_{\varphi_1(x)}^{\varphi_2(x)} f(x, y)\mathrm{d}y\right]\mathrm{d}x.$$

这就是直角坐标系下二重积分的计算公式. 它把二重积分化为先对 y、后对 x 的累次

积分(也称二次积分). 第一次计算定积分时先把 x 看作常数，把 $f(x, y)$ 只看作 y 的函数，并对 y 计算从 $\varphi_1(x)$ 到 $\varphi_2(x)$ 的定积分；第二次是把第一次积分的结果作为被积函数(是 x 的函数)，再对 x 计算从 a 到 b 定积分. 这个先对 y、后对 x 的累次积分也常记作

$$\iint_D f(x, y)\mathrm{d}\sigma = \int_a^b \mathrm{d}x \int_{\varphi_1(x)}^{\varphi_2(x)} f(x, y)\mathrm{d}y. \tag{5.4.4}$$

2) 积分区域为 Y 型区域

类似地，当积分区域为 Y 型区域时，同样可得二重积分的计算公式：

$$\iint_D f(x, y)\mathrm{d}\sigma = \int_c^d \left[\int_{\varphi_1(y)}^{\varphi_2(y)} f(x, y)\mathrm{d}x\right]\mathrm{d}y,$$

通常记作

$$\iint_D f(x, y)\mathrm{d}\sigma = \int_c^d \mathrm{d}y \int_{\varphi_1(y)}^{\varphi_2(y)} f(x, y)\mathrm{d}x. \tag{5.4.5}$$

公式(5.4.5)把二重积分化为先对 x、后对 y 的累次积分.

注　① 积分区域的恰当表示和积分顺序的合理选择是保证二重积分计算过程简捷正确的关键. 建议初学者先画出区域 D 的图形，再根据区域 D 的图形选择积分顺序，从而确定积分上下限.

② 如果积分区域 D 既是 X 型的，可以用不等式 $\varphi_1(x)\leqslant y\leqslant\varphi_2(x)$，$a\leqslant x\leqslant b$ 来表示，又是 Y 型的，也可以用不等式 $\varphi_1(y)\leqslant x\leqslant\varphi_2(y)$，$c\leqslant y\leqslant d$ 来表示，那么由公式(5.4.4)和公式(5.4.5)可得

$$\int_a^b \mathrm{d}x \int_{\varphi_1(x)}^{\varphi_2(x)} f(x, y)\mathrm{d}y = \int_c^d \mathrm{d}y \int_{\varphi_1(y)}^{\varphi_2(y)} f(x, y)\mathrm{d}x,$$

也就是说某些二重积分是可以交换积分次序的.

③ 在应用公式(5.4.4)(或公式(5.4.5))时，积分区域 D 必须满足下列条件：穿过区域 D 内部且平行于 y 轴(或 x 轴)的直线与 D 的边界相交不多于两个点. 如果不具备上述条件，可以将区域 D 进行划分，使得划分后的小区域满足该条件.

例题讲解

例 5.4.1　计算 $\iint_D (x^3+y^3)\mathrm{d}x\mathrm{d}y$，其中 D 是矩形闭区域 $0\leqslant x\leqslant 1$，$0\leqslant y\leqslant 1$.

解　画出积分区域 D 的图形，如图 5.4.5 所示，则

$$\iint_D (x^3+y^3)\mathrm{d}x\mathrm{d}y = \int_0^1 \mathrm{d}x\int_0^1 (x^3+y^3)\mathrm{d}y = \int_0^1 \left[x^3 y + \frac{1}{4}y^4\right]_0^1 \mathrm{d}x$$

$$= \int_0^1 \left(x^3+\frac{1}{4}\right)\mathrm{d}x = \left[\frac{1}{4}x^4 + \frac{1}{4}x\right]_0^1 = \frac{1}{2}.$$

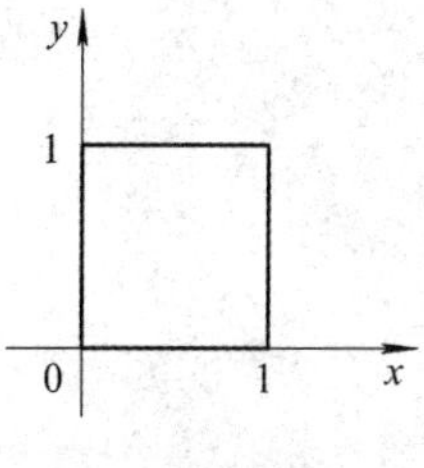

图 5.4.5

在计算积分时，究竟是先对 y 积分，还是先对 x 积分，这要由被积函数和积分区域来决定. 当积分区域为矩形域时，由于两次积分上、下限均为常量，所以无论是先对 y 积分还是先对 x 积分在计算时都很方便. 但当积分区域为其他形状时，选择适当的积分次序就显得尤为重要！

例 5.4.2 计算 $\iint\limits_D (x^2+y^2)\mathrm{d}x\mathrm{d}y$，其中 D 是由三条直线 $y=2$，$y=x$，$y=2x$ 所围成的闭区域.

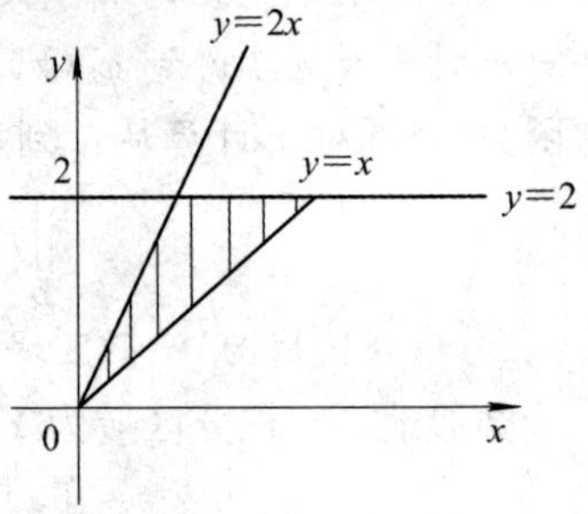

图 5.4.6

解 方法一：画出积分区域的图形，如图 5.4.6 所示，且区域 D 可表示为

$$\begin{cases}0\leqslant y\leqslant 2\\ \dfrac{y}{2}\leqslant x\leqslant y\end{cases},$$

于是

$$\begin{aligned}\iint\limits_D (x^2+y^2)\mathrm{d}x\mathrm{d}y &= \int_0^2 \mathrm{d}y\int_{\frac{y}{2}}^{y}(x^2+y^2)\mathrm{d}x\\ &= \int_0^2\left[\frac{1}{3}x^3+y^2x\right]_{\frac{y}{2}}^{y}\mathrm{d}y=\int_0^2\left(\frac{19}{24}y^3\right)\mathrm{d}y\\ &= \left[\frac{19}{96}y^4\right]_0^2=\frac{19}{6}.\end{aligned}$$

方法二：将区域 D 分成两部分D_1、D_2，如图 5.4.7 所示，其中

$$D_1=\{(x,y)\mid 0\leqslant x\leqslant 1,\ x\leqslant y\leqslant 2x\},$$
$$D_2=\{(x,y)\mid 1\leqslant x\leqslant 2,\ x\leqslant y\leqslant 2\},$$

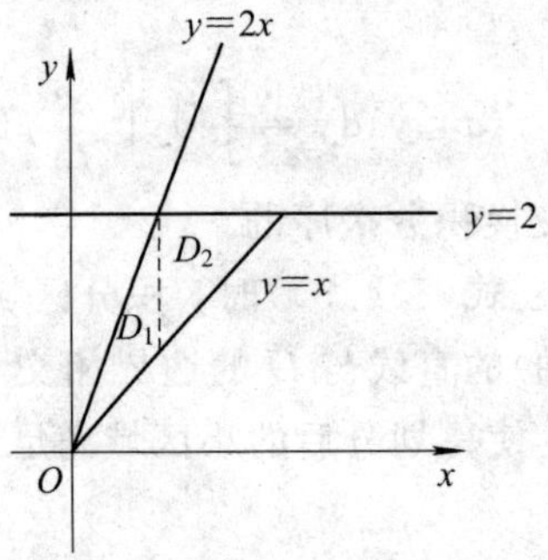

图 5.4.7

于是

$$\begin{aligned}\iint\limits_D (x^2+y^2)\mathrm{d}x\mathrm{d}y &= \iint\limits_{D_1}(x^2+y^2)\mathrm{d}x\mathrm{d}y+\iint\limits_{D_2}(x^2+y^2)\mathrm{d}x\mathrm{d}y\\ &= \int_0^1\mathrm{d}x\int_x^{2x}(x^2+y^2)\mathrm{d}y+\int_1^2\mathrm{d}x\int_x^2(x^2+y^2)\mathrm{d}y\\ &= \int_0^1\left[x^2y+\frac{1}{3}y^3\right]_x^{2x}\mathrm{d}x+\int_1^2\left[x^2y+\frac{1}{3}y^3\right]_x^2\mathrm{d}x\\ &= \int_0^1\left(\frac{10}{3}x^3\right)\mathrm{d}x+\int_1^2\left(-\frac{4}{3}x^3+2x^2+\frac{8}{3}\right)\mathrm{d}x\\ &= \left[\frac{5}{6}x^4\right]_0^1+\left[-\frac{1}{3}x^4+\frac{2}{3}x^3+\frac{8}{3}x\right]_1^2\\ &= \frac{5}{6}+\frac{7}{3}=\frac{19}{6}.\end{aligned}$$

例 5.4.3　计算$\iint\limits_D \frac{x^2}{y}\mathrm{d}x\mathrm{d}y$，其中 D 是由直线 $y=2$，$y=x$ 和曲线 $xy=1$ 所围成的闭区域.

解　画出区域 D 的图形，如图 5.4.8 所示，求出边界曲线的交点坐标为 $A\left(\frac{1}{2},\ 2\right)$、$B(1,\ 1)$、$C(2,\ 2)$. 选择先对 x 积分、后对 y 积分，这时区域 D 可表示为

$$D=\left\{(x,\ y)\mid 1\leqslant y\leqslant 2,\ \frac{1}{y}\leqslant x\leqslant y\right\},$$

于是

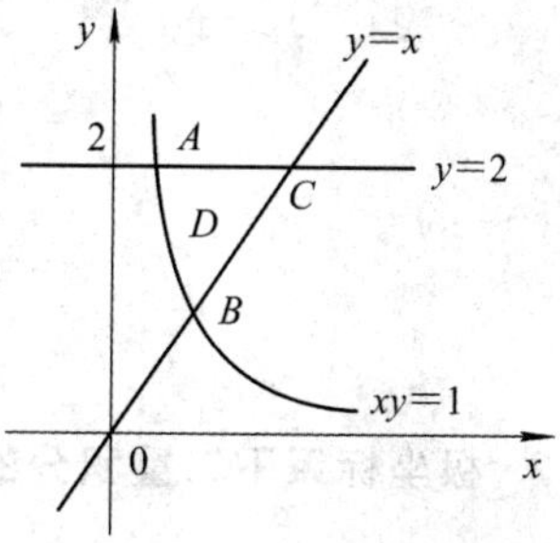

图 5.4.8

$$\begin{aligned}\iint\limits_D \frac{x^2}{y}\mathrm{d}x\mathrm{d}y &=\int_1^2 \mathrm{d}y\int_{\frac{1}{y}}^{y}\frac{x^2}{y}\mathrm{d}x\\&=\int_1^2\frac{1}{y}\left[\frac{x^3}{3}\right]_{\frac{1}{y}}^{y}\mathrm{d}y\\&=\int_1^2\frac{1}{3}\left(y^2-\frac{1}{y^4}\right)\mathrm{d}y\\&=\frac{1}{3}\left(\frac{1}{3}y^3+\frac{1}{3}y^{-3}\right)\Bigg|_1^2\\&=\frac{49}{72}\end{aligned}$$

注　本题也可先对 y、后对 x 积分，但是必须用直线 $x=1$ 将 D 分成 D_1 和 D_2 两部分，其中

$$D_1=\left\{(x,\ y)\mid \frac{1}{2}\leqslant x\leqslant 1,\ x\leqslant y\leqslant 2\right\},$$

$$D_2=\{(x,\ y)\mid 1\leqslant x\leqslant 2,\ x\leqslant y\leqslant 2\},$$

由此得

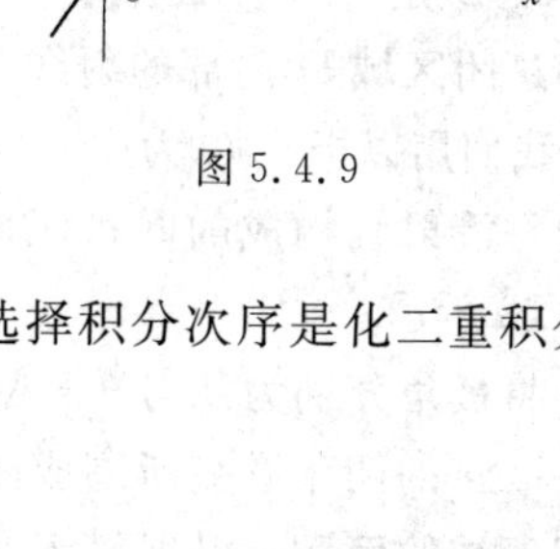

图 5.4.9

$$\begin{aligned}\iint\limits_D \frac{x^2}{y}\mathrm{d}x\mathrm{d}y &=\iint\limits_{D_1}\frac{x^2}{y}\mathrm{d}x\mathrm{d}y+\iint\limits_{D_2}\frac{x^2}{y}\mathrm{d}x\mathrm{d}y\\&=\int_{\frac{1}{2}}^1\mathrm{d}x\int_{\frac{1}{x}}^2\frac{x^2}{y}\mathrm{d}y+\int_1^2\mathrm{d}x\int_x^2\frac{x^2}{y}\mathrm{d}y\\&=\int_{\frac{1}{2}}^1 x^2[\ln y]\Big|_{\frac{1}{x}}^2\mathrm{d}x+\int_1^2 x^2[\ln y]\Big|_x^2\mathrm{d}x\\&=\int_{\frac{1}{2}}^1 x^2[\ln 2+\ln x]\mathrm{d}x+\int_1^2 x^2[\ln 2-\ln x]\mathrm{d}x\\&=\frac{49}{72}.\end{aligned}$$

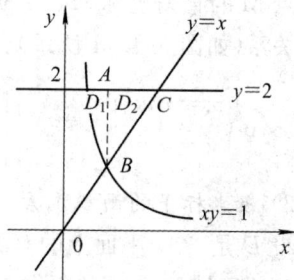

显然，先对 y 积分后对 x 积分要麻烦得多，所以恰当地选择积分次序是化二重积分为累次积分的关键.

例 5.4.4　计算二重积分$\int_0^1\mathrm{d}y\int_y^1\frac{\sin x}{x}\mathrm{d}x$.

分析　从积分区域看，这个二重积分既可以先对 y 积分，也可以先对 x 积分. 但从被积函数来看，如果先对 x 积分，由于$\frac{\sin x}{x}$的原函数不是初等函数，那么积分$\int_y^1\frac{\sin x}{x}\mathrm{d}x$无法

用牛顿-莱布尼茨公式算出，因此必须交换积分次序，把先对 x 积分换为先对 y 积分.

解 画出区域 D 的图形，如图 5.4.10 所示，此时积分区域 D 为

$$\begin{cases}0\leqslant y\leqslant 1\\ y\leqslant x\leqslant 1\end{cases},$$

现换为先对 y 积分，则区域 D 表示为

$$D=\{(x,\ y)\mid 0\leqslant x\leqslant 1,\ 0\leqslant y\leqslant x\},$$

于是

$$\begin{aligned}\int_0^1 \mathrm{d}y\int_y^1 \frac{\sin x}{x}\mathrm{d}x &= \int_0^1 \mathrm{d}x\int_0^x \frac{\sin x}{x}\mathrm{d}y\\ &= \int_0^1 \frac{\sin x}{x}[y]_0^x\mathrm{d}x\\ &= \int_0^1 \sin x\mathrm{d}x\\ &= [-\cos x]\big|_0^1 = 1-\cos 1\ .\end{aligned}$$

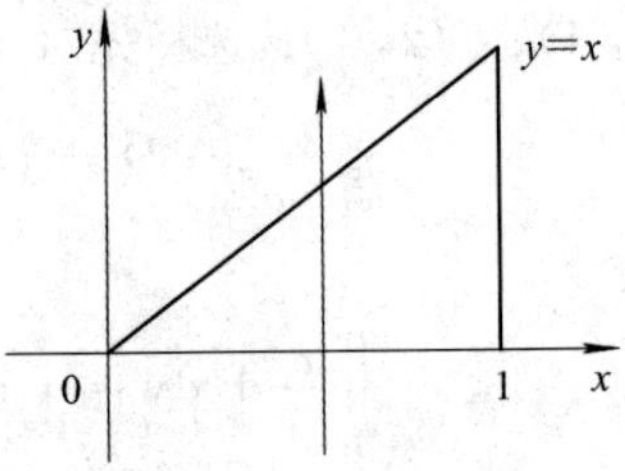

图 5.4.10

2. 极坐标系下二重积分的计算

当积分区域是圆域、环域、扇形域，或者被积函数为 $f(x^2+y^2)$、$f\left(\dfrac{y}{x}\right)$、$f\left(\dfrac{x}{y}\right)$等形式时，在极坐标下计算二重积分更为方便.

1) 平面上任意一点 M 的直角坐标与极坐标的对应关系

平面直角坐标系中的任意一点 $M(x,\ y)$也可以用极坐标系中的$(r,\ \theta)$来表示，称为点 M 的极坐标. 其中 r 是点 M 到原点 O 的距离，θ 是 x 轴正向按逆时针到线段 OM 的夹角，通常规定：

$$0\leqslant r<+\infty,\ 0\leqslant\theta\leqslant 2\pi.$$

点 M 的直角坐标 $M(x,\ y)$与极坐标$(r,\ \theta)$之间有如下关系(如图 5.4.11 所示)：

$$\begin{cases}x=r\cos\theta\\ y=r\sin\theta\end{cases}\Leftrightarrow\begin{cases}x^2+y^2=r^2\\ \theta=\arctan\dfrac{y}{x}\end{cases}. \quad (5.4.6)$$

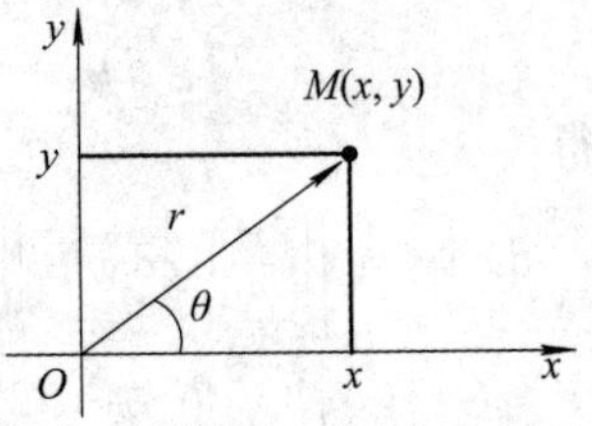

图 5.4.11

2) 极坐标下的面积元素

设 D 是 xOy 平面上的有界闭区域. 假定从极点 O 出发且穿过闭区域 D 内部的射线与 D 的边界曲线相交不多于两点，我们用以极点 O 为中心的一簇同心圆和以极点 O 为顶点的一簇射线构成的网将区域 D 分为 n 个小闭区域，如图 5.4.12 所示.

将极角分别为 θ 与 $\theta+\Delta\theta$ 的两条射线和半径分别为 r 与 $r+\Delta r$ 的两条圆弧所围成的小区域记为 $\Delta\sigma$，并表示为该小闭区域的面积. 根据微元法的思想，在不计高阶无穷小时，小闭区域 $\Delta\sigma$ 可近似地看作边长分别为 $r\Delta\theta$ 与 Δr 的小矩形. 于是，小闭区域的面积 $\Delta\sigma\approx r\Delta\theta\cdot\Delta r$，从而得到极坐标下的面积微元(元素)为

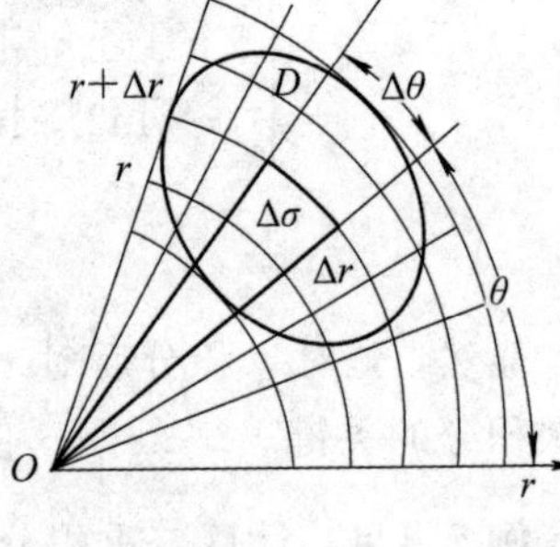

图 5.4.12

$$\mathrm{d}\sigma=r\mathrm{d}r\mathrm{d}\theta. \quad (5.4.7)$$

3）极坐标系下二重积分的计算公式

如果 $f(x, y)$在有界闭区域 D 上连续，根据直角坐标与极坐标的关系式(5.4.6)和关系式(5.4.7)，可将直角坐标系下的二重积分转换为极坐标系下二重积分来计算，即

$$\iint_D f(x, y)\mathrm{d}x\mathrm{d}y = \iint_D f(r\cos\theta, r\sin\theta)r\mathrm{d}r\mathrm{d}\theta. \tag{5.4.8}$$

极坐标系下的二重积分，同样可以化为累次积分来计算. 下面根据积分区域 D 的不同情形，分别讨论.

(1) 极点 O 在区域 D 之外，如图 5.4.13 所示，即积分区域 D 可表示为

$$\begin{cases}\alpha \leqslant \theta \leqslant \beta \\ \varphi_1(\theta) \leqslant r \leqslant \varphi_2(\theta)\end{cases},$$

其中函数$\varphi_1(\theta)$、$\varphi_2(\theta)$在区间$[\alpha, \beta]$上连续，于是

$$\iint_D f(r\cos\theta, r\sin\theta)r\mathrm{d}r\mathrm{d}\theta = \int_\alpha^\beta \mathrm{d}\theta\int_{\varphi_1(\theta)}^{\varphi_2(\theta)} f(r\cos\theta, r\sin\theta)r\mathrm{d}r.$$

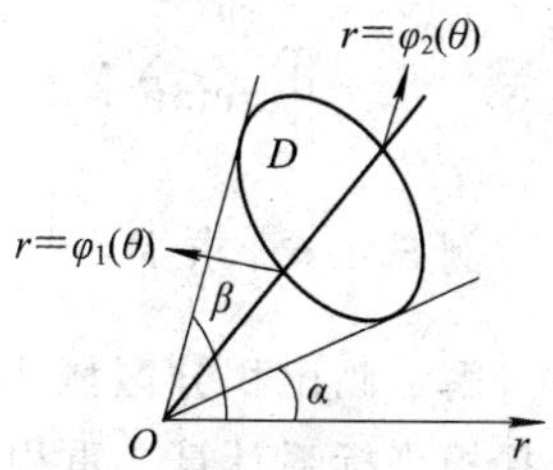

图 5.4.13

(2) 极点 O 在区域 D 的边界上，如图 5.4.14 所示，即积分区域 D 可表示为

$$\begin{cases}\alpha \leqslant \theta \leqslant \beta \\ 0 \leqslant r \leqslant \varphi(\theta)\end{cases},$$

于是

$$\iint_D f(r\cos\theta, r\sin\theta)r\mathrm{d}r\mathrm{d}\theta = \int_\alpha^\beta \mathrm{d}\theta\int_0^{\varphi(\theta)} f(r\cos\theta, r\sin\theta)r\mathrm{d}r.$$

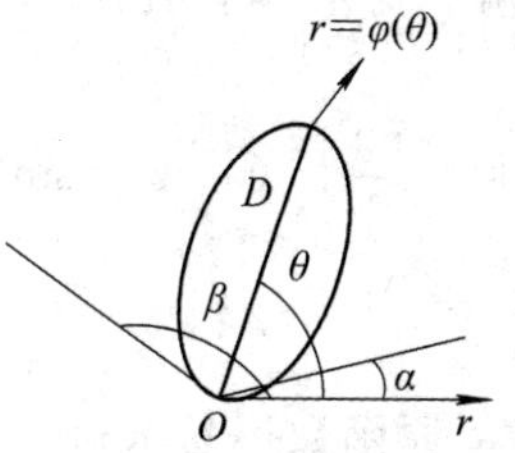

图 5.4.14

(3) 极点 O 在区域 D 内部，如图 5.4.15 所示，即积分区域 D 可表示为

$$\begin{cases}0 \leqslant \theta \leqslant 2\pi \\ 0 \leqslant r \leqslant \varphi(\theta)\end{cases},$$

于是

$$\iint_D f(r\cos\theta, r\sin\theta)r\mathrm{d}r\mathrm{d}\theta = \int_0^{2\pi} \mathrm{d}\theta\int_0^{\varphi(\theta)} f(r\cos\theta, r\sin\theta)r\mathrm{d}r.$$

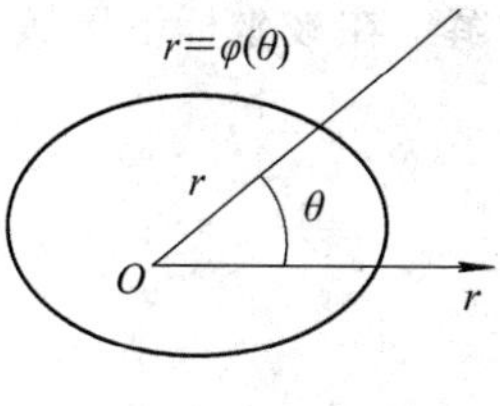

图 5.4.15

例题讲解

例 5.4.5　计算 $\iint_D \arctan\frac{y}{x}\mathrm{d}\sigma$，其中 D 由是 $x^2+y^2=4$，$x^2+y^2=1$，$y=0$，$y=x$ 所围

成的第一象限内的区域.

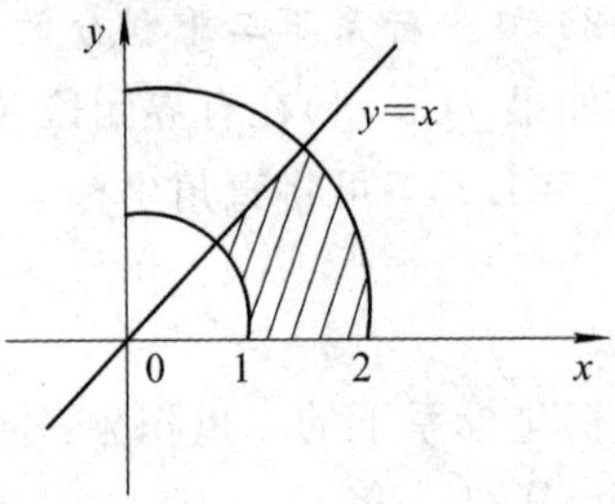

图 5.4.16

解 画出积分区域 D 的图形，如图 5.4.16 所示，由于积分区域的边界曲线有圆周，所以选择极坐标系计算二重积分更为方便. 此时 $\arctan\dfrac{y}{x}=\theta$，积分区域 D 用极坐标可表示为

$$0\leqslant\theta\leqslant\frac{\pi}{4},\quad 1\leqslant r\leqslant 2,$$

于是

$$\iint\limits_D\arctan\frac{y}{x}\mathrm{d}\sigma=\int_0^{\frac{\pi}{4}}\mathrm{d}\theta\int_1^2\theta r\,\mathrm{d}r=\int_0^{\frac{\pi}{4}}\theta\left[\frac{r^2}{2}\right]\Bigg|_1^2\mathrm{d}\theta=\frac{3}{2}\cdot\frac{\theta^2}{2}\Bigg|_0^{\frac{\pi}{4}}=\frac{3}{64}\pi^2.$$

例 5.4.6 求 $I=\iint\limits_D\sqrt{a^2-x^2-y^2}\,\mathrm{d}\sigma$，其中 D 是圆域 $x^2+y^2\leqslant ax(a>0)$.

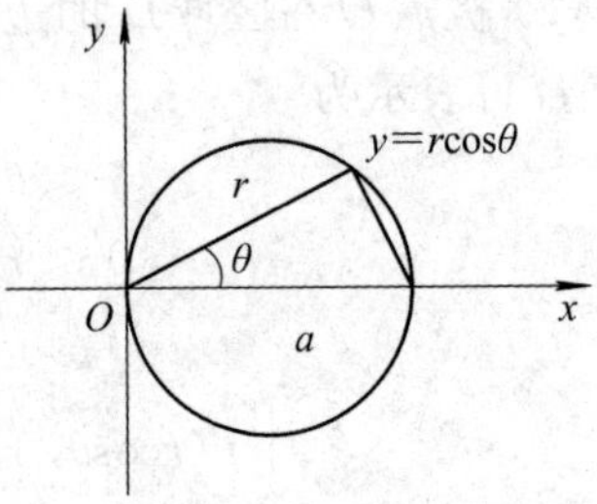

图 5.4.17

解 画出积分区域 D 的图形，如图 5.4.17 所示，选择极坐标系计算二重积分，此时 $x=r\cos\theta$，$y=r\sin\theta$，$\mathrm{d}\sigma=r\mathrm{d}r\mathrm{d}\theta$，代入得 D 的边界方程 $r=a\cos\theta$. 因此，积分区域 D 用极坐标可表示为

$$-\frac{\pi}{2}\leqslant\theta\leqslant\frac{\pi}{2},\quad 0\leqslant r\leqslant a\cos\theta,$$

于是

$$I=\iint\limits_D\sqrt{a^2-r^2}\,r\mathrm{d}r\mathrm{d}\theta=\int_{-\frac{\pi}{2}}^{\frac{\pi}{2}}\mathrm{d}\theta\int_0^{a\cos\theta}\sqrt{a^2-r^2}\,r\mathrm{d}r$$

$$=\int_{-\frac{\pi}{2}}^{\frac{\pi}{2}}\left[-\frac{1}{3}(a^2-r_2)^{\frac{3}{2}}\right]_0^{a\cos\theta}\mathrm{d}\theta=\frac{2}{3}\int_0^{\frac{\pi}{2}}(a^3-a^3\sin^3\theta)\mathrm{d}\theta$$

$$=\frac{1}{9}a^3(3\pi-4).$$

注 本题如果用直角坐标计算，原函数不易求得.

例 5.4.7 求 $I=\iint\limits_D(x^2+y^2)\mathrm{d}\sigma$，其中 D 是由曲线 $1\leqslant x^2+y^2\leqslant 4$ 所围成的闭区域.

解 在极坐标下区域 D 可表示为

$$0\leqslant\theta\leqslant 2\pi,\quad 1\leqslant r\leqslant 2,$$

于是

$$I=\int\limits_D r^3\mathrm{d}r\mathrm{d}\theta=\int_0^{2\pi}\mathrm{d}\theta\int_1^2 r^3\mathrm{d}r$$

$$=\int_0^{2\pi}\frac{r^4}{4}\Bigg|_1^2\mathrm{d}\theta=\frac{15}{2}\pi.$$

例 5.4.8 计算二重积分 $I=\iint\limits_D\mathrm{e}^{-x^2-y^2}\mathrm{d}x\mathrm{d}y$，其中 D 是由圆心在原点、半径为 a 的圆周所围成的闭区域.

解 这里 $D=\{(x,y)\,|\,x^2+y^2\leqslant a^2\}$，在极坐标系下，闭区域 D 可表示为

$$D=\{(r,\theta)\mid 0\leqslant r\leqslant a,\ 0\leqslant\theta\leqslant 2\pi\},$$

于是

$$I=\iint_D e^{-x^2-y^2}\,dx\,dy=\iint_D e^{-r^2}\,r\,dr\,d\theta=\int_0^{2\pi}d\theta\int_0^a e^{-r^2}\,r\,dr$$

$$=\int_0^{2\pi}\left(-\frac{1}{2}e^{-r^2}\right)\Big|_0^a d\theta=\frac{1}{2}(1-e^{-a^2})\int_0^{2\pi}d\theta=\pi(1-e^{-a^2}).$$

【习题 5.4】

1. 利用二重积分的几何意义填空：

(1) 设 D 是由 x 轴、y 轴以及直线 $2x+y-2=0$ 所围成的区域，则 $\iint_D d\sigma=$ ________.

(2) 设 D 是以原点为中心、R 为半径的圆，则 $\iint_D \sqrt{R^2-x^2-y^2}\,d\sigma=$ ________.

2. 更换下列二次积分的积分顺序：

(1) $\int_0^1 dy\int_0^y f(x,y)dx$；

(2) $\int_{-2}^{-1}dy\int_0^{y+2}f(x,y)dx+\int_{-1}^0 dy\int_0^{y^2}f(x,y)dx$；

(3) $\int_0^1 dy\int_{y^2}^{2y}f(x,y)dx$；

(4) $\int_1^e dx\int_0^{\ln x}f(x,y)dy$；

(5) $\int_0^1 dy\int_y^{2-y}f(x,y)dx$.

3. 计算下列二重积分：

(1) $\iint_D (x+y)d\sigma$，其中 D 是由 $y=x^2$、$y=4x^2$、$y=1$ 所围成的闭区域；

(2) $\iint_D (x^2+y^2)d\sigma$，其中 $D=\{(x,y)\mid |x|\leqslant 1,\ |y|\leqslant 1\}$；

(3) $\iint_D xy^2 d\sigma$，其中 D 是由抛物线 $y=x^2$ 和直线 $y=x$ 所围成的闭区域；

(4) $\iint_D (x+y+6)d\sigma$，其中 D 是由直线 $y=x+1$、$y=1-x$ 和 $y=0$ 所围成的闭区域；

(5) $\iint_D (x\sqrt{y})d\sigma$，其中 D 是由两条抛物线 $y=\sqrt{x}$ 和 $y=x^2$ 所围成的闭区域；

(6) $\iint_D \frac{x^2}{y^2}d\sigma$，其中 D 是由直线 $x=2$、$y=x$ 及 $xy=1$ 所围成的闭区域；

(7) $\iint_D \frac{\sin y}{y}d\sigma$，其中 D 是由直线 $y=x$ 及抛物线 $x=y^2$ 所围成的闭区域.

4. 将下列积分化为极坐标形式的累次积分：

(1) $\int_0^a dx\int_0^x \sqrt{x^2+y^2}\,dy$；

(2) $\int_0^{2a} dx \int_0^{\sqrt{2ax-x^2}} (x^2+y^2) dy$;

(3) $\int_0^1 dx \int_{1-x}^{\sqrt{1-x^2}} f(\sqrt{x^2+y^2}) dy$.

5. 利用极坐标计算下列二重积分：

(1) $I=\iint\limits_D \sqrt{x^2+y^2}\, d\sigma$，其中 D 是圆域 $x^2+y^2 \leqslant 2y$；

(2) $I=\iint\limits_D \frac{1}{1+x^2+y^2} d\sigma$，其中 D 是圆域 $x^2+y^2 \leqslant 1$；

(3) $I=\iint\limits_D e^{-x^2-y^2} d\sigma$，其中 D 是圆域 $x^2+y^2 \leqslant 1$.

习题 5.4 参考答案

5.5 本章小结与拓展提高

1. 本章的重点与难点

本章的重点是二元函数的概念，偏导数的概念与计算，全微分的概念，多元复合函数的求导公式与计算，隐函数的求导方法，二元函数极值的概念及其在经济中的应用，二重积分的概念，直角坐标系与极坐标系下二重积分的计算.

难点是二元函数的极限与连续、偏导数存在与全微分之间的关系，多元复合函数的求导公式与计算，二元函数极值的充分条件，直角坐标系与极坐标系下二重积分的计算.

2. 学法建议

(1) 多元函数的微积分与一元函数微积分的有关内容是相对应的. 在学习这一章时，应注意与一元函数的微积分进行对比，找出它们之间的区别与联系.

(2) 在微分部分需要注意的是，在对一个变量求偏导数的时候，要把其他的变量看作常量.

(3) 求二元复合函数的偏导数时，一定要搞清楚自变量与中间变量以及它们之间的复合关系. 由于多元函数的复合关系无穷无尽，不可能列出所有的公式. 因此，画出链式图并根据链式图正确写出求导公式对读者尤其重要.

(4) 利用二元函数解决实际问题的时候，关键是要建立目标函数，确定约束条件，在计算时要做到认真仔细.

(5) 计算二重积分的核心是把它化成累次积分. 在直角坐标系下化累次积分时，首先是画出积分区域的图形，再根据图形类型，确定是先对哪个变量积分，最后确定积分上、下限. 如果积分区域是圆域、环域、扇形域等情形时，考虑极坐标计算二重积分，通常是先对 r、后对 θ 积分.

3. 拓展提高

* **例 5.5.1** 已知 $f(x, y)=e^{\frac{y}{\sin x}} \cdot \ln(x^3+xy^2)$，求 $f_x(1, 0)$.

解 如果先求出偏导函数 $f_x(x, y)$，再将 $x=1$，$y=0$ 代入求 $f_x(1, 0)$时比较麻烦，但是若先把函数中的 y 固定在 $y=0$，则有 $f(x, 0)=3\ln x$. 于是 $f_x(x, 0)=\frac{3}{x}$，$f_x(1, 0)=3$.

*例 5.5.2　设 $e^{-xy}-2z+e^{-z}=0$，求$\frac{\partial z}{\partial x}$和$\frac{\partial z}{\partial y}$.

解　方法一：用公式法. 设 $F(x, y, z)=e^{-xy}-2z+e^{-z}$，则

$$F_x=-ye^{-xy},\quad F_y=-xe^{-xy},\quad F_z=-2-e^{-z},$$

于是

$$\frac{\partial z}{\partial x}=-\frac{F_x}{F_z}=-\frac{-ye^{-xy}}{-2-e^{-z}}=-\frac{ye^{-xy}}{2+e^{-z}},$$

$$\frac{\partial z}{\partial y}=-\frac{F_y}{F_z}=-\frac{-xe^{-xy}}{-2-e^{-z}}=-\frac{xe^{-xy}}{2+e^{-z}}.$$

方法二：方程两端求偏导，由于方程有三个变量，故只有两个变量是独立的，所以在求$\frac{\partial z}{\partial x}$和$\frac{\partial z}{\partial y}$时，将 z 看作 x 和 y 的函数.

方程两端对 x 求偏导数，得

$$e^{-xy}(-y)-2\frac{\partial z}{\partial x}-e^{-z}\cdot\frac{\partial z}{\partial x}=0,$$

即

$$\frac{\partial z}{\partial x}=-\frac{ye^{-xy}}{2+e^{-z}}.$$

方程两端对 y 求偏导数，得

$$e^{-xy}(-x)-2\frac{\partial z}{\partial y}-e^{-z}\cdot\frac{\partial z}{\partial y}=0,$$

即

$$\frac{\partial z}{\partial y}=-\frac{xe^{-xy}}{2+e^{-z}}.$$

方法三：利用微分形式不变性求$\frac{\partial z}{\partial x}$和$\frac{\partial z}{\partial y}$.

方程两边求全微分，利用微分形式不变性，得

$$d(e^{-xy})-d(2z)+de^{-z}=0,$$
$$-e^{-xy}d(xy)-2dz-e^{-z}dz=0,$$

即

$$-e^{-xy}(ydx+xdy)-(2+e^{-z})dz=0,$$
$$dz=-\frac{ye^{-xy}}{2+e^{-z}}dx-\frac{xe^{-xy}}{2+e^{-z}}dy,$$

于是

$$\frac{\partial z}{\partial x}=-\frac{ye^{-xy}}{2+e^{-z}},\qquad \frac{\partial z}{\partial y}=-\frac{xe^{-xy}}{2+e^{-z}}.$$

*例 5.5.3　已知 $z=\frac{y^2}{2x}+\varphi(xy)$(其中 φ 为可微函数)，求证：

$$x^2\frac{\partial z}{\partial x}-xy\frac{\partial z}{\partial y}+\frac{3}{2}y^2=0.$$

证　设 $u=xy$，则 $z=\frac{y^2}{2x}+\varphi(u)$是只含有一个中间变量的情形，于是

$$\frac{\partial z}{\partial x}=\frac{\partial f}{\partial x}+\frac{\partial f}{\partial u}\cdot\frac{\partial u}{\partial x}=-\frac{y^2}{2x^2}+y\cdot\varphi'(xy),$$

$$\frac{\partial z}{\partial y}=\frac{\partial f}{\partial y}+\frac{\partial f}{\partial u}\cdot\frac{\partial u}{\partial y}=\frac{y}{x}+x\varphi'(xy),$$

因此

$$x^2\frac{\partial z}{\partial x}-xy\frac{\partial z}{\partial y}+\frac{3}{2}y^2=x^2\left[-\frac{y^2}{2x^2}+y\varphi'(xy)\right]-xy\left[\frac{y}{x}+x\varphi'(xy)\right]+\frac{3}{2}y^2$$

$$=-\frac{y^2}{2}+x^2y\varphi'(xy)-x^2y\varphi'(xy)-y^2+\frac{3}{2}y^2=0.$$

***例 5.5.4** 求 $I=\iint\limits_D(\sqrt{x^2+y^2}+y)\mathrm{d}\sigma$，其中 D 是由 $x^2+y^2\leqslant 4$ 和 $(x+1)^2+y^2\geqslant 1$ 所围成的闭区域.

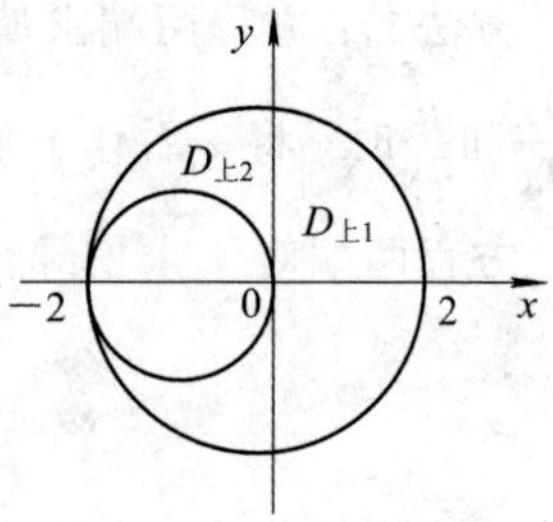

图 5.5.1

解 方法一：画出积分区域，如图 5.5.1 所示，即

$$D=D_{大圆}-D_{小圆},$$

因此

$$\iint\limits_{D_{大圆}}\left[\sqrt{x^2+y^2}+y\right]\mathrm{d}\sigma=\iint\limits_{D_{大圆}}\sqrt{x^2+y^2}\,\mathrm{d}\sigma+0(\text{对称性})$$

$$=\int_0^{2\pi}\mathrm{d}\theta\int_0^2 r^2\,\mathrm{d}r=\frac{16}{3}\pi,$$

$$\iint\limits_{D_{小圆}}(\sqrt{x^2+y^2}+y)\mathrm{d}\sigma=\iint\limits_{D_{小圆}}\sqrt{x^2+y^2}\,\mathrm{d}\sigma+0=\int_{\frac{\pi}{2}}^{\frac{3\pi}{2}}\mathrm{d}\theta\int_0^{-2\cos\theta}r^2\,\mathrm{d}r=\frac{32}{9},$$

所以

$$\iint\limits_D(\sqrt{x^2+y^2}+y)\mathrm{d}\sigma=\iint\limits_{D_{大圆}}(\sqrt{x^2+y^2}+y)\mathrm{d}\sigma-\iint\limits_{D_{小圆}}(\sqrt{x^2+y^2}+y)\mathrm{d}\sigma$$

$$=\frac{16}{3}\pi-\frac{32}{9}=\frac{16}{9}(3\pi-2).$$

方法二：由积分区域的对称性和被积函数的奇偶性可知

$$\iint\limits_D y\,\mathrm{d}\sigma=0,$$

$$\iint\limits_D\sqrt{x^2+y^2}\,\mathrm{d}\sigma=2\iint\limits_{D_{上}}\sqrt{x^2+y^2}\,\mathrm{d}\sigma,$$

因此

$$\iint\limits_D(\sqrt{x^2+y^2}+y)\mathrm{d}\sigma=2\Big(\iint\limits_{D_{上1}}\sqrt{x^2+y^2}\,\mathrm{d}\sigma+\iint\limits_{D_{上2}}\sqrt{x^2+y^2}\,\mathrm{d}\sigma\Big)$$

$$=2\left(\int_0^{\frac{\pi}{2}}\mathrm{d}\theta\int_0^2 r^2\,\mathrm{d}r+\int_{\frac{\pi}{2}}^{\pi}\mathrm{d}\theta\int_{-2\cos\theta}^2 r^2\,\mathrm{d}r\right)$$

$$=2\left[\frac{4}{3}\pi+\left(\frac{4}{3}\pi-\frac{16}{9}\right)\right]=\frac{16}{9}(3\pi-2).$$

***例 5.5.5** 求半球体 $0\leqslant z\leqslant\sqrt{a^2-x^2-y^2}$ 在圆柱面 $x^2+y^2=ax\ (a>0)D$ 内的体积.

解 把所求立体投影到 xOy 面，即圆柱 $x^2+y^2=ax(a>0)$ 内部，如图 5.5.2 所示，容易看出所求立体的体积以 D 为底、上半球面 $z=\sqrt{a^2-x^2-y^2}$ 为顶的曲顶柱体的体积. 由

于积分区域的边界曲线为圆周，所以采用极坐标系较好. 在极坐标系中，闭区域可表示为

$$-\frac{\pi}{2}\leqslant\theta\leqslant\frac{\pi}{2},\quad 0\leqslant r\leqslant a\cos\theta,$$

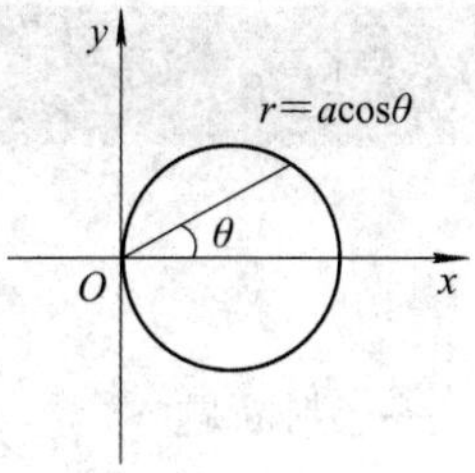

图 5.5.2

于是

$$V=\iint\limits_D\sqrt{a^2-x^2-y^2}\,\mathrm{d}x\mathrm{d}y=\int_{-\frac{\pi}{2}}^{\frac{\pi}{2}}\mathrm{d}\theta\int_0^{a\cos\theta}\sqrt{a^2-r^2}\,r\mathrm{d}r$$

$$=\int_{-\frac{\pi}{2}}^{\frac{\pi}{2}}-\frac{1}{3}(a^2-r^2)^{\frac{3}{2}}\Big|_0^{a\cos\theta}\mathrm{d}\theta=-\frac{a^3}{3}\int_{-\frac{\pi}{2}}^{\frac{\pi}{2}}(\sin^3\theta-1)\mathrm{d}\theta$$

$$=-\frac{a^3}{3}\left[\int_{-\frac{\pi}{2}}^{\frac{\pi}{2}}\sin^3\theta\mathrm{d}\theta-\int_{-\frac{\pi}{2}}^{\frac{\pi}{2}}\mathrm{d}\theta\right]$$

$$=\frac{1}{3}\pi a^3.$$

* **例 5.5.6**　证明：$\int_0^1\mathrm{d}y\int_0^{\sqrt{y}}\mathrm{e}^yf(x)\mathrm{d}x=\int_0^1(\mathrm{e}-\mathrm{e}^{x^2})f(x)\mathrm{d}x$.

证　等式的右端是只有积分变量 x 的一个定积分，故左端累次积分交换积分顺序才有可能得到这一结果，积分区域 D（如图 5.5.3 所示）既是 X 型的，又是 Y 型的. 将 D 表示成 X 型区域，即

$$0\leqslant x\leqslant 1,\quad x^2\leqslant y\leqslant 1,$$

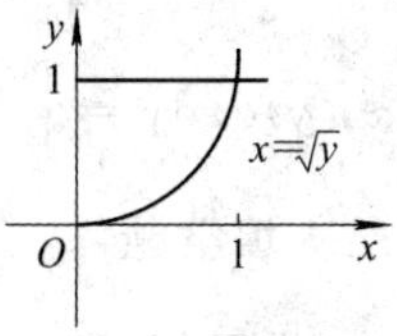

图 5.5.3

于是

$$\text{左边}=\int_0^1\mathrm{d}y\int_0^{\sqrt{y}}\mathrm{e}^yf(x)\mathrm{d}x=\int_0^1\mathrm{d}x\int_{x^2}^1\mathrm{e}^yf(x)\mathrm{d}y=\int_0^1f(x)\mathrm{e}^y\Big|_{x^2}^1\mathrm{d}x$$

$$=\int_0^1(\mathrm{e}-\mathrm{e}^{x^2})f(x)\mathrm{d}x=\text{右边}.$$

* **例 5.5.7**　计算 $\int_1^3\mathrm{d}x\int_{x-1}^2\sin y^2\mathrm{d}y$.

解　由于 $\sin y^2$ 的原函数不能用初等函数表示，故此累次积分须交换积分顺序后，才可能算出积分值. 积分区域 D（如图 5.5.4 所示）为

$$1\leqslant x\leqslant 3,\quad x-1\leqslant y\leqslant 2,$$

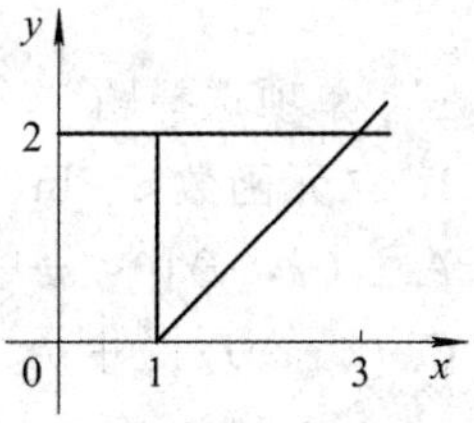

图 5.5.4

将 D 表示成 Y 型区域，即

$$0\leqslant y\leqslant 2,\quad 1\leqslant x\leqslant 1+y,$$

于是

$$\int_1^3\mathrm{d}x\int_{x-1}^2\sin y^2\mathrm{d}y=\int_0^2\mathrm{d}y\int_1^{1+y}\sin y^2\mathrm{d}x=\int_0^2y\sin y^2\mathrm{d}y$$

$$=\frac{1}{2}\int_0^2\sin y^2\mathrm{d}y^2=-\frac{1}{2}\cos y^2\Big|_0^2$$

$$=\frac{1}{2}(1-\cos4).$$

自 测 题 5

A 组(基础练习)

一、判断题

(　　)1. 如果函数 $z=f(x, y)$在点(x_0, y_0)处连续，则$\lim\limits_{x\to x_0}f(x, y_0)=f(x_0, y_0)$.

(　　)2. 若函数 $z=f(x, y)$在点(x_0, y_0)处的两个偏导数都存在，则 $f(x, y)$在点(x_0, y_0)处连续.

(　　)3. 如果函数 $z=f(x, y)$在点(x_0, y_0)处取得极小值，则必有 $f_x'(0, 0)=f_y'(0, 0)=0$.

(　　)4. $\iint\limits_D d\sigma$ 等于平面区域 D 的面积.

(　　)5. 将$\iint\limits_D f(x, y)dxdy$ 化为累次积分(其中 D 为 $x^2+y^2\leqslant 1$，$y\geqslant 0$)，则$\iint\limits_D f(x, y)dxdy=\int_{-1}^{1}dx\int_0^1 f(x, y)dy$.

二、填空题

1. 设函数 $f(x, y)=\dfrac{2x+y}{\ln(3-x^2-y^2)}$，则$\lim\limits_{\substack{x\to 0\\ y\to 0}}f(x, y)=$____________.

2. 若 $z=x^y+y^x$，则 $dz=$____________.

3. 设 $z=e^x\cos y$，则$\dfrac{\partial^2 z}{\partial x\partial y}=$____________.

4. 设 $f(xy, x+y)=x^2+y^2+xy$，则$\dfrac{\partial f(x, y)}{\partial x}=$____________.

5. 设 D 是由 $xy=2$ 及 $x+y=3$ 所围成的闭区域，则$\iint\limits_D dxdy=$____________.

三、单项选择题

1. 二元函数 $z=\ln(1-x-y)$的定义域是(　　).

A. $\{(x, y)|0<x+y<1\}$　　B. $\{(x, y)|0\leqslant x+y<1\}$

C. $\{(x, y)|x+y<1\}$　　D. $\{(x, y)|x+y\leqslant 1\}$

2. 设 $f(x+y, x-y)=x^2-y^2$，则$\dfrac{\partial f}{\partial x}+\dfrac{\partial f}{\partial y}=$(　　).

A. $2x+2y$　　B. $2x-2y$　　C. $x+y$　　D. $x-y$

3. 设有区域 D：$\dfrac{x^2}{9}+\dfrac{y^2}{16}\leqslant 1$，则$\iint\limits_D 3dxdy=$(　　).

A. 114π　　B. 342π　　C. 12π　　D. 36π

4. 设 $z=\sin(xy^2)$，则$\dfrac{\partial z}{\partial x}=$(　　).

A. $xy\cos(xy^2)$　　B. $-xy\cos(xy^2)$　　C. $y^2\cos(xy^2)$　　D. $-y^2\cos(xy^2)$

5. 设 $f(x, y)=\ln\left(x+\frac{y}{2x}\right)$，则 $f_y'(1, 0)=($　$)$.

A. $\frac{1}{3}$　　B. $-\frac{1}{3}$　　C. $-\frac{1}{2}$　　D. $\frac{1}{2}$

6. 函数 $f(x, y)=x^2+xy+y^2+x-y+1$ 的极小值点是(　　).

A. $(1, -1)$　　B. $(-1, 1)$　　C. $(-1, -1)$　　D. $(1, 1)$

7. 二重积分 $\int_0^1 dy\int_0^y f(x, y)dx$ 交换积分次序后为(　　).

A. $\int_0^1 dx\int_x^1 f(x, y)dy$　　B. $\int_0^1 dx\int_1^x f(x, y)dy$

C. $\int_{-1}^0 dx\int_x^1 f(x, y)dy$　　D. $\int_{-1}^0 dx\int_1^x f(x, y)dy$

8. 设区域 D 由直线 $x+y=1$，$x=0$，$y=0$ 所围成，则 $\iint_D e^{x+y}dxdy=($　　$)$.

A. $2e$　　B. 1　　C. $e-1$　　D. $2e-1$

9. 设有区域 D：$1\leqslant x^2+y^2\leqslant 4$，函数 $z=f(x, y)$ 在 D 上连续，则 $\iint_D f(\sqrt{x^2+y^2})dxdy=($　　$)$.

A. $2\pi\int_1^2 rf(r)dr$　　B. $2\pi\left[\int_0^2 rf(r)dr+\int_0^1 rf(r)dr\right]$

C. $2\pi\int_1^2 rf(r^2)dr$　　D. $2\pi\left[\int_0^2 rf(r^2)dr+\int_0^1 rf(r^2)dr\right]$.

10. 设 D 是由上半圆周 $y=\sqrt{2ax-x^2}$ 和 x 轴所围成的区域，则 $\iint_D f(x, y)dxdy=$(　　).

A. $\int_0^{\frac{\pi}{2}}d\theta\int_0^{2a}f(r\cos\theta, r\sin\theta)rdr$　　B. $\int_0^{\frac{\pi}{2}}d\theta\int_0^{2a}f(r\cos\theta, r\sin\theta)dr$

C. $\int_0^{\frac{\pi}{2}}d\theta\int_0^{2\cos\theta}f(r\cos\theta, r\sin\theta)rdr$　　D. $\int_0^{\frac{\pi}{2}}d\theta\int_0^{2\cos\theta}f(r\cos\theta, r\sin\theta)dr$

四、计算题

1. 求 $\lim\limits_{\substack{x\to 2\\ y\to 0}}\frac{\tan xy}{y}$.

2. 设 $z=e^{\frac{y}{x}}$，求 $\frac{\partial z}{\partial x}$ 和 $\frac{\partial z}{\partial y}$ 及 dz.

3. 设 $z=e^x\ln\sqrt{x^2+y^2}$，求 z''_{xy}.

4. 求函数 $z=x^3+y^3-3xy$ 的极值.

5. 设 $u=xz^2$，而 $z=z(x, y)$ 是由方程 $x^2+y^2+z^2=4(z>0)$ 所确定的函数，求 $\left.\frac{\partial u}{\partial x}\right|_{(1, 1)}$.

6. 计算下列二重积分.

(1) $\iint_D(x^2+y^2)d\sigma$，其中 D 是矩形闭区域：$|x|\leqslant 1$，$|y|\leqslant 1$.

(2) $\iint\limits_D x\cos(x+y)\mathrm{d}\sigma$，其中 D 是顶点分别为 $(0,0)$、$(\pi,0)$ 和 (π,π) 的三角形闭区域.

(3) $\iint\limits_D 2xy\,\mathrm{d}\sigma$，其中 D 是由直线 $y=x-2$ 及抛物线 $y^2=x$ 所围成的闭区域.

(4) $\iint\limits_D x\sqrt{y}\,\mathrm{d}\sigma$，其中 D 是由两条抛物线 $y=\sqrt{x}$ 和 $y=x^2$ 所围成的闭区域.

(5) $\iint\limits_D \frac{y}{\sqrt{(1+x^2+y^2)^3}}\mathrm{d}\sigma$，其中 D：$0\leqslant x\leqslant 1$，$0\leqslant y\leqslant 1$.

(6) $\iint\limits_D |1-x^2-y^2|\,\mathrm{d}x\mathrm{d}y$，其中 D：$x^2+y^2\leqslant 4$.

五、应用题

某厂生产甲、乙两种型号的汽车，当日产量分别为 x、y 辆时，总成本函数为

$$C(x,y)=x^2-xy+\frac{1}{2}y^2(\text{万元}),$$

总收入函数为 $R(x,y)=4x+2y$，且两种汽车日产量共 19 辆. 问甲、乙两种型号的汽车各生产多少辆时，总利润最多?

B 组(拓展练习)

一、判断题

(　　)1. 若 $\lim\limits_{\substack{x\to 0\\ y=kx}}f(x,y)=A$，则 $\lim\limits_{\substack{x\to 0\\ y\to 0}}f(x,y)=A$，$\lim\limits_{x\to x_0}f(x,y_0)=f(x_0,y_0)$.

(　　)2. 若 $z=f(x,y)$ 在 (x_0,y_0) 处偏导数存在，则 $z=f(x,y)$ 在 (x_0,y_0) 处一定可微.

(　　)3. 若 $\frac{\partial^2 z}{\partial x\partial y}$、$\frac{\partial^2 z}{\partial y\partial x}$ 在区域 D 内连续，则 $\frac{\partial^2 z}{\partial x\partial y}=\frac{\partial^2 z}{\partial y\partial x}$.

(　　)4. 若函数 $z=f(x,y)$ 在有界闭区域 D_1 上可积，且 $D_1\supset D_2$，则

$$\iint\limits_{D_1}f(x,y)\mathrm{d}x\mathrm{d}y\geqslant\iint\limits_{D_2}f(x,y)\mathrm{d}x\mathrm{d}y.$$

(　　)5. 二重积分 $\int_0^1\mathrm{d}y\int_0^y f(x,y)\mathrm{d}x$ 交换积分次序后为 $\int_0^1\mathrm{d}x\int_x^1 f(x,y)\mathrm{d}y$.

二、填空题

1. 设 $f(x+y,x-y)=\mathrm{e}^{x^2+y^2}(x^2-y^2)$，则 $f(\sqrt{2},\sqrt{2})=$______________.

2. $\lim\limits_{\substack{x\to 0\\ y\to 0}}\frac{\ln(1+x^2+y^2)}{\sin(x^2+y^2)}=$____________.

3. 函数 $\frac{x}{z}=\ln\frac{z}{y}$，则 $\frac{\partial z}{\partial x}+\frac{\partial z}{\partial y}=$__________________.

4. 设函数 $z=xy+x^2\sin y$，则 $\frac{\partial^2 z}{\partial x\partial y}=$__________________.

5. 设 D 由 $x^2+(y-3)^2=9$ 围成，则 $\iint\limits_D f(x,y)\mathrm{d}\sigma$ 在极坐标系下的累次积分可化为______________________________.

三、单项选择题

1. 已知 $f\left(\frac{1}{x}, \frac{1}{y}\right)=\frac{xy-x^2}{x-2y}$，则 $f(x, y)=$（　　）.

A. $\frac{x-y}{xy-2x^2}$　　B. $\frac{x-y}{xy-2y^2}$　　C. $\frac{y-x}{xy-2x^2}$　　D. $\frac{y-x}{xy-2y^2}$

2. $\lim\limits_{\substack{x\to 0\\ y\to 0}}\frac{3xy}{\sqrt{xy+1}-1}=$（　　）.

A. 3　　B. 6　　C. 不存在　　D. ∞

3. 设 $x=\ln\frac{z}{y}$，则 $\frac{\partial z}{\partial x}=$（　　）.

A. 1　　B. e^x　　C. ye^x　　D. y

4. 函数 $z=x^3+y^3-6xy$ 的驻点为（　　）.

A. (0, 0)和(1, 1)　B. (k, k) $k\in\mathbf{R}$　C. (0, 0)和(2, 2)　D. 无穷多个

5. 设 $z=e^{x^2+y^2}$，则 $dz=$（　　）.

A. $2e^{x^2+y^2}(xdx+ydy)$　　B. $e^{x^2+y^2}(xdx+ydy)$

C. $2e^{x^2+y^2}(ydx+xdy)$　　D. $2e^{x^2+y^2}(dx^2+dy^2)$

5. 二元函数 $z=2xy-3x^2-3y^2+20$ 在定义域内（　　）.

A. 有极大值，无极小值　　B. 无极大值，有极小值

C. 有极大值，有极小值　　D. 无极大值，无极小值

7. 设闭区域 $D_1=\{(x, y)\mid -1\leqslant x\leqslant 1, -2\leqslant y\leqslant 2\}$，$D_2=\{(x, y)\mid 0\leqslant x\leqslant 1, 0\leqslant y\leqslant 2\}$；又 $I_1=\iint\limits_{D_1}(x^2+y^2)^3 d\sigma$，$I_2=\iint\limits_{D_2}(x^2+y^2)^3 d\sigma$，则结论正确的是（　　）.

A. $I_1>4I_2$　　B. $I_1<4I_2$

C. $I_1=4I_2$　　D. $I_1=2I_2$

8. 设 $D=\left\{(x, y)\,\middle|\, 0\leqslant y\leqslant\sqrt{1-x^2}, x^2\leqslant 1\right\}$，则 D 用极坐标表示为（　　）.

A. $D=\{(r, \theta)\mid -1\leqslant r\leqslant 1, 0\leqslant\theta\leqslant 2\pi\}$

B. $D=\{(r, \theta)\mid 0\leqslant r\leqslant 1, 0\leqslant\theta\leqslant\pi\}$

C. $D=\{(r, \theta)\mid 0\leqslant r\leqslant 1, 0\leqslant\theta\leqslant 2\pi\}$

D. $D=\left\{(r, \theta)\,\middle|\, 0\leqslant r\leqslant 1, 0\leqslant\theta\leqslant\frac{\pi}{2}\right\}$

9. 二重积分 $\iint\limits_{D} f(x, y)d\sigma=$（　　），其中积分区域 $D=\{(x, y)\mid(x^2+y^2)\leqslant 1\}$.

A. $\int_0^{2\pi}d\theta\int_0^1 f(r\cos\theta, r\sin\theta)rdr$

B. $\int_{-\frac{\pi}{2}}^{\frac{\pi}{2}}d\theta\int_0^{2\cos\theta} f(r\cos\theta, r\sin\theta)rdr$

C. $\int_0^{2\pi}d\theta\int_0^1 f(r\cos\theta, r\sin\theta)dr$

D. $\int_{-\frac{\pi}{2}}^{\frac{\pi}{2}}d\theta\int_0^{2\cos\theta} f(r\cos\theta, r\sin\theta)dr$

10. 设 D 为圆周 $x^2+y^2-2x-2y+1=0$ 围成的闭区域，则 $\iint\limits_D \mathrm{d}x\mathrm{d}y=$ (　　).

A. π　　　　B. 2π　　　　C. 4π　　　　D. 16π

四、计算题

1. 设 $z=f\left(xy, \dfrac{x}{y}\right)+\sin y$，其中 f 具有二阶连续偏导数，求 $\dfrac{\partial z}{\partial x}$ 和 $\dfrac{\partial^2 z}{\partial x \partial y}$.

2. 设 $z=(x+2y)^x$，求其在点 $(1, 0)$ 处的全微分 $\mathrm{d}z$.

3. 设 $z=z(x, y)$ 是由方程 $x^2+y^2+z^2=xyz$ 所确定的函数，求 $\mathrm{d}z$.

4. 设 $f(x, y)=\begin{cases}1, & 0\leqslant x\leqslant 1, 0\leqslant y\leqslant 1\\ 0, & 其他\end{cases}$，$D$ 是由 $x+y\leqslant t$、$x=0$ 及 $y=0$ 所围成的闭区域，求 $F(t)=\iint\limits_D f(x, y)\mathrm{d}x\mathrm{d}y$.

5. 求二元函数 $z=f(x, y)=x^2y(4-x-y)$ 在由直线 $x+y=6$、x 轴和 y 轴所围成的闭区域 D 上的最大值与最小值.

6. 计算 $\iint\limits_D |y-x^2|\mathrm{d}x\mathrm{d}y$，其中 $D=\{(x, y)\,|\,0\leqslant x\leqslant 1, 0\leqslant y\leqslant 1\}$.

7. 计算 $I=\iint\limits_D \sqrt{x^2+y^2}\mathrm{d}x\mathrm{d}y$，其中 D: $x^2+y^2\leqslant x$.

五、应用题

某公司通过电视和报纸作广告. 已知销售收入 R(万元)与电视广告费 x(万元)、报纸广告费 y(万元)的关系为 $R(x, y)=15+14x+32y-8xy-2x^2-10y^2$.

(1) 在广告费用无限制时，求最佳广告策略；

(2) 若提供的广告费用为 1.5 万元，求相应的广告策略.

自测题 5 参考答案

阅读资料

微积分向多元函数的推广

多元函数微积分学是在一元函数微积分学的基础上发展起来的.

1687 年牛顿提出的偏导数、重积分的朴素思想，虽然已经接触到了偏微分和重积分的概念，但真正将微积分算法推广到多元函数而建立偏导数理论和多重积分理论的主要是 18 世纪的数学家.

1720 年，尼古拉·伯努利证明了函数在一定条件下，对 x、y 求偏导数其结果与求导顺序无关，欧拉在 1734 年的一篇文章中也证明了同样的事实. 在此基础上，欧拉在一系列的论文中发展了偏导数理论. 达朗贝尔在 1743 年的著作《动力学》和 1747 年关于弦振动的研究中，也推进了偏导数演算. 到了 18 世纪后期欧拉和拉格朗日先后提出了二重积分和三重积分及其累次积分与换元计算的方法. 然而，这些方法最初都是出现在力学研究的著作中，并不是有意识地要建立相关的数学理论. 牛顿-莱布尼茨公式的两种形式，在相当长的一段时期都是作为物理定理来理解的. 直到变量代换中的雅可比行列式也运用到微积分的理论分析以后，才获得明确的概念和系统的研究，而变量代换中隐含着的曲线坐标，则在实际的物理问题研究中也获得了明确的概念和系统的研究．只有斯托克斯公式是作为格林公式的理论应用来叙述的．与此同时，多元微积分学已由其理论分析的发展而成为一门独立的学科了．

下面是在多元积分学发展过程中做出过重要贡献的科学家欧拉的简介．

欧拉(Leonhard Euler，1707—1783)：瑞士人，数学史上最著名的四大数学家之一，同时也是力学家、天文学家、物理学家，变分法的奠基人，复变函数论的先驱者，理论流体力学的创始人．欧拉曾任彼得堡科学院的教授，柏林科学院的创始人之一．他是刚体力学和流体力学的奠基者，弹性系统稳定性理论的开创人．欧拉奠定了理想流体的理论基础，给出了反映质量守恒的连续方程和反映动量变化规律的流体动力学方程．欧拉在固体力学方面的著述也有很多，诸如弹性压杆失稳后的形状，上端悬挂重链的振动问题等．

欧拉一生共写了 886 篇论文和专著，其中 400 篇左右的论文和《积分运动原理》等经典名著是在他失明后的 17 年内完成的，足见他的意志品质是何等坚韧．

第6章　微分方程初步

学习目标

○ 知识学习目标

1. 理解微分方程及其阶、线性、解、通解、特解等概念；

2. 掌握可分离变量的微分方程及一阶线性微分方程的解法，会解简单的齐次方程；

3. 了解可降阶的二阶微分方程的解法；

4. 了解二阶常系数线性微分方程的解的结构和通解的形式，掌握二阶常系数齐次线性方程的解法；

5. 掌握非齐次项为多项式、指数函数以及它们的积的二阶常系数非齐次线性方程的解法.

○ 能力培养目标

1. 会用微分方程的思想、概念和方法消化吸收经济问题中的概念和原理；

2. 会利用微分方程解决一些简单的经济应用问题.

市场是一杆很奇妙的秤. 对任何一类商品，当价格不断上涨时，生产者或商家提供相关商品的积极性就很高，但消费者对商品的需求量就可能下降；反之，当商品价格下降时，因为利润空间的压缩，生产者或商家提供相关商品的积极性下降，但消费者对商品的需求量就有一定的反弹(上升). 商品价格与供给量的关系以及商品价格与需求量的关系都可以利用该商品的前期销售数据获得(相关能力已基本具备)，那么能不能通过调节商品的价格使之在一个合理区间，从而使供需关系处于基本平衡呢？

当市场达到供需平衡时，根据供给函数与需求函数之间的关系，可以建立方程来获得相关信息. 对于一些简单的函数关系，利用初等数学的知识就能解决相关问题. 但在科学技术和经济管理等诸多领域中，往往不能直接找出所需要研究的变量之间的函数关系，却比较容易建立起这些变量与它们的导数或微分之间的联系，从而得到一个含有未知函数及其导数或微分的方程，即微分方程. 于是，方程的求解成为解决这类问题的关键.

为了具备解决这种问题的基本知识和相关能力，下面我们将介绍微分方程的一些基本概念、几种简单微分方程的求解方法以及它们在经济管理中的一些简单应用.

6.1　微分方程的基本概念

6.1.1　引例

我们先来看两个例子.

引例 6.1.1【产品成本问题】 设生产某产品的成本 C 与产量 Q 的函数关系 $C=C(Q)$ 满足方程

$$\frac{\mathrm{d}C}{\mathrm{d}Q}=(60-2Q), \tag{6.1.1}$$

且固定成本为 $C(0)=100$，求总成本函数.

引例 6.1.2【广告利润问题】 设某产品的利润 L 与广告费 x 的函数关系 $L=L(x)$ 满足微分方程

$$\frac{\mathrm{d}L}{\mathrm{d}x}=k(N-L), \tag{6.1.2}$$

且 $L(0)=L_0(0<L_0<N)$，其中 k、N 为已知正常数，试分析利润 L 与广告费 x 的函数关系.

问题分析 这两个问题本质上是属于方程的求解问题. 但是，这些方程和我们以前接触过的方程是不尽相同的，主要区别在于：方程式中都含有未知函数的一阶导数. 因此，用以往解方程的知识无法求解这类问题.

求解类似于引例 6.1.1 和引例 6.1.2 这类方程，需要我们具备新的数学能力——解微分方程的能力.

6.1.2　微分方程的概念

1. 微分方程的定义

定义 6.1.1 凡表示未知函数、未知函数的导数与自变量之间的关系的方程，称为微分方程.

未知函数是一元函数的微分方程称为常微分方程. 未知函数是多元函数，同时含有多元函数的偏导数的微分方程称为偏微分方程.

例如，$y'-x^2=1$，$\frac{\mathrm{d}C}{\mathrm{d}Q}=(60-20Q)$ 和 $y''-4y+28=0$ 均为常微分方程，而 $\left(\frac{\partial u}{\partial x}\right)^2-2\frac{\partial u}{\partial y}=0$ 是偏微分方程.

本章只讨论常微分方程问题. 为方便起见，将常微分方程简称为微分方程或方程.

2. 微分方程的阶

定义 6.1.2 在微分方程中，未知函数的导数或微分的最高阶数称为微分方程的阶.

例如，方程 $y'-x^2=1$ 和 $\frac{\mathrm{d}C}{\mathrm{d}Q}=(60-20Q)$ 均为一阶微分方程，而方程 $y''-4y+28=0$ 和 $y''+py'+qy=0$ 是二阶微分方程.

3. 线性微分方程

定义 6.1.3 如果微分方程中的未知函数及其各阶导数都是一次方，这样的微分方程称为线性微分方程，否则称为非线性微分方程.

例如，$y''-4y+28=0$ 是二阶线性微分方程，$(y')^2-4xy=8$ 是一阶非线性微分方程.

4. 微分方程的解

定义 6.1.4 如果把某个函数代入微分方程后，使方程成为恒等式，则此函数称为该微分方程的解. 求微分方程的解的过程，称为解微分方程.

微分方程的解可以是显函数，也可以是由关系式 $F(x, y)=0$ 所确定的隐函数.

例如，函数 $y=x^2+C$ 和 $y=x^2$ 都是微分方程 $y'=2x$ 的解，称为方程的显式解. 而由方程 $x^2+y^2=1$ 所确定的隐函数是微分方程 $y'=-\dfrac{x}{y}$ 的解，并称之为方程的隐式解.

5. 微分方程的通解与特解

定义 6.1.5 如果微分方程的解中含有任意常数，且相互独立的任意常数的个数与微分方程的阶数相同，这样的解称为微分方程的通解. 微分方程的不含任意常数的解，称为微分方程的特解.

注 这里所说的相互独立的任意常数，是指它们不能通过合并而使得通解中任意常数的个数减少.

例如，微分方程 $y'-x^2=1$ 的通解是 $y=\dfrac{1}{3}x^3+x+C$，微分方程 $\dfrac{dC}{dQ}=(60-2Q)$ 的通解是 $C(Q)=60Q-Q^2+C$. 函数 $y=x^2$ 是微分方程 $y'=2x$ 的特解.

6. 初始条件与初值问题

定义 6.1.6 用来确定微分方程通解中的任意常数的附加条件，称为初始条件. 求微分方程满足初始条件的特解的问题，称为初值问题.

在引例 6.1.1 中，$C(0)=100$ 是微分方程 $\dfrac{dC}{dQ}=(60-2Q)$ 的初始条件，那么

$$\begin{cases}\dfrac{dC}{dQ}=(60-2Q)\\ C(0)=100\end{cases}$$

就是初值问题. $C(Q)=60Q-Q^2+100$ 是微分方程(6.1.1)满足初始条件 $C(0)=100$ 的特解.

例题讲解

例 6.1.1 指出下列微分方程的阶数，并说明所给微分方程是线性还是非线性的.

(1) $xy''-2(y')^2+2xy=0$；　　(2) $\dfrac{d^2x}{dt^2}+\dfrac{dx}{dt}=2x$；

(3) $xy\,dx+(1+x^2)\,dy=0$；　　(4) $yy'=1$.

解 方程(1)是二阶非线性微分方程，因为方程中含有 y' 的平方项.

方程(2)是二阶线性微分方程，因为方程中含有的 x、$\dfrac{dx}{dt}$ 和 $\dfrac{d^2x}{dt^2}$ 都是一次.

方程(3)是一阶线性微分方程，因为方程中含有的 y 和 dy 都是一次.

方程(4)是一阶非线性微分方程，因为方程中含有 y 和 y' 的乘积项.

注　在线性微分方程中，除了未知函数及其各阶导数都是一次方外，也不含未知函数及其各阶导数之间的乘积.

例 6.1.2　验证函数 $y=C_1\cos 2x+C_2\sin 2x$(其中 C_1、C_2 为任意常数)是微分方程

$$\frac{d^2y}{dx^2}+4y=0$$

的通解，并求微分方程满足初始条件 $y|_{x=0}=1$、$y'|_{x=0}=0$ 的特解.

解

$$\frac{dy}{dx}=-2C_1\sin 2x+2C_2\cos 2x,$$

$$\frac{d^2y}{dx^2}=-4C_1\cos 2x-4C_2\sin 2x,$$

代入方程左端，得

$$\frac{d^2y}{dx^2}+4y=-4C_1\cos 2x-4C_2\sin 2x+4(C_1\cos 2x+C_2\sin 2x)=0,$$

方程成为一个恒等式，所以 $y=C_1\cos 2x+C_2\sin 2x$ 是方程 $\frac{d^2y}{dx^2}+4y=0$ 的解. 又因为解中含有两个相互独立的任意常数，与所给微分方程的阶数相同，所以它是微分方程的通解.

将初始条件 $y|_{x=0}=1$ 和 $y'|_{x=0}=0$ 代入 $y=C_1\cos 2x+C_2\sin 2x$ 和 $\frac{dy}{dx}=-2C_1\sin 2x+2C_2\cos 2x$，得

$$\begin{cases}1=C_1+C_2\times 0\\0=-2C_1\times 0+2C_2\times 1\end{cases},$$

解方程组，得 $C_1=1$，$C_2=0$，从而所求特解为

$$y=\cos 2x.$$

【习题 6.1】

1. 指出下列微分方程的阶数，并说明它们是线性的还是非线性的：

(1) $xy-\frac{y'}{2x}+2=0$；　　(2) $x(y')^2-2yy'+x=0$；

(3) $\frac{d^5y}{dx^5}-4\frac{d^3y}{dx^3}+7\frac{dy}{dx}=\sin x+2$；　　(4) $xy''+2y''+x^2y=0$.

2. 验证下列给定的函数是否为所给微分方程的解. 若是解，指出是通解还是特解(其中 C、C_1、C_2 为任意常数).

(1) $xy'=2y$，$y=5x^2$；　　(2) $\frac{dy}{dx}=y^2\cos x$，$y=-\frac{1}{\sin x+C}$；

(3) $y''+y=0$，$y=-4\cos x+3\sin x$；　　(4) $y''-\frac{2}{x}y'+\frac{2y}{x^2}=0$，$y=C_1x+C_2x^2$.

3. 验证 $y=C_1e^{3x}+C_2e^{4x}$(其中 C_1、C_2 为任意常数)是微分方程 $y''-7y'+12y=0$ 的通解，并求微分方程满足初始条件 $y|_{x=0}=1$ 和 $y'|_{x=0}=2$ 的特解.

4. 验证 $e^y+C_1=(x+C_2)^2$(其中 C_1、C_2 为任意常数)是微分方程 $y''+(y')^2=2e^{-y}$ 的通解，并求微分方程满足初始条件 $y|_{x=0}=0$ 和

习题 6.1 参考答案

$y'|_{x=0}=1$ 的特解.

6.2 一阶微分方程

含有自变量、未知函数及其一阶导数的方程称为一阶微分方程，它的一般形式为

$$F(x, y, y')=0,$$

如果从上式解出 y'，则方程可写成

$$y'=f(x, y).$$

常见的一阶微分方程包括可分离变量的微分方程. 一阶线性微分方程等，但在这里我们仅讨论 3 种特殊类型的一阶微分方程.

6.2.1 可分离变量的微分方程及其解法

不同类型的微分方程，其求解方法各有不同，对于引例 6.1.2 这样的微分方程，如何求它的通解或特解呢？

根据引例 6.1.2 本身的特点，我们发现该微分方程可以分解为

$$\frac{\mathrm{d}L}{N-L}=k\mathrm{d}x,$$

即微分方程的一边只含有变量 L，另一边只含有变量 x，通过对等式两边分别积分，可求出利润 L 与广告费 x 的函数关系.

定义 6.2.1 一般地，形如

$$\frac{\mathrm{d}y}{\mathrm{d}x}=f(x)g(y) \tag{6.2.1}$$

的一阶微分方程，称为可分离变量的微分方程，其中 $f(x)$、$g(y)$ 都是连续函数.

为了求可分离变量的微分方程(6.2.1)的解，可将它写成

$$\frac{1}{g(y)}\mathrm{d}y=f(x)\mathrm{d}x,$$

其中 $g(y)\neq 0$. 令 $h(y)=\dfrac{1}{g(y)}$，则

$$h(y)\mathrm{d}y=f(x)\mathrm{d}x.$$

这样，所有的 y 都在等式的一侧，所有的 x 在等式的另一侧，对等式两边同时积分，即可求出可分离变量微分方程的通解为

$$\int h(y)\mathrm{d}y=\int f(x)\mathrm{d}x+C,$$

其中 C 为任意常数.

注 这里把积分常数 C 明确写出来，因此 $\int h(y)\mathrm{d}y$、$\int f(x)\mathrm{d}x$ 应分别理解为某个原函数.

例题讲解

例 6.2.1 求微分方程 $\dfrac{\mathrm{d}y}{\mathrm{d}x}=-\dfrac{x}{y}$ 的通解.

解 所求方程是可分离变量的微分方程，分离变量后，得

$$ydy = -xdx,$$

两端积分，得

$$\int ydy = \int -xdx,$$

即

$$\frac{y^2}{2} = -\frac{x^2}{2} + C_1 \quad (C_1 \text{ 为任意常数}),$$

从而

$$x^2 + y^2 = 2C_1,$$

记 $C=2C_1$，故所求方程的通解是

$$x^2 + y^2 = C.$$

例 6.2.2　求微分方程 $\frac{dy}{dx}=2xy$ 的通解.

解　所求方程是可分离变量的微分方程，当 $y\neq 0$ 时，分离变量，得

$$\frac{dy}{y} = 2xdx,$$

两端积分，得

$$\int \frac{dy}{y} = \int 2xdx,$$

即

$$\ln|y| = x^2 + C_1 \quad (C_1 \text{ 为任意常数}),$$

从而

$$y = \pm e^{x^2+C_1} = \pm e^{C_1} e^{x^2},$$

记 $C=\pm e^{C_1}$ 为任意非零常数. 显然，$y=0$ 也是所求方程的解. 故所求方程的通解是

$$y = Ce^{x^2},$$

其中 C 为任意常数，这样通解中就包含了 $y=0$ 这个解.

注　以后对任意常数不再像例 6.2.2 这样详细地讨论. 为了运算方便，而将积分常数用 $\ln|C|$ 等形式表示.

例 6.2.3　求微分方程 $\sin x \cdot \cos y dx = \cos x \cdot \sin y dy$ 满足初始条件 $y|_{x=0}=\frac{\pi}{3}$ 的特解.

解　分离变量，得

$$\frac{\sin x}{\cos x}dx = \frac{\sin y}{\cos y}dy,$$

两端积分，得

$$\int \frac{\sin x}{\cos x}dx = \int \frac{\sin y}{\cos y}dy,$$

即 $\ln|\cos x| = \ln|\cos y| + \ln|C|$. 这里我们将积分常数写成 $\ln|C|$ 是为了以下运算方便，从而 $\ln|\cos x| = \ln|C\cos y|$，故

$$\cos x = C\cos y,$$

是所求方程的通解.

将初始条件 $y|_{x=0}=\frac{\pi}{3}$代入上式，得 $C=2$. 故所求方程的特解为

$$\cos x = 2\cos y.$$

案例分析

案例 6.2.1【广告利润问题】 设某产品的利润 L 与广告费 x 的函数关系 $L=L(x)$满足微分方程

$$\frac{\mathrm{d}L}{\mathrm{d}x} = k(N-L),$$

且 $L(0)=L_0(0<L_0<N)$，其中 k、N 为已知正常数，试分析利润 L 与广告费 x 的函数关系.

解 分离变量，得

$$\frac{\mathrm{d}L}{N-L} = k\mathrm{d}x,$$

两边同时积分，得

$$-\ln(N-L) = kx - \ln C,$$

即

$$N-L = \mathrm{e}^{-kx+\ln C},$$

$$N-L = C\mathrm{e}^{-kx},$$

因此，所求利润 L 与广告费 x 的函数关系为 $L=N-C\mathrm{e}^{-kx}$.

由 $L(0)=L_0$，得 $X=N-L_0$，于是有

$$L = N-(N-L_0)\mathrm{e}^{-kx}.$$

根据题设知 $0<L_0<N$，且 k、N 为已知正常数，所以

$$N-L = (N-L_0)\mathrm{e}^{-kx} > 0,$$

故微分方程$\frac{\mathrm{d}N}{\mathrm{d}x}=k(N-L)>0$，即 L 是 x 的单调增加函数，且 $\lim\limits_{x\to+\infty} L(x)=N$，即利润 L 随广告费 x 的增加而趋于常数 N.

显然，广告是一种提高产品利润的手段，但其作用是有限的.

案例 6.2.2【弹性问题】 已知某产品的需求价格弹性值恒为-1，并且当价格 $P=2$ 时，需求量 $Q=300$，试求需求函数.

解 由需求价格弹性的定义可知

$$\frac{EQ}{EP} = \frac{P}{Q}\cdot\frac{\mathrm{d}Q}{\mathrm{d}P},$$

因为产品的需求价格弹性值恒为-1，所以需求函数 $Q(P)$满足

$$\frac{P}{Q}\cdot\frac{\mathrm{d}Q}{\mathrm{d}P} =-1.$$

这是一个可分离变量的微分方程，分离变量得

$$\frac{\mathrm{d}Q}{Q} =-\frac{\mathrm{d}P}{P},$$

方程两端分别求不定积分，得

$$\ln Q = -\ln P + \ln C(\text{这里 } P\text{、}Q \text{ 均大于 } 0,\ C \text{ 为任意正常数}),$$

化简，得

$$\ln Q = \ln \frac{1}{P} + \ln C,$$

$$\ln Q = \ln \frac{C}{P},$$

则

$$Q = \frac{C}{P}.$$

由于当价格 $P=2$ 时，需求量 $Q=300$，所以有初始条件 $Q(2)=300$，代入 $Q=\frac{C}{P}$ 求得 $C=600$，于是所求的需求函数为

$$Q = \frac{600}{P}.$$

有的一阶微分方程虽然形式上不是可分离变量的，但是我们可以通过适当的变换，将所给方程化为可分离变量的微分方程，下面介绍的齐次微分方程就属于这种情形.

6.2.2　齐次微分方程的解法

定义 6.2.2　形如

$$\frac{\mathrm{d}y}{\mathrm{d}x} = f\left(\frac{y}{x}\right) \tag{6.2.2}$$

的方程称为齐次微分方程，简称齐次方程.

例如，方程 $\frac{\mathrm{d}y}{\mathrm{d}x}=\frac{x^2+y^2}{xy}$ 是齐次微分方程，因为它可变形为 $\frac{\mathrm{d}y}{\mathrm{d}x}=\frac{1+\left(\frac{y}{x}\right)^2}{\frac{y}{x}}$；方程 $(y^2+xy)\mathrm{d}x+(x^2-xy)\mathrm{d}y=0$ 是齐次微分方程，因为它可变形为 $\frac{\mathrm{d}y}{\mathrm{d}x}=\frac{\left(\frac{y}{x}\right)^2+\frac{y}{x}}{1-\frac{y}{x}}$.

齐次方程通过变量代换，可化为可分离变量的微分方程来求解，具体如下：

(1) 令 $u=\frac{y}{x}$，则 $y=ux$，且

$$\frac{\mathrm{d}y}{\mathrm{d}x} = u + x\frac{\mathrm{d}u}{\mathrm{d}x};$$

(2) 代入齐次方程(6.2.2)，得到方程

$$u + x\frac{\mathrm{d}u}{\mathrm{d}x} = f(u);$$

(3) 分离变量，得

$$\frac{\mathrm{d}u}{f(u)-u} = \frac{\mathrm{d}x}{x};$$

(4) 两端积分得通解

$$\int \frac{\mathrm{d}u}{f(u)-u} = \int \frac{\mathrm{d}x}{x} + C,$$

再用$\frac{y}{x}$代替u，便得到齐次方程(6.2.2)的通解.

例题讲解

例 6.2.4 求微分方程$\frac{\mathrm{d}y}{\mathrm{d}x}=\frac{x^2+y^2}{xy}$的通解.

解 所求方程可变形为

$$\frac{\mathrm{d}y}{\mathrm{d}x} = \frac{1+\left(\frac{y}{x}\right)^2}{\frac{y}{x}},$$

这是齐次方程.

令$u=\frac{y}{x}$, 则$\frac{\mathrm{d}y}{\mathrm{d}x}=u+x\frac{\mathrm{d}u}{\mathrm{d}x}$, 代入上式，得

$$u + x\frac{\mathrm{d}u}{\mathrm{d}x} = \frac{1+u^2}{u},$$

整理，得

$$u\mathrm{d}u = \frac{1}{x}\mathrm{d}x,$$

两端积分，得

$$\frac{u^2}{2} = \ln|x| + C,$$

将$u=\frac{y}{x}$代入上式，得原方程的通解为

$$y^2 = 2x^2(\ln|x| + C) \quad (C\text{为任意常数}).$$

例 6.2.5 求微分方程

$$\frac{\mathrm{d}y}{\mathrm{d}x} = \frac{y}{x} + \tan\frac{y}{x}$$

满足初始条件$y|_{x=1}=\frac{\pi}{6}$的特解.

解 所求方程是齐次方程，令$u=\frac{y}{x}$，则$\frac{\mathrm{d}y}{\mathrm{d}x}=u+x\frac{\mathrm{d}u}{\mathrm{d}x}$，代入原方程，得

$$u + x\frac{\mathrm{d}u}{\mathrm{d}x} = u + \tan u,$$

整理，得

$$\cot u\mathrm{d}u = \frac{1}{x}\mathrm{d}x,$$

两端积分，得

$$\ln|\sin u| = \ln|x| + \ln|C| = \ln|Cx|,$$

即

$$\sin u = Cx,$$

将 $u=\frac{y}{x}$ 代入上式，得原方程的通解为

$$\sin\frac{y}{x}=Cx\quad(C\text{ 为任意常数}).$$

利用初始条件 $y|_{x=1}=\frac{\pi}{6}$，得 $C=\frac{1}{2}$，故所求特解为

$$\sin\frac{y}{x}=\frac{1}{2}x.$$

6.2.3　一阶线性微分方程及其解法

引例 6.2.1【商品价格问题】　设某种商品的供给量 Q_s 与需求量 Q_d 是只依赖于价格 P 的线性函数，且在时间 t 时价格 $P(t)$ 的变化率与这时的过剩需求量成正比，试确定这种商品的价格随时间 t 的变化规律.

问题分析　该问题首先要求我们建立相关的等量关系(数学模型)，然后再求解. 根据问题描述，可以设该商品的供给量函数为 $Q_s=-a+bP$，需求量函数为 $Q_d=c-dP$，其中 a、b、c、d 都是已知的正常数. 同时问题中表明了价格的变化率与过剩需求量成正比，若记价格 P 是时间 t 的函数 $P=P(t)$，可以建立一个等量关系式

$$\frac{dP}{dt}=m(Q_d-Q_s),$$

其中 m 是正常数，将前两式代入上式，得

$$\frac{dP}{dt}+kP=h,$$

其中 $k=m(b+d)$，$h=m(a+c)$ 都是正常数.

分析该等量关系式，和引例 6.1.1、6.1.2 类似，这也是一个含有未知函数的一阶导数的方程，但它无法通过分离变量的方式解决，因此需要寻求新的解决思想与方法.

定义 6.2.3　形如

$$\frac{dy}{dx}+p(x)y=Q(x)\tag{6.2.3}$$

的方程，称为一阶线性微分方程，其中 $p(x)$、$Q(x)$ 皆为已知函数.

如果 $Q(x)\equiv0$，则方程(6.2.3)变为

$$\frac{dy}{dx}+p(x)y=0,\tag{6.2.4}$$

称为一阶线性齐次微分方程. 相应地，如果 $Q(x)\neq0$，那么称方程(6.2.3)为一阶线性非齐次微分方程.

例如，下列微分方程

$$y'-3y=x+1,\quad 2y'+(\sin x)y=\cos x,\quad xy'-2x^2y=0$$

中，所含 y' 和 y 都是一次的且不含 $y'\cdot y$ 项，所以它们都是一阶线性微分方程. 其中前两个方程是一阶线性非齐次微分方程，最后一个方程是一阶线性齐次微分方程. 但是下列微分方程

$$y'-2y^3=1,\quad yy'+y=\cos x,\quad y'-\ln y=0$$

都不是一阶线性微分方程. 因为方程中的 y^3、$\ln y$ 和 yy' 都不是一次式.

下面我们来讨论一阶线性微分方程的解法.

1. 一阶线性齐次微分方程的通解

为了求一阶线性非齐次微分方程的解，先讨论对应于非齐次线性方程的齐次线性方程 $\frac{dy}{dx}+P(x)y=0$ 的解. 很明显，该方程是可分离变量的微分方程. 分离变量后，得

$$\frac{dy}{y}=-p(x)dx,$$

两边积分，得

$$\ln|y|=-\int p(x)dx+C_1,$$

即

$$|y|=e^{C_1}e^{-\int p(x)dx},$$

去绝对值，得

$$y=\pm e^{C_1}e^{-\int p(x)dx},$$

令 $C=\pm e^{C_1}$，得

$$y=Ce^{-\int p(x)dx}\quad (C\text{为任意常数}),$$

这就是一阶线性齐次微分方程(6.2.4)的通解.

注 为了书写方便，今后对 $\frac{dy}{y}=-p(x)dx$ 积分时，可直接写成

$$\ln y=-\int p(x)dx+\ln C,$$

由此可得 $y=Ce^{-\int p(x)dx}$.

2. 一阶线性非齐次微分方程的通解

如何求一阶线性非齐次微分方程的解呢?

如果仍按照求解一阶线性齐次微分方程的方法去求解一阶线性非齐次微分方程，那么 $\frac{dy}{dx}+p(x)y=Q(x)$ 可变为

$$\frac{dy}{y}=\left[\frac{Q(x)}{y}-p(x)\right]dx,$$

两边同时积分，得

$$\ln y=\int\left[\frac{Q(x)}{y}-p(x)\right]dx=\int\frac{Q(x)}{y}dx-\int p(x)dx,$$

即

$$y=e^{\int\frac{Q(x)}{y}dx}\cdot e^{-\int p(x)dx}.$$

因为 y 是一个关于 x 的函数，所以 $e^{-\int\frac{Q(x)}{y}dx}$ 一定是一个关于 x 的函数. 不妨令

$$u(x)=e^{\int\frac{Q(x)}{y}dx},$$

所以方程 $\frac{dy}{dx}+P(x)y=Q(x)$ 的解为

$$y=u(x)e^{-\int p(x)dx},$$

于是

$$y' = u'(x)\mathrm{e}^{-\int p(x)\mathrm{d}x} - u(x)p(x)\mathrm{e}^{-\int p(x)\mathrm{d}x},$$

将 y 和 y' 代入原微分方程(6.2.3)计算可得

$$u'(x)\mathrm{e}^{-\int p(x)\mathrm{d}x} - u(x)p(x)\mathrm{e}^{-\int p(x)\mathrm{d}x} + p(x)u(x)\mathrm{e}^{-\int p(x)\mathrm{d}x} = Q(x),$$

整理，得

$$u'(x) = Q(x)\mathrm{e}^{\int p(x)\mathrm{d}x},$$

两端积分，得

$$u(x) = \int Q(x)\mathrm{e}^{\int p(x)\mathrm{d}x}\mathrm{d}x + C \quad (C\text{为任意常数}),$$

把上式代入 $y = u(x)\mathrm{e}^{-\int p(x)\mathrm{d}x}$ 中，即得一阶线性非齐次微分方程的通解为

$$y = \mathrm{e}^{-\int p(x)\mathrm{d}x}\left(\int Q(x)\mathrm{e}^{\int p(x)\mathrm{d}x}\mathrm{d}x + C\right), \tag{6.2.5}$$

其中 C 为任意常数.

式(6.2.5)可改写成下面的形式

$$y = C\mathrm{e}^{-\int p(x)\mathrm{d}x} + \mathrm{e}^{-\int p(x)\mathrm{d}x}\int Q(x)\mathrm{e}^{\int p(x)\mathrm{d}x}\mathrm{d}x,$$

上式右端的第一项是对应的一阶线性齐次微分方程(6.2.4)的通解，第二项是一阶线性非齐次微分方程(6.2.3)的一个特解. 由此可知，一阶线性非齐次微分方程的通解等于对应的一阶线性齐次微分方程的通解与一阶线性非齐次微分方程的一个特解之和.

注　求一阶线性非齐次微分方程通解的方法是将对应的齐次线性方程通解中的常数 C 用一个函数 $u(x)$ 来代替，然后再求出这个待定的函数 $u(x)$，这种方法称为常数变易法.

常数变易法的求解步骤如下：

(1) 用分离变量法先求一阶线性非齐次微分方程(6.2.3)所对应的一阶线性齐次微分方程(6.2.4) 的通解 $y = C\mathrm{e}^{-\int p(x)\mathrm{d}x}$ (C 为任意常数)；

(2) 将通解中的常数 C 用一个函数 $u(x)$ 来代替，即 $y = u(x)\mathrm{e}^{-\int p(x)\mathrm{d}x}$，并求出 y'；

(3) 将 y 和 y' 代入方程(6.2.3)，解出

$$u(x) = \int Q(x)\mathrm{e}^{\int p(x)\mathrm{d}x}\mathrm{d}x + C;$$

(4) 将步骤(3)中求出的 $u(x)$ 代入步骤(2)中 y 的表达式，得

$$y = \mathrm{e}^{-\int p(x)\mathrm{d}x}\left(\int Q(x)\mathrm{e}^{\int p(x)\mathrm{d}x}\mathrm{d}x + C\right),$$

即为所求方程(6.2.3)的通解.

如果在求解一阶线性非齐次微分方程时，直接利用式

$$y = \mathrm{e}^{-\int P(x)\mathrm{d}x}\left[\int Q(x)\mathrm{e}^{\int P(x)\mathrm{d}x}\mathrm{d}x + C\right]$$

来计算，则称这种方法为公式法.

例题讲解

例 6.2.6　求微分方程 $x^2y'+2xy=x-1$ 的通解.

解 方法一：常数变易法. 原方程可变形为

$$\frac{\mathrm{d}y}{\mathrm{d}x}+\frac{2}{x}y=\frac{x-1}{x^2},$$

它是一阶线性非齐次微分方程.

(1) 求对应的一阶线性齐次微分方程$\frac{\mathrm{d}y}{\mathrm{d}x}+\frac{2}{x}y=0$的通解，分离变量，得

$$\frac{\mathrm{d}y}{y}=-\frac{2}{x}\mathrm{d}x,$$

两端积分，得

$$\ln y=-2\ln x+\ln C,$$

即

$$y=\frac{C}{x^2}\quad(C\text{为任意常数}).$$

(2) 令 $y=\frac{u(x)}{x^2}$，则

$$y'=\frac{u'(x)}{x^2}-\frac{2u(x)}{x^3}.$$

(3) 将 y 和 y' 代入原方程，并整理得

$$u'(x)=x-1,$$

两端积分，得

$$u(x)=\frac{1}{2}x^2-x+C.$$

(4) 将 $u(x)$ 代入 $y=\frac{u(x)}{x^2}$，于是，原方程的通解为

$$y=\frac{1}{2}-\frac{1}{x}+\frac{C}{x^2}\quad(C\text{为任意常数}).$$

方法二：公式法. 原方程可变形为

$$\frac{\mathrm{d}y}{\mathrm{d}x}+\frac{2}{x}y=\frac{x-1}{x^2},$$

它是一阶线性非齐次微分方程，这里

$$p(x)=\frac{2}{x},\quad Q(x)=\frac{x-1}{x^2},$$

将它们代入通解公式(6.2.5)，得

$$\begin{aligned}y&=\mathrm{e}^{-\int\frac{2}{x}\mathrm{d}x}\left(\int\frac{x-1}{x^2}\mathrm{e}^{\int\frac{2}{x}\mathrm{d}x}\mathrm{d}x+C\right)=\mathrm{e}^{-2\ln x}\left(\int\frac{x-1}{x^2}\mathrm{e}^{2\ln x}\mathrm{d}x+C\right)\\&=\frac{1}{x^2}\left[\int(x-1)\mathrm{d}x+C\right]=\frac{1}{x^2}\left(\frac{1}{2}x^2-x+C\right)=\frac{1}{2}-\frac{1}{x}+\frac{C}{x^2},\end{aligned}$$

故原方程的通解为

$$y=\frac{1}{2}-\frac{1}{x}+\frac{C}{x^2}\quad(C\text{为任意常数}).$$

注 在使用通解公式(6.2.5)时，必须先把方程化为标准形式(6.2.3)，以便正确找出 $p(x)$ 和 $Q(x)$.

例 6.2.7 求微分方程 $xy'-y=1+x^3$ 满足初始条件 $y|_{x=1}=0$ 的特解.

解　原方程可变形为

$$\frac{\mathrm{d}y}{\mathrm{d}x}-\frac{1}{x}y=\frac{1}{x}+x^2,$$

它是一阶线性非齐次微分方程，这里

$$p(x)=-\frac{1}{x},\quad Q(x)=\frac{1}{x}+x^2,$$

将它们代入通解公式(6.2.5)，得

$$\begin{aligned}y&=\mathrm{e}^{\int\frac{1}{x}\mathrm{d}x}\left[\int\left(\frac{1}{x}+x^2\right)\mathrm{e}^{-\int\frac{1}{x}\mathrm{d}x}\mathrm{d}x+C\right]=\mathrm{e}^{\ln x}\left[\int\left(\frac{1}{x}+x^2\right)\mathrm{e}^{-\ln x}\mathrm{d}x+C\right]\\&=x\left[\int\left(\frac{1}{x}+x^2\right)\frac{1}{x}\mathrm{d}x+C\right]=x\left(-\frac{1}{x}+\frac{1}{2}x^2+C\right)=\frac{1}{2}x^3+Cx-1,\end{aligned}$$

故原方程的通解为

$$y=\frac{1}{2}x^3+Cx-1\quad(C\text{ 为任意常数}).$$

把初始条件 $y|_{x=1}=0$ 代入上式，得 $C=\frac{1}{2}$，于是，所求微分方程的特解为

$$y=\frac{1}{2}x^3+\frac{1}{2}x-1.$$

案例分析

案例 6.2.3【商品价格问题】　设某种商品的供给量 Q_s 与需求量 Q_d 是只依赖于价格 P 的线性函数，且在时间 t 时价格 $P(t)$ 的变化率与这时的过剩需求量成正比，试确定这种商品的价格随时间 t 的变化规律.

解　根据问题描述，设该商品的供给量 Q_s 与需求量 Q_d 是只依赖于价格 P 的线性函数，它们分别为 $Q_s=-a+bP$ 和 $Q_d=c-dP$，其中 a、b、c、d 都是已知的正常数. 当供需量相等时，求得均衡价格为

$$P_0=\frac{a+c}{b+d}.$$

在市场经济中，商品价格的变化总是围绕着均衡价格上下波动. 因此，我们可以设想价格 P 是时间 t 的函数，即 $P=P(t)$. 假定在时间 t 时的价格 $P(t)$ 的变化率与这时的过剩需求量 Q_d-Q_s 成正比，即有

$$\frac{\mathrm{d}p}{\mathrm{d}t}=m(Q_d-Q_s),$$

其中 m 是正常数，将供给量和需求量的表达式代入上式，得

$$\frac{\mathrm{d}P}{\mathrm{d}t}+kP=h,$$

其中 $k=m(b+d)$，$h=m(a+c)$ 都是正常数.

利用一阶线性非齐次微分方程的通解公式知，该方程的通解为

$$P=C\mathrm{e}^{-kt}+\frac{h}{k}=C\mathrm{e}^{-kt}+P_0\quad(C\text{ 为任意常数}).$$

【习题 6.2】

1. 求下列微分方程的通解：

(1) $y'=xe^{-y}$；　　(2) $(e^{x+y}-e^x)dx+(e^{x+y}+e^y)dy=0$；

(3) $y'=x\sqrt{1-y^2}$；　　(4) $\dfrac{dy}{dx}=xe^{2y+x^2}$；

(5) $(1+e^x)y\dfrac{dy}{dx}=e^x$；　　(6) $y'=\dfrac{y}{x}+e^{\frac{y}{x}}$.

2. 求下列微分方程满足所给初值条件的特解：

(1) $\begin{cases}(2x+1)e^y y'+2e^y=4\\ y|_{x=0}=0\end{cases}$；　　(2) $\begin{cases}xydy+dx=y^2dx+ydy\\ y|_{x=0}=2\end{cases}$；

(3) $\begin{cases}e^y(1+x^2)dy=2x(1+e^y)dx\\ y|_{x=1}=0\end{cases}$；　　(4) $\begin{cases}\dfrac{dy}{dx}=\dfrac{x(1+y^2)}{y+x^2y}\\ y|_{x=0}=1\end{cases}$.

3. 求下列微分方程的通解：

(1) $xy'+y=xe^x$；　　(2) $x^2dy+(2xy-x+1)dx=0$；

(3) $y'-\dfrac{2y}{x}=x^2\sin x$；　　(4) $\dfrac{dy}{dx}=\dfrac{y}{x+1}+(x+1)^3$；

(5) $(x^2-1)y'+2xy-\cos x=0$；　　(6) $y'+y\tan x=\sin 2x$.

4. 求下列微分方程满足所给初始条件的特解：

(1) $e^{x^2}\dfrac{dy}{dx}=-2xe^{x^2}y+4x^3$，$y|_{x=0}=2$；　　(2) $x\dfrac{dy}{dx}-2y=x^3e^x$，$y|_{x=1}=0$；

(3) $xy'+y=e^x$，$y|_{x=1}=e$；　　(4) $y'+y\cos x=e^{-\sin x}$，$y|_{x=0}=3$.

5. 求下列微分方程的通解：

(1) $xy'=y(1+\ln y-\ln x)$；

(2) $x\dfrac{dy}{dx}+2\sqrt{xy}=y(x<0)$.

6. 已知某商品的需求量 Q(万件)对价格 P(元)的弹性为$\dfrac{EQ}{EP}=-4P^2$，而市场对该商品的最大需求量为 2 万件(即当 $P=0$ 时，$Q=2$)，求需求函数.

习题 6.2 参考答案

*6.3　可降阶的微分方程

二阶微分方程一般没有普遍的解法，本节仅讨论两种特殊形式的二阶微分方程或容易降阶的高阶微分方程，通过变量代换或降阶的方法，化为阶数较低的方程来处理.

6.3.1　$y^{(n)}=f(x)$型微分方程及其解法

微分方程

$$y^{(n)}=f(x) \tag{6.3.1}$$

的特点是方程的右端仅含有自变量 x.

因为

$$(y^{(n-1)})' = y^{(n)} = f(x),$$

所以两端积分，得到一个 $n-1$ 阶的微分方程，即

$$y^{(n-1)} = \int f(x)\mathrm{d}x + C_1 \quad (C_1 \text{ 为任意常数}).$$

类似地，采取同样的方法逐次降阶，可求出方程(6.3.1)的通解.

例题讲解

例 6.3.1　求微分方程 $y'''=\cos x+6x+1$ 的通解.

解　两端积分，得

$$y'' = \int(\cos x + 6x + 1)\mathrm{d}x = \sin x + 3x^2 + x + 2C_1 \quad (C_1 \text{ 为任意常数}),$$

再次积分，得

$$y' = -\cos x + x^3 + \frac{x^2}{2} + 2C_1 x + C_2 \quad (C_2 \text{ 为任意常数}),$$

最后再积分一次，得

$$y = -\sin x + \frac{x^4}{4} + \frac{x^3}{6} + C_1 x^2 + C_2 x + C_3 \quad (C_3 \text{ 为任意常数}),$$

即所求微分方程的通解为

$$y = -\sin x + \frac{x^4}{4} + \frac{x^3}{6} + C_1 x^2 + C_2 x + C_3 \quad (C_1、C_2、C_3 \text{ 为任意常数}).$$

6.3.2　$y''=f(x, y')$型微分方程及其解法

二阶微分方程

$$y'' = f(x, y') \tag{6.3.2}$$

的特点是方程中不显含未知函数 y.

这类方程的解法是通过变量代换，把二阶微分方程降为一阶微分方程来处理，具体如下：

令 $y'=p(x)$，则 $y''=\frac{\mathrm{d}p}{\mathrm{d}x}=p'$，方程(6.3.2)变为关于变量 p 和 x 的一阶微分方程，即

$$p' = f(x, p),$$

设此方程的通解为 $p=\varphi(x, C_1)$，即

$$\frac{\mathrm{d}y}{\mathrm{d}x} = \varphi(x, C_1),$$

两端积分，便得所求微分方程(6.3.2)的通解为

$$y = \int\varphi(x, C_1)\mathrm{d}x + C_2 \quad (C_1、C_2 \text{ 为任意常数}).$$

例题讲解

例 6.3.2　求微分方程 $(1+x^2)y''=2xy'$ 满足初始条件 $y|_{x=0}=1$，$y'|_{x=0}=3$ 的特解.

解 方程中不显含未知函数 y，令 $y'=p(x)$，则 $y''=p'$，将它们代入原方程，得

$$(1+x^2)p'=2xp,$$

分离变量，得

$$\frac{1}{p}\mathrm{d}p=\frac{2x}{1+x^2}\mathrm{d}x,$$

两端积分，得

$$\ln p=\ln(1+x^2)+\ln C_1 \quad (C_1\text{ 为任意常数}),$$

即

$$y'=p=C_1(1+x^2).$$

将初始条件 $y'|_{x=0}=3$ 代入上式，得 $C_1=3$，于是有

$$y'=3(1+x^2),$$

再对上式两端积分，得

$$y=3x+x^3+C_2 \quad (C_2\text{ 为任意常数}).$$

将初始条件 $y|_{x=0}=1$ 代入上式，得 $C_2=1$. 于是，所求微分方程的特解为

$$y=3x+x^3+1.$$

6.3.3 $y''=f(y, y')$型微分方程及其解法

二阶微分方程

$$y''=f(y, y') \tag{6.3.3}$$

的特点是方程中不显含自变量 x.

这类方程的解法与方程(6.3.2)的解法类似，具体如下：

令 $y'=p(y)$，并利用复合函数的求导法则把 y''化为对 y 的导数，即

$$y''=\frac{\mathrm{d}p}{\mathrm{d}x}=\frac{\mathrm{d}p}{\mathrm{d}y}\cdot\frac{\mathrm{d}y}{\mathrm{d}x}=p\frac{\mathrm{d}p}{\mathrm{d}y},$$

将 y'、y''代入方程(6.3.3)，得

$$p\frac{\mathrm{d}p}{\mathrm{d}y}=f(y, p),$$

这是一个关于变量 p、y 的一阶微分方程.

设此方程的通解为 $p=\varphi(y, C_1)$，即

$$\frac{\mathrm{d}y}{\mathrm{d}x}=\varphi(y, C_1),$$

分离变量，得

$$\frac{1}{\varphi(y, C_1)}\mathrm{d}y=\mathrm{d}x,$$

两端积分，便得所求微分方程(6.3.3)的通解为

$$\int\frac{1}{\varphi(y, C_1)}\mathrm{d}y=x+C_2 \quad (C_1\text{、}C_2\text{ 为任意常数}).$$

例题讲解

例 6.3.3 求微分方程 $2yy''+(y')^2=0$，$y>0$ 的通解.

解　方程中不显含自变量 x，令 $y'=p(y)$，则 $y''=p\dfrac{\mathrm{d}p}{\mathrm{d}y}$. 将 y' 和 y'' 代入原方程，得

$$2y\cdot p\frac{\mathrm{d}p}{\mathrm{d}y}+p^2=0.$$

在 $y\neq0$，$p\neq0$ 时，约去 p 并分离变量，得

$$\frac{1}{p}\mathrm{d}p=-\frac{1}{2y}\mathrm{d}y,$$

两端积分，得

$$\ln p=-\frac{1}{2}\ln y+\ln C_1,$$

即

$$p=\frac{C_1}{\sqrt{y}},$$

所以

$$\frac{\mathrm{d}y}{\mathrm{d}x}=\frac{C_1}{\sqrt{y}},$$

再分离变量，得

$$\sqrt{y}\,\mathrm{d}y=C_1\mathrm{d}x,$$

两端积分，得

$$\frac{2}{3}y^{\frac{3}{2}}=C_1x+C_2,$$

即

$$y=\frac{\sqrt[3]{18}}{2}(C_1x+C_2)^{\frac{2}{3}}\quad(C_1、C_2\text{ 为任意常数}).$$

当 $p=0$ 时，$y'=0$，即 $y=C$. 显然，该解包含于上式中. 故所求方程的通解为

$$y=\frac{\sqrt[3]{18}}{2}(C_1x+C_2)^{\frac{2}{3}}.$$

*【习题 6.3】

求下列微分方程的通解或满足所给初值条件的特解：

(1) $y''=x\cos x$；　　(2) $y''+\sqrt{1-(y')^2}=0$；

(3) $y''=2y'$；　　(4) $y''=\dfrac{2xy'}{x^2+1}$，$y(0)=1$，$y'(0)=3$.

习题 6.3 参考答案

6.4　二阶常系数线性微分方程

特殊情形的二阶微分方程可通过降阶化为一阶微分方程来处理，但一般的二阶微分方程没有普遍的解法. 对于实际问题中，应用较多的一类二阶微分方程是二阶常系数线性微分方程，即

$$y''+py'+qy=f(x),\tag{6.4.1}$$

其中，p、q 均为常数，$f(x)$是 x 的已知函数.

如果 $f(x)\equiv 0$，则称方程(6.4.1)为二阶常系数非齐次线性微分方程；如果 $f(x)\equiv 0$，则方程(6.4.1)变为

$$y''+py'+qy=0, \tag{6.4.2}$$

称方程(6.4.2)为方程(6.4.1)对应的二阶常系数齐次线性微分方程.

对于这类微分方程，可以不加证明地给出它们的解的结论，读者会利用这些结论进行求解即可.

6.4.1 二阶常系数齐次线性微分方程及其解法

1. 二阶常系数齐次线性微分方程通解的结构

定理 6.4.1 设 y_1、y_2 是二阶常系数齐次线性微分方程(6.4.2)的两个特解.

若$\dfrac{y_1}{y_2}\neq$常数，则 y_1、y_2 线性无关，且 $y=C_1y_1+C_2y_2$(C_1，C_2 是任意常数)是方程(6.4.2)的通解.

若$\dfrac{y_1}{y_2}\equiv$常数，则 y_1、y_2 线性相关，且 $y=C_1y_1+C_2y_2$(C_1，C_2 是任意常数)是方程(6.4.2)的解，但不是通解.

注 定理 6.4.1 中提到的$\dfrac{y_1}{y_2}\neq 0$ 常数这个条件非常重要. 例如，不难证明，$y_1=\mathrm{e}^x$ 和 $y_2=\mathrm{e}^{-x}$都是方程 $y''-y=0$ 的解. 又因为$\dfrac{y_1}{y_2}=\dfrac{\mathrm{e}^x}{\mathrm{e}^{-x}}=\mathrm{e}^{2x}\neq$常数，所以 y_1、y_2 是方程 $y''-y=0$ 的两个线性无关的特解，且 $y=C_1\mathrm{e}^x+C_2\mathrm{e}^{-x}$($C_1$，$C_2$ 为任意常数)是方程 $y''-y=0$ 的通解.

同样地，$y_1=\mathrm{e}^x$ 和 $y_3=2\mathrm{e}^x$ 也都是方程 $y''-y=0$ 的解. 但是，$\dfrac{y_1}{y_2}=\dfrac{\mathrm{e}^x}{2\mathrm{e}^x}=\dfrac{1}{2}\equiv$常数，所以 $y=C_1y_1+C_2y_2$(C_1，C_2 为任意常数)也是方程 $y''-y=0$ 的解，但不是该方程的通解. 从形式上看，$y=C_1\mathrm{e}^x+C_2\mathrm{e}^{-x}$和 $y=C_1\mathrm{e}^x+2C_2\mathrm{e}^x$ 都含有两个任意常数，但由于 $y=C_1\mathrm{e}^x+2C_2\mathrm{e}^x=(C_1+2C_2)\mathrm{e}^x=C\mathrm{e}^x$，其中 $C=C_1+2C_2$，实际上 y 只含有一个任意常数，显然不是方程 $y''-y=0$ 的通解.

定理 6.4.1 告诉我们，求通解的关键在于找到它的两个线性无关的特解 y_1 和 y_2. 为此，下面给出特征方程和特征根的概念.

2. 特征根法求通解

先来分析方程(6.4.2)可能具有什么形式的特解，从方程的结构形式看，它的特点是 y''、y'和 y 各乘一个常数因子后相加等于零，因此它们一定是同类项，否则不可能相加为零. 而在初等函数中，指数函数 $y=\mathrm{e}^{rx}$ 符合上述要求. 由此猜想能否选取适当的常数 r，使 $y=\mathrm{e}^{rx}$ 是方程(6.4.2)的解. 于是，对 $y=\mathrm{e}^{rx}$ 求导，有 $y'=r\mathrm{e}^{rx}$，$y''=r^2\mathrm{e}^{rx}$，将 y''、y'和 y 代入方程(6.4.2)，整理得

$$\mathrm{e}^{rx}(r^2+pr+q)=0,$$

由于 $\mathrm{e}^{rx}\neq 0$，因此

$$r^2+pr+q=0. \tag{6.4.3}$$

由此可见，如果常数 r 是方程(6.4.3)的根，则 $y=e^{rx}$ 就是方程(6.4.2)的解.

定义 6.4.1　方程$r^2+pr+q=0$ 称为二阶常系数齐次线性微分方程 $y''+py'+qy=0$ 的特征方程，特征方程的根称为特征根.

由于特征方程$r^2+pr+q=0$ 是关于 r 的一元二次方程，所以其特征根只能是两个相异实根或两个相等的实根或一对共轭复根. 因此，二阶常系数齐次线性微分方程 $y''+py'+qy=0$ 的特解也有不同的形式，其通解也对应有不同的形式. 在此略去各种情况下对于特解形式的讨论，而直接给出如下结论，见表 6.4.1.

表 6.4.1　特征根与二阶常系数齐次线性微分方程的通解的对应关系

(其中 C_1、C_2 为任意常数)

r_1 和 r_2 是特征方程$r^2+pr+q=0$ 的两个根	微分方程 $y''+py'+qy=0$ 的通解
两个不相等的实根 $r_1 \neq r_2$	$y=C_1e^{r_1x}+C_2e^{r_2x}$
两个相等的实根 $r_1=r_2=r$	$y=(C_1+C_2x)e^{rx}$
一对共轭复根$r_1=\alpha+i\beta$，$r_2=\alpha-i\beta$	$y=e^{\alpha x}(C_1\cos\beta x+C_2\sin\beta x)$

综上所述，求二阶常系数齐次线性微分方程 $y''+py'+qy=0$ 的通解的步骤如下：

(1) 写出微分方程(6.4.2)的特征方程$r^2+pr+q=0$；

(2) 求出两个特征根r_1、r_2；

(3) 根据特征根的不同情况，按照表 6.4.1 写出微分方程的通解.

例题讲解

例 6.4.1　求微分方程 $y''+3y'+2y=0$ 的通解.

解　所求微分方程的特征方程为

$$r^2+3r+2=0,$$

解方程，得特征根为$r_1=-2$，$r_2=-1$，故所求微分方程的通解为

$$y=C_1e^{-2x}+C_2e^{-x}\quad (C_1、C_2 \text{ 为任意常数}).$$

例 6.4.2　求微分方程$\frac{d^2x}{dt^2}+4\frac{dx}{dt}+4x=0$ 满足初始条件$x|_{t=0}=1$，$x'|_{t=0}=0$ 的特解.

解　所求微分方程的特征方程为

$$r^2+4r+4=0,$$

解方程，得特征根为$r_1=r_2=-2$，故原方程的通解为

$$x=(C_1+C_2t)e^{-2t}\quad (C_1、C_2 \text{ 为任意常数}).$$

由 $x'=e^{-2t}(C_2-2C_1-2C_2t)$及$x|_{t=0}=1$，$x'|_{t=0}=0$，得

$$\begin{cases} C_1=1 \\ C_2-2C_1=0 \end{cases},$$

即

$$C_1=1,\quad C_2=2.$$

因此，原方程的特解为

$$x=(1+2t)e^{-2t}.$$

例 6.4.3 求微分方程 $y''+6y'+13y=0$ 的通解.

解 所求微分方程的特征方程为

$$r^2+6r+13=0,$$

解方程，得特征根为$r_{1,2}=\frac{-6\pm\sqrt{6^2-4\times 13}}{2}=-3\pm 2\mathrm{i}$，故原方程的通解为

$$y=\mathrm{e}^{-3x}(C_1\cos 2x+C_2\sin 2x)\quad (C_1、C_2 \text{ 为任意常数}).$$

6.4.2 二阶常系数非齐次线性微分方程及其解法

下面讨论二阶常系数非齐次线性微分方程(6.4.1)，即

$$y''+py'+qy=f(x)$$

的解法.

1. 二阶常系数非齐次线性微分方程通解的结构

定理 6.4.2 设 y^* 是二阶常系数非齐次线性微分方程 $y''+py'+qy=f(x)$的一个特解，Y 是与微分方程(6.4.1)对应的二阶常系数齐次线性微分方程(6.4.2)，即 $y''+py'+qy=0$ 的通解，则

$$y=Y+y^*$$

是二阶常系数非齐次线性微分方程(6.4.1)的通解.

由上一节知道了二阶常系数齐次线性微分方程(6.4.2)的通解的求法. 因此，本节要解决的问题是如何求得微分方程(6.4.1)的一个特解 y^*. 一般情况下，求微分方程(6.4.1)的特解是非常困难的，我们仅就 $f(x)$的两种常见形式来介绍用待定系数法求特解的方法.

2. 求特解的待定系数法

1) 非齐次项为 $f(x)=P_m(x)\mathrm{e}^{\lambda x}$ 型($P_m(x)$为 x 的 m 次多项式，λ 为常数)

此时，微分方程(6.4.1)变为

$$y''+py'+qy=P_m(x)\mathrm{e}^{\lambda x}. \tag{6.4.4}$$

因为多项式与指数函数之积的导数仍是多项式与指数函数的乘积，所以从方程(6.4.4)的结构推断出它应该有多项式与指数函数乘积型的特解，于是可设特解为

$$y^*(x)=\mathrm{e}^{\lambda x}\cdot x^k\cdot Q_m(x),$$

其中$Q_m(x)=b_0x^m+b_1x^{m-1}+\cdots+b_m$ 是与$P_m(x)$同次的多项式(b_0，b_1，…，b_m 为待定系数)，而 k 的取值由λ 和特征方程的关系确定，具体如下：

$$k=\begin{cases}0, & \lambda \text{ 不是方程} r^2+pr+q=0 \text{ 的根}\\ 1, & \lambda \text{ 是方程} r^2+pr+q=0 \text{ 的单根}\\ 2, & \lambda \text{ 是方程} r^2+pr+q=0 \text{ 的重根}\end{cases}$$

将设好的特解代入微分方程(6.4.4)，利用恒等关系确定出未知多项式$Q_m(x)$的各个系数，从而就得到了微分方程(6.4.4)的一个特解.

例题讲解

例 6.4.4 下列方程具有什么形式的特解?

(1) $y''+y=2x^2-3$；　　(2) $y''-6y'+9y=\mathrm{e}^{3x}$；

(3) $y''+5y'+6y=3xe^{-2x}$.

解　(1) $f(x)=2x^2-3$ 属于$P_m(x)e^{\lambda x}$型，且 $m=2$. 因为$\lambda=0$不是特征方程$r^2+1=0$的根，所以 $k=0$，故所求方程的特解可设为

$$y^*=Ax^2+Bx+C.$$

(2) $f(x)=e^{3x}$属于$P_m(x)e^{\lambda x}$型，且 $m=0$. 因为$\lambda=3$是特征方程$r^2-6r+9=0$的重根，所以 $k=2$，故所求方程的特解可设为

$$y^*=Ax^2e^{3x}.$$

(3) $f(x)=3xe^{-2x}$属于$P_m(x)e^{\lambda x}$型，且 $m=1$. 因为$\lambda=-2$是特征方程$r^2+5r+6=0$的单根，所以 $k=1$，故所求方程的特解可设为

$$y^*=(Ax+B)xe^{-2x}.$$

例 6.4.5　求微分方程 $y''+y=2x^2-3$ 的通解.

解　原方程为二阶常系数非齐次线性微分方程，先求对应的齐次线性微分方程 $y''+y=0$ 的通解. 其特征方程为

$$r^2+1=0,$$

解得特征根为$r_{1,2}=\pm i$. 于是，微分方程 $y''+y=0$ 的通解为

$$Y=C_1\cos x+C_2\sin x\quad (C_1、C_2\text{ 为任意常数}).$$

非齐次项 $f(x)=2x^2-3$ 属于$P_m(x)e^{\lambda x}$型，且 $m=2$，$\lambda=0$. 因为$\lambda=0$不是特征方程的根，所以 $k=0$，故原方程的特解可设为

$$y^*=Q_2(x)e^{0\cdot x}=Ax^2+Bx+C,$$

则

$$(y^*)'=2Ax+B,\quad (y^*)''=2A.$$

将 y^* 和$(y^*)''$代入原方程，整理得

$$2A+Ax^2+Bx+C=2x^2-3,$$

比较等式两端 x 同次幂的系数，得

$$\begin{cases}A=2\\B=0\\2A+C=-3\end{cases},$$

解得 $A=2$，$B=0$，$C=-7$，则原方程的一个特解为

$$y^*=2x^2-7.$$

于是，原方程的通解为

$$y=Y+y^*=C_1\cos x+C_2\sin x+2x^2-7\quad (C_1、C_2\text{ 为任意常数}).$$

例 6.4.6　求微分方程 $y''-4y'+4y=e^{2x}$满足初始条件$y|_{x=0}=2$，$y'|_{x=0}=5$ 的特解.

解　所求微分方程为二阶常系数非齐次线性微分方程，且 $f(x)=e^{2x}$属于$P_m(x)e^{\lambda x}$型(其中$\lambda=2$，$P_m(x)=1$). 原方程对应的齐次方程为

$$y''-4y'+4y=0,$$

其特征方程为

$$r^2-4r+4=0,$$

解得特征根为$r_1=r_2=2$，从而 $y''-4y'+4y=0$ 的通解为

$$Y=(C_1+C_2x)e^{2x}\quad (C_1、C_2\text{ 为任意常数}).$$

由于 $\lambda=2$ 是特征方程的重根，所以 $k=2$，故所求方程的特解可设为

$$y^*=Ax^2e^{2x},$$

则

$$(y^*)'=A(2x+2x^2)e^{2x},\quad (y^*)''=A(2+8x+4x^2)e^{2x}.$$

将 y^*、$(y^*)'$、$(y^*)''$代入原方程，整理得

$$2Ae^{2x}=e^{2x},$$

所以 $A=\frac{1}{2}$，则原方程的一个特解为

$$y^*=\frac{1}{2}x^2e^{2x}.$$

于是，原方程的通解为

$$y=Y+y^*=\left(C_1+C_2x+\frac{1}{2}x^2\right)e^{2x}\quad (C_1、C_2\text{ 为任意常数}).$$

因为 $y|_{x=0}=2$，代入上式得 $C_1=2$，则

$$y'=[C_2+4+(2C_2+1)x+x^2]e^{2x},$$

将其代入 $y'|_{x=0}=5$，得 $C_2=1$.

因此，原方程满足初始条件 $y|_{x=0}=2$，$y'|_{x=0}=5$ 的特解为 $y=\left(2+x+\frac{1}{2}x^2\right)e^{2x}$.

2) 非齐次项为 $f(x)=e^{\alpha x}(a\cos\beta x+b\sin\beta x)$ 型(α、β、a、b 为常数)

此时，方程(6.4.1)变为

$$y''+py'+qy=e^{\alpha x}(a\cos\beta x+b\sin\beta x).\tag{6.4.5}$$

因为指数函数的各阶导数仍是指数函数，正弦函数和余弦函数的各阶导数也总是正弦函数或余弦函数，所以从方程(6.4.5)的结构可推断出它应该有指数函数与三角函数乘积型的特解. 于是，可设特解为

$$y^*=x^ke^{\alpha x}(A\cos\beta x+B\sin\beta x),$$

其中 k 的取值由 $\alpha+\beta i$ 和特征方程关系确定，具体如下：

$$k=\begin{cases}0, & \alpha+\beta i\text{ 不是方程 }r^2+pr+q=0\text{ 的根}\\ 1, & \alpha+\beta i\text{ 是方程 }r^2+pr+q=0\text{ 的根}\end{cases}.$$

将设好的特解代入方程(6.4.5)，利用恒等关系确定出待定常数 A、B，从而就得到了方程(6.4.5)的一个特解.

例题讲解

例 6.4.7 求微分方程 $y''+y=3\sin x$ 的特解.

解 所求方程是二阶常系数非齐次线性微分方程，且非齐次项 $f(x)=3\sin x$ 属于 $e^{\alpha x}(a\cos\beta x+b\sin\beta x)$型(其中 $\alpha=0$，$a=0$，$b=3$，$\beta=1$). 对应齐次方程的特征方程为

$$r^2+1=0,$$

解得特征根为 $r_{1,2}=\pm i$. 因为 $\alpha+\beta i=i$ 是特征方程的根，所以原方程的一个特解为

$$y^*=x(A\cos x+B\sin x),$$

求导，得

$$(y^*)' = A\cos x + B\sin x + x(-A\sin x + B\cos x),$$
$$(y^*)'' = -2A\sin x + 2B\cos x - x(A\cos x + B\sin x).$$

将 y^* 和 $(y^*)''$ 代入原方程，整理得

$$-2A\sin x + 2B\cos x = 3\sin x,$$

比较两端同类项的系数，得

$$A = -\frac{3}{2},\ B = 0,$$

因此，原方程的特解为

$$y^* = -\frac{3}{2}x\cos x.$$

例 6.4.8 求微分方程 $y''+2y'=e^{-x}\cos x$ 的通解.

解 原方程是二阶常系数非齐次线性微分方程，先求对应齐次微分方程

$$y''+2y'=0$$

的通解. 其特征方程为

$$r^2+2r=0,$$

解得特征根为 $r_1=0$，$r_2=-2$，所以对应的齐次微分方程的通解为

$$Y = C_1e^{0\cdot x} + C_2e^{-2x} = C_1 + C_2e^{-2x}\quad (C_1、C_2\ 为任意常数).$$

函数 $f(x)=e^{-x}\cos x$ 属于 $e^{\alpha x}(a\cos\beta x+b\sin\beta x)$ 型，其中 $\alpha=-1$，$a=1$，$b=0$，$\beta=1$. 因为 $\alpha+\beta i=-1+i$，不是特征方程的根，所以原方程的一个特解可设为

$$y^* = e^{-x}(A\cos x + B\sin x),$$

求导，得

$$(y^*)' = e^{-x}[(-A+B)\cos x + (-A-B)\sin x],$$
$$(y^*)'' = e^{-x}(-2B\cos x + 2A\sin x).$$

将 $(y^*)'$ 和 $(y^*)''$ 代入原方程，整理得

$$e^{-x}(-2A\cos x - 2B\sin x) = e^{-x}\cos x,$$

比较两端同类项的系数，得 $A=-\frac{1}{2}$，$B=0$. 于是，原方程的一个特解为

$$y^* = -\frac{1}{2}e^{-x}\cos x.$$

因此，原方程微分方程的通解为

$$y = Y + y^* = C_1 + C_2e^{-2x} - \frac{1}{2}e^{-x}\cos x\quad (C_1、C_2\ 为任意常数).$$

【习题 6.4】

1. 求下列微分方程的通解或满足所给初始条件的特解：

(1) $y''+5y'+6y=0$；

(2) $3y''-2y'-8y=0$；

(3) $y''+9y=0$；

(4) $y''-2y'+y=0$；

(5) $y''-4y'=0$，$y(0)=-1$，$y'(0)=2$；

(6) $y''+4y'+29y=0$，$y(0)=0$，$y'(0)=15$.

2. 下列微分方程具有何种形式的特解？

(1) $y''+2y'=3$；　　(2) $y''-4y'+4y=x^3 e^{2x}$；

(3) $y''+3y'-2y=e^{5x}$；　　(4) $y''+2y'+y=x^2 e^x$；

(5) $y''-4y'+8y=e^{2x}\sin 2x$；　　(6) $y''+y=\sin 2x$.

3. 求解下列微分方程的通解或满足所给初始条件的特解：

(1) $y''-2y'-3y=x+1$；　　(2) $y''+3y'+2y=3xe^{-x}$；

(3) $y''-2y'+2y=4e^x\cos x$；　　(4) $y''+4y=e^{3x}$；

(5) $y''-y'-2y=4x^2$，$y|_{x=0}=0$，$y'|_{x=0}=2$；

(6) $y''+2y'+y=e^x$，$y(0)=\frac{1}{4}$，$y'(0)=1$.

习题 6.4 参考答案

6.5　本章小结与拓展提高

1. 本章的重点与难点

本章的重点是微分方程的通解与特解等概念，可分离变量微分方程的解法，一阶线性微分方程的解法，二阶常系数齐次线性方程的解法，非齐次项为多项式、指数函数以及它们的积的二阶常系数非齐次线性方程的解法.

难点是一阶微分方程类型的判别，可降阶的二阶微分方程的解法，二阶常系数非齐次线性方程特解的解法，实际问题中如何列出微分方程及其初始条件.

2. 学法建议

(1) 凡表示未知函数与未知函数的导数及自变量之间的关系的方程，叫作微分方程. 微分方程包括常微分方程和偏微分方程两大类. 我们在本章只介绍了常微分方程，即在一个微分方程中出现的未知函数只含有一个自变量.

(2) 本章所介绍的一些微分方程，它们的求解方法和步骤都已规范化. 要掌握这些方法，读者首先要能够正确地判别微分方程的类型，其次还应熟悉每种类型的解法.

一阶线性微分方程是最简单也是最重要的微分方程，它在实际问题中应用比较广泛，因而成为本章的重点之一. 可分离变量的微分方程在一阶微分方程中占有重要位置，这是因为很多的一阶微分方程都能转化为可分离变量的微分方程，所以说读者务必熟练掌握可分离变量的微分方程的形式及解法.

二阶常系数齐次线性方程是本章的另一个重点，原因在于通过把二阶常系数齐次线性方程转化为特征方程，从而可以用代数的方法来求解这类微分方程，简单而有效.

对于特殊类型的二阶常系数非齐次线性方程的待定系数法，其特解的假设既是重点又是难点，建议读者多做练习加以巩固.

(3) 有些微分方程需要做适当的变量代换，才能化为一种类型，比如齐次方程、可降阶的二阶微分方程. 对于这类微分方程的求解，只要会求一些简单的微分方程，了解变换的思路即可，不必花太多的精力.

(4) 利用微分方程解决实际问题的关键是建立实际问题的模型——微分方程模型，这不仅需要数学技巧，还需要一定的专业知识，读者应对这方面的知识有一定的理解.

3. 拓展提高

***例 6.5.1**　求微分方程$\frac{dy}{dx}=x+y+1$的通解.

解　令 $u=x+y$，则 $\frac{du}{dx}=1+\frac{dy}{dx}$，所以$\frac{dy}{dx}=\frac{du}{dx}-1$，代入原方程，得

$$\frac{du}{dx}-1=u+1,$$

即

$$\frac{du}{dx}=u+2,$$

分离变量，得

$$\frac{du}{u+2}=dx,$$

两边积分，得

$$\int\frac{du}{u+2}=\int dx,$$

即

$$\ln|u+2|=x+\ln|C|,$$

化简得

$$u+2=Ce^{x}\quad(C\text{ 为任意常数}).$$

将 $u=x+y$ 代入，得原方程的通解为

$$y=Ce^{x}-x-2.$$

***例 6.5.2**　求微分方程 $y\,dx=(e^{y}-x)dy$ 满足初始条件 $y|_{x=0}=1$ 的特解.

解　原方程可变形为$\frac{dy}{dx}=\frac{y}{e^{y}-x}$，它不是一阶线性微分方程. 但如果把 y 看作自变量，把 $x=x(y)$看作未知函数，则原方程变形为$\frac{dx}{dy}+\frac{1}{y}x=\frac{e^{y}}{y}$. 此方程是关于 y、y'的一阶线性微分方程，其中 $p(y)=\frac{1}{y}$，$Q(y)=\frac{e^{y}}{y}$. 将它们代入相应的通解公式，得

$$\begin{aligned}x&=e^{-\int\frac{1}{y}dy}\left(\int\frac{e^{y}}{y}e^{\int\frac{1}{y}dy}dy+C\right)=e^{-\ln y}\left(\int\frac{e^{y}}{y}e^{\ln y}dy+C\right)\\&=\frac{1}{y}\left(\int e^{y}dy+C\right)=\frac{e^{y}+C}{y}\quad(C\text{ 为任意常数}).\end{aligned}$$

当 $x=0$ 时 $y=1$，由此得 $C=-e$，故所求特解为 $xy=e^{y}-e$.

***例 6.5.3**　求微分方程 $y''+y'=x$ 的通解.

解　方法一：降阶法. 原方程可看作是不显含未知函数 y 的二阶微分方程，因此可用降阶法求解. 令 $y'=p(x)$，则 $y''=p'$. 将它们代入原方程，得

$$p'+p=x,$$

它是关于 p 的一阶线性微分方程，由求解公式，得

$$p=e^{-\int dx}\left(\int xe^{\int dx}dx+C_1\right)=e^{-x}\left(\int xe^{x}dx+C_1\right)$$

$$= e^{-x}(xe^x - e^x + C_1) = x - 1 + C_1 e^{-x} \quad (C_1\text{ 为任意常数}),$$

即

$$y' = x - 1 + C_1 e^{-x},$$

再对上式积分，得原方程的通解为

$$y = \frac{1}{2}x^2 - x + C_1 e^{-x} + C_2 \quad (C_1、C_2\text{ 为任意常数}).$$

方法二：特征根法. 原方程可看作是二阶常系数线性非齐次微分方程，因此可用特征根法求解. 所给微分方程的对应的齐次线性方程的特征方程为

$$r^2 + r = 0,$$

解方程得特征根为$r_1=0$，$r_2=-1$，故所求微分方程对应的齐次线性方程的通解为

$$Y = C_1 + C_2 e^{-x} \quad (C_1、C_2\text{ 为任意常数}).$$

又因为非齐次项 $f(x)=x=xe^{0x}$ 属于 $f(x)=P_m(x)e^{\lambda}$ 型(其中 $\lambda=0$，$m=1$)，所以原方程的特解可设为

$$y^* = x(Ax + B),$$

求导，得

$$(y^*)' = 2Ax + B, \quad (y^*)'' = 2A.$$

将 y^*、$(y^*)'$、$(y^*)''$代入原方程，整理得

$$2A + B + 2Ax = x,$$

比较两端同类项的系数，得

$$A = \frac{1}{2}, \quad B = -1,$$

即原方程的特解为

$$y^* = x\left(\frac{1}{2}x - 1\right),$$

故所求方程的通解为

$$y = Y + y^* = C_1 + C_2 e^{-x} + x\left(\frac{1}{2}x - 1\right) \quad (C_1、C_2\text{ 为任意常数}).$$

***例 6.5.4** 已知二阶可导函数 $y=f(x)$满足

$$f(x) = x^3 + 1 - x\int_0^x f(t)\mathrm{d}t + \int_0^x tf(t)\mathrm{d}t,$$

求 $f(x)$.

解 由于 $f(x) = x^3 + 1 - x\int_0^x f(t)\mathrm{d}t + \int_0^x tf(t)\mathrm{d}t$，所以

$$f'(x) = 3x^2 - \int_0^x f(t)\mathrm{d}t, \quad f''(x) = 6x - f(x),$$

即

$$y'' + y = 6x,$$

对应的特征方程为$r^2+1=0$，解得特征根为$r_{1,2}=\pm i$，则对应齐次方程的通解为

$$y = C_1\cos x + C_2\sin x \quad (C_1、C_2\text{ 为任意常数}),$$

又因为非齐次项 $6x$ 属于$P_m(x)e^{\lambda x}$型(其中 $\lambda=0$，$m=1$)，所以原方程的特解可设为

$$y^* = Ax + B,$$

则

$$(y^*)' = A,\quad (y^*)'' = 0.$$

将 y^*、$(y^*)''$代入方程 $(y^*)''+y^*=6x$，得 $Ax+B=6x$，对比系数，得 $A=6$，$B=0$，即 $y^*=6x$. 故微分方程 $y''+y=6x$ 的通解为

$$y = C_1\cos x + C_2\sin x + 6x \quad (C_1、C_2\text{ 为任意常数}).$$

将 $f(0)=1$，$f'(0)=0$ 代入上式，得 $C_1=1$，$C_2=-6$，于是

$$y = f(x) = \cos x - 6\sin x + 6x.$$

自 测 题 6

A 组(基础练习)

一、判断题

(　　)1. $\frac{\mathrm{d}y}{\mathrm{d}x}+\mathrm{e}^x=\frac{\mathrm{d}(y+\mathrm{e}^x)}{\mathrm{d}x}$是一阶微分方程.

(　　)2. 微分方程 $y'=\frac{x(1+y^2)}{y+x^2y}$满足初始条件 $y(0)=1$ 的特解是 $y^2=1+2x^2$.

(　　)3. 微分方程 $y''-\frac{y'}{x}=x\mathrm{e}^x$ 可用代换 $y'=p(x)$，$y''=\frac{\mathrm{d}p}{\mathrm{d}x}=p'$降为关于 p 的一阶微分方程.

(　　)4. 设 $y_1(x)$和 $y_2(x)$是二阶常系数齐次线性方程 $y''+ay'+by=0$ 的两个特解，则 $y=C_1y_1(x)+C_2y_2(x)$(C_1、C_2 是任意常数)是此微分方程的通解.

(　　)5. 微分方程 $y''-y'=\sin x$ 的特解可设为 $y=A\cos x+B\sin x$(A、B 是任意常数)

二、填空题

1. 微分方程$\left(\frac{\mathrm{d}y}{\mathrm{d}x}\right)^4+\frac{\mathrm{d}^2y}{\mathrm{d}x^2}+5y^3+2x^5=0$ 为______阶微分方程.

2. 微分方程 $y'''=8\sin 2x+6$ 的通解是____________________________.

3. 微分方程 $\mathrm{e}^x(\mathrm{e}^y-1)\mathrm{d}x+\mathrm{e}^y(\mathrm{e}^x+1)\mathrm{d}y=0$ 满足初始条件$y|_{x=0}=1$ 的特解是____.

4. 已知 $y=-\frac{1}{4}x\mathrm{e}^{-x}$是微分方程 $y''-2y'-3y=\mathrm{e}^{-x}$的一个特解，则该微分方程的通解为________________.

5. 通解为 $C_1\mathrm{e}^{-2x}+C_2\mathrm{e}^{3x}$的二阶常系数线性齐次微分方程是________________.

三、单项选择题

1. 给定一阶微分方程$\frac{\mathrm{d}y}{\mathrm{d}x}=2x$，下列结果正确的是(　　).

A. 通解为 $y=Cx^2$

B. 过点(1，4)的特解为 $y=x^2-15$

C. 满足 $\int_0^1 y\mathrm{d}x=2$ 的解为 $y=x^2+\frac{5}{3}$

D. 与直线 $y=2x+3$ 相切的解为 $y=x^2+1$

2. $y_1=\cos\omega x$，$y_2=3\cos\omega x$ 是微分方程 $y''+py=0$ 的两个解，则 $y=C_1y_1+C_2y_2$ 是

(　　)(其中 C_1、C_2 为任意常数).

A. 是方程的通解　　B. 不一定是方程的特解

C. 是方程的特解　　D. 是方程的解，但不是方程的通解

3. 微分方程 $(x+1)dy-[(x+1)^3+2y]dx=0$ 是(　　).

A. 可分离变量的微分方程　　B. 一阶齐次线性微分方程

C. 一阶非齐次线性微分方程　　D. 一阶非线性微分方程

4. 方程 $\frac{d^2y}{dx^2}=x^2+\cos x$ 的通解是(　　).

A. $y=\frac{x^4}{12}-\cos x+C_1x+C_2$　　B. $y=\frac{x^3}{12}-\cos x+C_1x+C_2$

C. $y=\frac{x^4}{12}+\cos x+C_1x+C_2$　　D. $y=\frac{x^4}{12}-\sin x+C_1x+C_2$

5. 微分方程 $y\ln x dx=x\ln y dy$ 满足初始条件 $y(1)=1$ 的特解是(　　).

A. $\ln^2x+\ln^2y=0$　　B. $\ln^2x+\ln^2y=1$

C. $\ln^2x=\ln^2y$　　D. $\ln^2x=\ln^2y+1$

6. 已知 $y^*=xe^{-x}$ 是一阶非齐次线性微分方程 $\frac{dy}{dx}+y=e^{-x}$ 的一个特解，则该微分方程的通解是(　　).

A. $y=e^{-x}(x+C)$　　B. $y=Cxe^{-x}$

C. $y=e^{-x}(C-x)$　　D. $y=e^x(x+C)$

7. 微分方程 $y''+4y'+4y=0$ 的两个线性无关的特解为(　　).

A. e^{2x} 与 e^{-2x}　　B. e^{-2x} 与 xe^{-2x}　　C. e^{2x} 与 $3e^{2x}$　　D. e^{2x} 与 $3e^{-2x}$

8. 下列函数不是微分方程 $y''+y'-2y=0$ 的解的是(　　).

A. $3e^{-2x}$　　B. $5e^x$

C. $\frac{3}{2}e^{-2x}-\frac{1}{4}e^x$　　D. $2e^x+4$

9. 微分方程 $y''-4y=0$ 的通解是(　　).

A. $y=C_1e^{2x}+C_2e^{-2x}$　　B. $y=(C_1+C_2x)e^{2x}$

C. $y=C_1+C_2e^{4x}$　　D. $y=C_1\cos 2x+C_2\sin 2x$

10. 微分方程 $y''+2y'+y=e^{-x}\cos x$ 的特解可设为 $y^*=$(　　).

A. $Ce^x\cos x$　　B. $e^{-x}(C_1\cos x+C_2\sin x)$

C. $xe^{-x}(C_1\cos x+C_2\sin x)$　　D. $x^2e^{-x}(C_1\cos x+C_2\sin x)$

四、计算题

1. 求微分方程 $y'=1+x+y^2+xy^2$ 的通解.

2. 求微分方程 $y'+y\cos x=e^{-\sin x}$ 的通解.

3. 求微分方程 $xydy+dx=y^2dx+ydy$ 满足初始条件 $y(0)=2$ 的特解.

4. 求微分方程 $2y''-3y'+y=0$ 满足初始条件 $y(1)=3$，$y'(1)=1$ 的特解.

5. 求微分方程 $y''+5y'+4y=3-2x$ 的通解.

五、应用题

求通过原点，并且在(x, y)处的切线斜率等于$2x+y$的曲线方程.

B 组(拓展练习)

一、判断题

(　　)1. 微分方程$xy'-y\ln y=0$通解是$y=e^{Cx}$.

(　　)2. $\frac{dy}{dx}+e^x=\frac{d(y+e^x)}{dx}$是一阶微分方程.

(　　)3. 微分方程$yy''-(y')^2=0$可用代换$y'=p(x)$，$y''=\frac{dp}{dx}=p'$降为关于p的一阶微分方程.

(　　)4. 微分方程$y''-3y'+2y=xe^x$的特征方程是$r^2-3r+2=0$.

(　　)5. 微分方程$y''+3y'+2y=e^{-2x}$的特解可设为$y^*=Axe^{-2x}$.

二、填空题

1. 微分方程$y''-2y'-y=0$的特征根是________________.

2. 微分方程$\frac{dy}{dx}=e^{2x-y}$满足初始条件$y|_{x=0}=0$的特解是________________.

3. 微分方程$\frac{dy}{dx}=-2xy+2xe^{-x^2}$满足初始条件$y|_{x=0}=1$的特解是________________.

4. 已知二阶常系数齐次线性微分方程的两个特征根为$r_1=5+3i$，$r_2=5-3i$，则此方程的通解为________________________.

5. 求二阶常系数非齐次线性微分方程$y''-6y'+9y=xe^{3x}$的一个特解y^*，可设$y^*=$________________.

三、单项选择题

1. 下列微分方程中，给出通解的选项是(　　).

A. $y'=\frac{x}{y}$，$y=x$　　　　B. $y'=\frac{x}{y}$，$x^2-y^2=C^2$

C. $y'=-\frac{x}{y}$，$y=\frac{C}{x}$　　　　D. $y'=\frac{x}{y}$，$x^2+y^2=1$

2. 方程$(3+2y)xdx+(x^2-2)dy=0$是(　　).

A. 只属于一阶线性微分方程

B. 只属于可分离变量型

C. 属于齐次微分方程

D. 既属于可分离变量型又属于一阶线性微分方程

3. 微分方程$\sin x\cos y dy+\cos x\sin y dx=0$的通解是(　　).

A. $\sin x\cos y=C$　　　　B. $\cos x\sin y=C$

C. $\sin x\sin y=C$　　　　D. $\cos x\cos y=C$

4. 微分方程$x\frac{dy}{dx}=y+x^3$的通解为(　　).

A. $y=\frac{x^3}{4}+\frac{C}{x}$　　　　B. $y=\frac{x^3}{2}+Cx$

C. $y=\frac{x^3}{3}+C$　　D. $y=\frac{x^3}{4}+Cx$

5. 下列方程中，可用代换 $y'=p(x)$，$p'=y''$降为关于 p 的一阶微分方程的是(　　).

A. $(y'')^2+xy'-x=0$　　B. $(y'')^2+yy'-y^2=0$

C. $(y'')^2+x^2y'-y^2x=0$　　D. $(y'')^2+yy'+x=0$

6. 函数 $y(x)$满足微分方程 $\cos^2 xy'+y=\tan x$，且当 $x=\frac{\pi}{4}$时，$y=0$，则当 $x=0$ 时，$y=$(　　).

A. $\frac{\pi}{4}$　　B. $-\frac{\pi}{4}$　　C. -1　　D. 1

7. 设 y_1、y_2 为二阶常系数线性齐次微分方程的解，那么 $y=C_1y_1+C_2y_2$(C_1、C_2 为任意常数)是此方程的(　　).

A. 全部解　　B. 解　　C. 通解　　D. 特解

8. 微分方程 $y''-5y'+6y=0$ 的通解为(　　).

A. $y=C_1\mathrm{e}^{-2x}+C_2\mathrm{e}^{3x}$　　B. $y=C_1\mathrm{e}^{2x}+C_2\mathrm{e}^{-3x}$

C. $y=C_1\mathrm{e}^{-2x}+C_2\mathrm{e}^{-3x}$　　D. $y=C_1\mathrm{e}^{2x}+xC_2\mathrm{e}^{3x}$

9. 下列方程中，通解为 $y=C_1\mathrm{e}^x+C_2x\mathrm{e}^x$ 的微分方程是(　　).

A. $y''-2y'+y=0$　　B. $y''+2y'+y=1$

C. $y'+y=0$　　D. $y'-y=0$.

10. 微分方程 $y''-2y'=x^2$ 的待定特解可设为(　　).

A. $y^*=x(Ax^2+Bx)$　　B. $y^*=x(Ax^2+Bx+C)$

C. $y^*=Ax^2+Bx+C$　　D. $y^*=x^2(Ax^2+Bx+C)$

四、计算题

1. 求微分方程 $y(1+x^2)\mathrm{d}y+x(1+y^2)\mathrm{d}x=0$ 满足初始条件 $y(1)=1$ 的特解.

2. 求微分方程 $xy'=y(1+\ln y-\ln x)$的通解.

3. 求微分方程 $xy'+y=x\mathrm{e}^x$ 的通解.

4. 求微分方程 $y''-2y'+5y=0$ 的通解.

5. 求微分方程 $y''-4y'=5$ 满足初始条件 $y(0)=1$，$y'(0)=0$ 的特解.

五、应用题

已知某商品的需求价格弹性为$\frac{\mathrm{d}Q}{\mathrm{d}P}=-P(\ln P+1)$，且当 $P=1$ 时，需求量 $Q=1$，试求商品对价格的需求函数.

自测题 6 参考答案

阅 读 资 料

微分方程的起源与发展

随着微积分的建立，微分方程的理论差不多也发展起来. 常微分方程最早的著作出现在数学家们彼此的通信中，而且通信中所提到的解法可能仅仅是对某个特例的说明. 所以现在很难确切地说是谁首先得到某些概念或结论的.

自 1693 年微分方程的概念提出以来，其起源和发展经过了漫长的过程，填补了数学史上的一大空缺，成为逻辑思想的重要组成部分，并且向着更深层次的方向发展. 300 年来，常微分方程诞生于数学与自然科学(物理学、力学等)进行崭新结合的 16、17 世纪，成长于生产实践和数学的发展进程，表现出强大的生命力和活力，蕴含着丰富的数学思想方法.

常微分方程雏形的出现甚至比微积分的发明还早. 纳皮尔发明对数、伽利略研究自由落体运动、笛卡儿在光学问题中由切线性质定出镜面的形状等，实际上都需要建立和求解微分方程. 牛顿和莱布尼茨在建立微积分方程与积分运算时就指出了它们的互逆性，实际上是解决了最简单的微分方程 $y'=f(x)$的求解问题.

源自古希腊的理性精神认为自然界运动是服从一定的客观规律的，而且这种规律可用数学语言表述出来，即抽象为某种数学结构，其结果往往形成一个微分方程. 一旦求出其解或研究清楚其动力学行为，运动规律就一目了然了. 牛顿研究天体力学和机械力学的时候，利用了微分方程这个工具，从理论上得到了行星运动规律. 后来，英国天文学家亚当斯和法国天文学家勒维烈使用微分方程各自计算出那时还未发现的海王星的位置. 这些都使人们更加深信微分方程在认识自然、改造自然方面的巨大力量.

这个时期微分方程的巨大作用体现在海王星的发现，正是由于对微分方程的求解才找到了海王星这颗行星. 1781 年发现天王星后，人们注意到它所在的位置总是和根据万有引力定律计算出来的结果不符. 于是有人怀疑万有引力定律的正确性，但也有人认为这可能是受另外一颗尚未发现的行星吸引所致. 当时虽有不少人相信后一种假设，但却缺乏去寻找这颗未知行星的办法和勇气. 只有一位年方 23 岁的英国剑桥大学的学生亚当斯承担了这项任务. 他利用万有引力定律和对天王星的观测资料建立起微分方程，来求解和推算这颗未知行星的轨道. 1843 年 10 月 21 日，他把计算结果寄给格林威治天文台台长艾利，但艾利不相信“小人物”的成果，置之不理. 两年后，法国青年勒维烈也开始从事这项研究. 1846 年 9 月 18 日，他把计算结果告诉了柏林天文台助理员加勒. 23 日晚，加勒果然在勒维烈预言的位置上发现了海王星.

随着微分方程理论的逐步完善，微分方程的应用范围越来越广泛. 比如经济分析、营销决策、金融和保险等社会科学领域，以及自动控制、工程技术、弹道计算、飞机和导弹飞行稳定性的研究、化学反应过程稳定性的研究等自然科学领域. 微分方程不仅可以描述某些实际问题的演化，而且可以明确解释自然界中许多自然现象产生的原因. 只要利用这些规律列出微分方程，建立数学模型，就可以精确地表述事物变化过程中所遵循的基本规律.

*第7章 无穷级数

学习目标

○ 知识学习目标

1. 正确理解和掌握无穷级数、正项级数、任意项级数、幂级数的概念及其性质；

2. 能熟练判断正项级数、任意项级数、幂级数的敛散性，并会求幂级数的收敛区间和收敛域；

3. 能将一些简单函数间接展开成幂级数.

○ 能力培养目标

1. 会用无穷级数的思想、概念和方法消化吸收经济问题中的概念与原理；

2. 会利用无穷级数解决一些简单的经济应用问题.

无穷级数是高等数学的重要组成部分，它在研究函数性质及进行数值计算方面有着广泛的应用. 本章先介绍常数项级数的概念、性质及其敛散性的判定方法，然后讨论幂级数以及将函数展开成幂级数的问题.

7.1 常数项级数的概念和性质

在初等数学中，我们讨论过一个数列的前有限项相加的问题，比如我们非常熟悉的等差数列和等比数列的前 n 项求和，但在实际应用和理论研究中还常常会遇到无限项求和的问题.

引例 7.1.1【资金划拨】 某集团公司拟将 10 万元资金划入某职业学院，作为学院的奖励基金. 在保证资金一年内基本到位的情况下，双方约定采取以下方式划拨款项：第一个月划拨总额的$\frac{1}{2}$给学院，即$\frac{A}{2}$(A=10 万元)，第二个月再支付余额的$\frac{1}{2}$给学院，那么学院已收到资金数为$\frac{A}{2}+\frac{A}{2^2}$，第三个月再支付余额的$\frac{1}{2}$给学院，这时学院已收到资金数为$\frac{A}{2}+\frac{A}{2^2}+\frac{A}{2^3}$，以此类推，第 n 个月学院收到的资金数应为

$$\frac{A}{2}+\frac{A}{2^2}+\frac{A}{2^3}+\cdots+\frac{A}{2^n}=A\left(\frac{1}{2}+\frac{1}{2^2}+\frac{1}{2^3}+\cdots+\frac{1}{2^n}\right)=A\left(1-\frac{1}{2^n}\right),$$

如果 n 无限增大，和$\frac{A}{2}+\frac{A}{2^2}+\frac{A}{2^3}+\cdots+\frac{A}{2^n}$的极限就是 A，即

$$\lim_{n\to\infty}\left(\frac{A}{2}+\frac{A}{2^2}+\frac{A}{2^3}+\cdots+\frac{A}{2^n}\right)=\lim_{n\to\infty}A\left(1-\frac{1}{2^n}\right)=A.$$

问题分析　这个问题的实质上属于无穷数列的求和问题.

解决像引例 7.1.1 这类问题，需要具备新的数学能力——无穷级数的求解能力.

为了方便讨论无限多个数依次相加的问题，下面引入级数的概念.

7.1.1　常数项级数的概念

1. 常数项级数的定义

定义 7.1.1　设给定一个数列 $\{u_n\}$：u_1，u_2，…，u_n，…，则由该数列构成的表达式

$$u_1+u_2+\cdots+u_n+\cdots$$

称为(常数项)无穷级数，简称(常数项)级数，记作 $\sum\limits_{n=1}^{\infty}u_n$，即

$$\sum_{n=1}^{\infty}u_n=u_1+u_2+\cdots+u_n+\cdots, \tag{7.1.1}$$

其中第 n 项 u_n 称为级数(7.1.1)的一般项或通项.

注　上述无穷级数的定义只是从形式上表达了无穷多个数的和，至于这个和式是否一定有意义以及在什么情况下这个和式才有意义都是不明确的. 为了进一步明确这个和式的意义，可以从无穷级数的前 n 项和出发，观察它们的变化趋势，由此来理解无穷多个数量相加的含义. 这里，首先引入一个级数的“部分和数列”的概念，因为任意有限个数的和是可以完全确定的，这样就可以通过考察无穷级数的前 n 项和的变化趋势来认识这个级数.

2. 级数的部分和数列

定义 7.1.2　级数 $\sum\limits_{n=1}^{\infty}u_n$ 的前 n 项之和

$$s_n=u_1+u_2+\cdots+u_n=\sum_{k=1}^{n}u_k$$

称为该级数的前 n 项部分和，简称级数的部分和. 当 n 依次取 1，2，3，…时，得到一个新的数列

$$s_1=u_1,\ s_2=u_1+u_2,\ s_3=u_1+u_2+u_3,\ \cdots,\ s_n=u_1+u_2+u_3+\cdots+u_n,$$

称这个得到的新数列为该级数的部分和数列 $\{s_n\}$. 根据这个数列的极限是否存在，可以引入无穷级数(7.1.1)的收敛与发散的概念.

3. 级数的收敛与发散

定义 7.1.3　如果级数 $\sum\limits_{n=1}^{\infty}u_n$ 的部分和数列 $\{s_n\}$ 有极限 s，即 $\lim\limits_{n\to\infty}s_n=s$（$s$ 为有限常数），则称级数 $\sum\limits_{n=1}^{\infty}u_n$ 收敛，并把极限 s 称为该级数的和，记作

$$\sum_{n=1}^{\infty}u_n=u_1+u_2+\cdots+u_n+\cdots=s,$$

如果 $\{s_n\}$ 没有极限，则称级数 $\sum\limits_{n=1}^{\infty}u_n$ 发散，即它的和不存在.

显然，当级数 $\sum_{n=1}^{\infty} u_n$ 收敛时，其部分和 s_n 是级数的和 s 的近似值，它们之间的差值 $s-s_n$ 称为级数的余项，记作 r_n，即

$$r_n = s - s_n = u_{n+1} + u_{n+2} + \cdots,$$

用近似值 s_n 代替和 s 所产生的误差为 $|r_n|$.

由定义 7.1.3 可知，级数与部分和数列的极限有着紧密的联系. 自然地，无穷级数的和的问题可归结为部分和数列 $\{s_n\}$ 的极限问题.

例题讲解

例 7.1.1 判定级数 $\frac{1}{1\cdot 2}+\frac{1}{2\cdot 3}+\frac{1}{3\cdot 4}+\cdots+\frac{1}{n\cdot(n+1)}+\cdots$ 的敛散性，若收敛，求其和.

解 由于 $u_n=\frac{1}{n\cdot(n+1)}=\frac{1}{n}-\frac{1}{n+1}$，因此

$$\begin{aligned} s_n &= \frac{1}{1\cdot 2}+\frac{1}{2\cdot 3}+\frac{1}{3\cdot 4}+\cdots+\frac{1}{n\cdot(n+1)} \\ &= \left(1-\frac{1}{2}\right)+\left(\frac{1}{2}-\frac{1}{3}\right)+\left(\frac{1}{3}-\frac{1}{4}\right)+\cdots+\frac{1}{n}-\frac{1}{n+1} \\ &= 1-\frac{1}{n+1}. \end{aligned}$$

由 $\lim\limits_{n\to\infty} s_n=\lim\limits_{n\to\infty}\left(1-\frac{1}{n+1}\right)=1$，可知题设级数收敛，其和为 1.

例 7.1.2 讨论等比级数(也称为几何级数)

$$\sum_{n=1}^{\infty} aq^{n-1} = a + aq + aq^2 + \cdots + aq^{n-1} + \cdots$$

的敛散性，其中 $a\neq 0$.

解 (1) 如果 $|q|\neq 1$，则等比级数的部分和为

$$s_n = a + aq + aq^2 + \cdots + aq^{n-1} = \frac{a}{1-q}(1-q^n).$$

当 $|q|<1$ 时，$\lim\limits_{n\to\infty} q^n=0$，由 $\lim\limits_{n\to\infty} s_n=\lim\limits_{n\to\infty}\frac{a}{1-q}(1-q^n)=\frac{a}{1-q}$，知该级数收敛，其和为 $\frac{a}{1-q}$.

当 $|q|>1$ 时，$\lim\limits_{n\to\infty} q^n=\infty$，由 $\lim\limits_{n\to\infty} s_n=\infty$，知该级数发散.

(2) 如果 $|q|=1$，则 $q=\pm 1$.

当 $q=1$ 时，由 $\lim\limits_{n\to\infty} s_n=\lim\limits_{n\to\infty}(a+a+\cdots+a)=\lim\limits_{n\to\infty} na=\infty$，知该级数发散.

当 $q=-1$ 时，$s_n=\begin{cases} 0, & \text{当 } n \text{ 为偶数时} \\ a, & \text{当 } n \text{ 为奇数时} \end{cases}$，由 $\lim\limits_{n\to\infty} s_n$ 不存在，知该级数发散.

综上所述，级数 $\sum_{n=1}^{\infty} aq^{n-1}$ 在 $|q|<1$ 时收敛，其和为 $\frac{a}{1-q}$，在 $|q|\geq 1$ 时发散.

例 7.1.3 证明：调和级数

$$\sum_{n=1}^{\infty}\frac{1}{n}=\frac{1}{1}+\frac{1}{2}+\frac{1}{3}+\cdots+\frac{1}{n}+\cdots$$

发散.

证 考虑函数 $f(x)=\frac{1}{x}$，当 $n\leqslant x\leqslant n+1$ 时，$\frac{1}{n}\geqslant\frac{1}{x}$，两边积分，得

$$\frac{1}{n}=\int_n^{n+1}\frac{1}{n}\mathrm{d}x\geqslant\int_n^{n+1}\frac{1}{x}\mathrm{d}x=\ln(n+1)-\ln n,$$

从而

$$s_n=\frac{1}{1}+\frac{1}{2}+\frac{1}{3}+\cdots+\frac{1}{n}\geqslant(\ln 2-\ln 1)+(\ln 3-\ln 2)+\cdots+(\ln(n+1)-\ln n)$$
$$=\ln(n+1).$$

因为 $\lim\limits_{n\to\infty}\ln(n+1)=\infty$，结合上式知调和级数 $\sum\limits_{n=1}^{\infty}\frac{1}{n}$ 发散.

4. *p*-级数

定义 7.1.4 级数 $\sum\limits_{n=1}^{\infty}\frac{1}{n^p}=1+\frac{1}{2^p}+\frac{1}{3^p}+\cdots+\frac{1}{n^p}+\cdots$ 称为 p-级数，其中 $p>0$. 当 $p=1$ 时，即为调和级数.

对于 p-级数的敛散性有如下结论：

(1) 当 $p>1$ 时，p-级数 $\sum\limits_{n=1}^{\infty}\frac{1}{n^p}$ 收敛；

(2) 当 $p\leqslant 1$ 时，p-级数 $\sum\limits_{n=1}^{\infty}\frac{1}{n^p}$ 发散.

例 7.1.4 判定下列级数的敛散性：

(1) $\sum\limits_{n=1}^{\infty}\frac{1}{\sqrt{\sqrt{n}}}$；　　(2) $\sum\limits_{n=1}^{\infty}\frac{1}{n\sqrt[3]{n}}$.

解 (1) $\sum\limits_{n=1}^{\infty}\frac{1}{\sqrt{\sqrt{n}}}$ 的通项 $u_n=\frac{1}{\sqrt{\sqrt{n}}}=\frac{1}{n^{\frac{1}{4}}}$，而级数 $\sum\limits_{n=1}^{\infty}\frac{1}{n^{\frac{1}{4}}}$ 是 $p=\frac{1}{4}$ 的 p-级数，所以题设级数发散.

(2) $\sum\limits_{n=1}^{\infty}\frac{1}{n\sqrt[3]{n}}$ 的通项 $u_n=\frac{1}{n\sqrt[3]{n}}=\frac{1}{n^{\frac{4}{3}}}$，而级数 $\sum\limits_{n=1}^{\infty}\frac{1}{n^{\frac{4}{3}}}$ 是 $p=\frac{4}{3}$ 的 p-级数，所以题设级数收敛.

7.1.2 收敛级数的性质

根据无穷级数收敛、发散以及和的概念，可以得出收敛级数的下列几个基本性质.

性质 1(级数收敛的必要条件) 若级数 $\sum\limits_{n=1}^{\infty}u_n$ 收敛，则它的一般项 u_n 趋于零，即 $\lim\limits_{n\to\infty}u_n=0$.

证 假设 $\sum\limits_{n=1}^{\infty}u_n=s$，则 $\lim\limits_{n\to\infty}u_n=\lim\limits_{n\to\infty}(s_n-s_{n-1})=\lim\limits_{n\to\infty}s_n-\lim\limits_{n\to\infty}s_{n-1}=s-s=0$.

注 由性质 1 知，如果级数的一般项 u_n 不趋于零，则该级数一定发散. 例如级数

$$\frac{1}{2}+\frac{2}{3}+\frac{3}{4}+\cdots+\frac{n}{n+1}+\cdots,$$

因为$\lim\limits_{n\to\infty}u_n=\lim\limits_{n\to\infty}\frac{n}{n+1}=1\neq 0$，所以该级数是发散的.

性质 2 若级数 $\sum\limits_{n=1}^{\infty}u_n$ 收敛于 s，c 为一常数，则级数 $\sum\limits_{n=1}^{\infty}cu_n$ 也收敛，且

$$\sum_{n=1}^{\infty}cu_n = c\sum_{n=1}^{\infty}u_n = cs.$$

证 设级数 $\sum\limits_{n=1}^{\infty}u_n$ 和 $\sum\limits_{n=1}^{\infty}cu_n$ 的部分和分别为 s_n 和 τ_n，则

$$\tau_n = cu_1 + cu_2 + \cdots + cu_n = cs_n,$$

于是

$$\lim_{n\to\infty}\tau_n = \lim_{n\to\infty}cs_n = cs,$$

即

$$\sum_{n=1}^{\infty}cu_n = c\sum_{n=1}^{\infty}u_n = cs.$$

推论 当常数 $c\neq 0$ 时，级数 $\sum\limits_{n=1}^{\infty}u_n$ 与 $\sum\limits_{n=1}^{\infty}cu_n$ 有相同的敛散性.

性质 3 若级数 $\sum\limits_{n=1}^{\infty}u_n$ 和级数 $\sum\limits_{n=1}^{\infty}v_n$ 分别收敛于 s 和 t，则级数 $\sum\limits_{n=1}^{\infty}(u_n \pm v_n)$ 也收敛，且

$$\sum_{n=1}^{\infty}(u_n \pm v_n) = \sum_{n=1}^{\infty}u_n \pm \sum_{n=1}^{\infty}v_n = s \pm t.$$

证 设级数 $\sum\limits_{n=1}^{\infty}u_n$、$\sum\limits_{n=1}^{\infty}v_n$ 和 $\sum\limits_{n=1}^{\infty}(u_n \pm v_n)$ 的部分和分别为 s_n、τ_n 和 σ_n，则

$$\begin{aligned}\sigma_n &= (u_1 \pm v_1) + (u_2 \pm v_2) + \cdots + (u_n \pm v_n)\\ &= (u_1 + u_2 + \cdots + u_n) \pm (v_1 + v_2 \cdots + v_n) = s_n \pm \tau_n,\end{aligned}$$

从而

$$\lim_{n\to\infty}\sigma_n = \lim_{n\to\infty}(s_n \pm \tau_n) = \lim_{n\to\infty}s_n \pm \lim_{n\to\infty}\tau_n = s \pm t,$$

即

$$\sum_{n=1}^{\infty}(u_n \pm v_n) = \sum_{n=1}^{\infty}u_n \pm \sum_{n=1}^{\infty}v_n.$$

注 性质 3 也可以说成：收敛级数可以逐项相加或逐项相减.

推论 一个收敛级数与一个发散级数的和或差一定是发散级数.

性质 4 在级数 $\sum\limits_{n=1}^{\infty}u_n$ 的前面部分去掉或添加有限项，不会改变级数 $\sum\limits_{n=1}^{\infty}u_n$ 的敛散性，但一般会改变级数的和.

注 性质 4 也可以说成：在级数中去掉或添加有限项，不改变级数的敛散性.

性质 5 若级数 $\sum\limits_{n=1}^{\infty}u_n$ 收敛，则在该级数中任意添加括号后所得的新级数仍收敛，且其和不变.

注 性质 5 也可以这样理解：收敛级数可任意添加括号. 但如果加括号后所成的级数收敛，则不能断言没加括号前原来的级数也收敛.

例题讲解

例 7.1.5　判定下列级数的敛散性：

(1) $\sum\limits_{n=0}^{\infty}\frac{2^{n+1}}{3^n}$；　　(2) $\sum\limits_{n=0}^{\infty}\frac{4^n-2^n}{9^n}$；

(3) $\sum\limits_{n=1}^{\infty}\frac{2}{n\sqrt{n}}$；　　(4) $\sum\limits_{n=1}^{\infty}\frac{1}{n+2}$.

解　(1) 级数的通项 $u_n=\frac{2^{n+1}}{3^n}$ 可化为 $2\left(\frac{2}{3}\right)^n$，而级数 $\sum\limits_{n=0}^{\infty}\left(\frac{2}{3}\right)^n$ 是公比为 $q=\frac{2}{3}$ 的收敛等比(几何)级数，由性质 2 知，题设级数收敛.

(2) 级数的通项可化为 $u_n=\frac{4^n-2^n}{9^n}=\left(\frac{4}{9}\right)^n-\left(\frac{2}{9}\right)^n$，而级数 $\sum\limits_{n=0}^{\infty}\left(\frac{4}{9}\right)^n$ 和 $\sum\limits_{n=0}^{\infty}\left(\frac{2}{9}\right)^n$ 均为收敛的等比(几何)级数，由性质 3 知，题设级数收敛.

(3) 级数的通项可化为 $u_n=\frac{2}{n\sqrt{n}}=\frac{2}{n^{\frac{3}{2}}}$，而级数 $\sum\limits_{n=1}^{\infty}\frac{1}{n^{\frac{3}{2}}}$ 是 $p=\frac{3}{2}$ 的 p-级数，所以级数 $\sum\limits_{n=1}^{\infty}\frac{1}{n^{\frac{3}{2}}}$ 收敛，由性质 2 知，题设级数收敛.

(4) 级数 $\sum\limits_{n=1}^{\infty}\frac{1}{n+2}$ 是调和级数去掉前两项，由性质 4 知，题设级数发散.

例 7.1.6　讨论级数 $\sum\limits_{n=1}^{\infty}\left(1+\frac{2}{n}\right)^n$ 的敛散性.

解　因为 $\lim\limits_{n\to\infty}u_n=\lim\limits_{n\to\infty}\left(1+\frac{2}{n}\right)^n=\mathrm{e}^2\neq 0$，即 $\sum\limits_{n=1}^{\infty}\left(1+\frac{2}{n}\right)^n$ 不满足级数收敛的必要条件，所以题设级数发散.

【习题 7.1】

1. 已知级数 $\sum\limits_{n=1}^{\infty}u_n$ 的部分和为 $s_n=\frac{5n+1}{2n}$，求 u_1、u_2 和 u_n，并判定级数的敛散性.

2. 判别下列级数的敛散性：

(1) $\sum\limits_{n=1}^{\infty}\frac{1}{\sqrt[n]{3}}$；　　(2) $\sum\limits_{n=1}^{\infty}\frac{1}{n^2}$；　　(3) $\sum\limits_{n=1}^{\infty}\frac{3}{n(n+2)}$；

(4) $\sum\limits_{n=1}^{\infty}\frac{3n^n}{(1+n)^n}$；　　(5) $\sum\limits_{n=1}^{\infty}\frac{n}{6n+2}$；　　(6) $\sum\limits_{n=1}^{\infty}\frac{2^n+3^n}{5^n}$.

习题 7.1 参考答案

7.2　常数项级数的审敛法

判定一个级数的敛散性之所以成为研究级数的重要内容之一，是因为无穷级数只有在收敛时才有意义. 虽然利用级数收敛与发散的定义可以判断级数的收敛性，但并非易事，因此建立级数敛散性的判别方法很有必要. 由于许多级数的收敛性问题都可归结为正项级数的收敛性问题，于是下面就先来讨论正项级数的审敛法.

7.2.1 正项级数及其审敛法

定义 7.2.1 如果级数 $\sum\limits_{n=1}^{\infty} u_n$ 的各项 $u_n \geqslant 0 (n=1, 2, 3, \cdots)$，则称 $\sum\limits_{n=1}^{\infty} u_n$ 为正项级数.

例如，级数 $\sum\limits_{n=1}^{\infty} \frac{1}{2^n} = \frac{1}{2} + \frac{1}{2^2} + \cdots + \frac{1}{2^n} + \cdots$ 和 $\sum\limits_{n=1}^{\infty} \frac{1}{n} = 1 + \frac{1}{2} + \frac{1}{3} + \cdots + \frac{1}{n} + \cdots$ 都是正项级数.

对于正项级数，由于其部分和数列 $\{s_n\}$ 满足

$$s_{n+1} - s_n = u_{n+1} \quad (n = 1, 2, 3, \cdots),$$

所以 $\{s_n\}$ 是单调增加的，从而有下面一个重要定理.

定理 7.2.1 正项级数 $\sum\limits_{n=1}^{\infty} u_n$ 收敛的充分必要条件是它的部分和数列 $\{s_n\}$ 有界.

根据定理 7.2.1，可以给出判断正项级数敛散性的几个常用方法.

1. 比较审敛法

定理 7.2.2 设有两个正项级数 $\sum\limits_{n=1}^{\infty} u_n$ 和 $\sum\limits_{n=1}^{\infty} v_n$，且

$$u_n \leqslant v_n \quad (n = 1, 2, 3, \cdots),$$

则当级数 $\sum\limits_{n=1}^{\infty} v_n$ 收敛时，级数 $\sum\limits_{n=1}^{\infty} u_n$ 收敛；当级数 $\sum\limits_{n=1}^{\infty} u_n$ 发散时，级数 $\sum\limits_{n=1}^{\infty} v_n$ 发散.

注 ① 从直观上讲，比较审敛法说明：比收敛级数“小”的级数收敛；而比发散级数更“大”的级数发散. 反之，无法作出判定.

② 应用比较审敛法判定正项级数的敛散性，需要一些敛散性已知的级数作为“标杆级数”，常用的是等比(几何)级数、调和级数和 p-级数，因此务必要记住它们的敛散性.

例题讲解

例 7.2.1 判定下列正项级数的敛散性：

(1) $\sum\limits_{n=1}^{\infty} \frac{1}{2^n + 1}$；　　(2) $\sum\limits_{n=1}^{\infty} \frac{1}{2n-1}$.

解 (1) 因为 $0 < \frac{1}{2^n+1} < \frac{1}{2^n}$，而等比(几何)级数 $\sum\limits_{n=1}^{\infty} \frac{1}{2^n}$ 收敛，所以题设级数 $\sum\limits_{n=1}^{\infty} \frac{1}{2^n + 1}$ 收敛.

(2) 因为 $\frac{1}{2n-1} > \frac{1}{2n}$，而级数 $\sum\limits_{n=1}^{\infty} \frac{1}{2n} = \sum\limits_{n=1}^{\infty} \frac{1}{2} \cdot \frac{1}{n}$ 发散，所以题设级数 $\sum\limits_{n=1}^{\infty} \frac{1}{2n-1}$ 发散.

比较审敛法是判别正项级数的敛散性的重要方法，其关键是利用一些敛散性已知的级数与题设级数之间建立适当的不等关系，而这点通常也是一个难点. 下面介绍的比较审敛法的极限形式在应用上更方便有效.

定理 7.2.3(比较审敛法的极限形式)　设 $\sum_{n=1}^{\infty}u_n$ 和 $\sum_{n=1}^{\infty}v_n$ 都是正项级数，如果

$$\lim_{n\to\infty}\frac{u_n}{v_n}=l\quad(0<l<+\infty),$$

则级数 $\sum_{n=1}^{\infty}u_n$ 和 $\sum_{n=1}^{\infty}v_n$ 同时收敛或同时发散.

注　① 当 $\lim\limits_{n\to\infty}\frac{u_n}{v_n}=0$ 时，若 $\sum_{n=1}^{\infty}v_n$ 收敛，则 $\sum_{n=1}^{\infty}u_n$ 收敛；若 $\sum_{n=1}^{\infty}u_n$ 发散，则 $\sum_{n=1}^{\infty}v_n$ 发散.

② 类似地，当 $l=+\infty$ 时，若 $\sum_{n=1}^{\infty}u_n$ 收敛，则 $\sum_{n=1}^{\infty}v_n$ 收敛；若 $\sum_{n=1}^{\infty}v_n$ 发散，则 $\sum_{n=1}^{\infty}u_n$ 发散.

例题讲解

例 7.2.2　判定正项级数 $\sum_{n=1}^{\infty}\frac{1}{2^n-1}$ 的敛散性.

解　因为 $\lim\limits_{n\to\infty}\frac{1}{2^n-1}/\frac{1}{2^n}=1$，即级数 $\sum_{n=1}^{\infty}\frac{1}{2^n-1}$ 与 $\sum_{n=1}^{\infty}\frac{1}{2^n}$ 具有相同的敛散性. 而级数 $\sum_{n=1}^{\infty}\frac{1}{2^n}$ 是收敛的等比级数，所以级数 $\sum_{n=1}^{\infty}\frac{1}{2^n-1}$ 收敛.

例 7.2.3　判定下列正项级数的敛散性：

(1) $\sum_{n=1}^{\infty}\ln\left(1+\frac{1}{n^2}\right)$；　　(2) $\sum_{n=1}^{\infty}\frac{n+1}{2n^3-n^2-1}$.

解　(1) 易知 $\ln\left(1+\frac{1}{n^2}\right)\sim\frac{1}{n^2}(n\to\infty)$，因为 $\lim\limits_{n\to\infty}\frac{\ln\left(1+\frac{1}{n^2}\right)}{\frac{1}{n^2}}=1$，而级数 $\sum_{n=1}^{\infty}\frac{1}{n^2}$ 收敛，所以题设级数收敛.

(2) 因为 $\lim\limits_{n\to\infty}\frac{\frac{n+1}{2n^3-n^2-1}}{\frac{1}{n^2}}=\frac{1}{2}$，而级数 $\sum_{n=1}^{\infty}\frac{1}{n^2}$ 收敛，所以题设级数收敛.

2. 比值审敛法

定理 7.2.4(达朗贝尔判别法)　设 $\sum_{n=1}^{\infty}u_n$ 为正项级数，且

$$\lim_{n\to\infty}\frac{u_{n+1}}{u_n}=\rho,$$

则当 $\rho<1$ 时，级数 $\sum_{n=1}^{\infty}u_n$ 收敛；当 $\rho>1\left(或\lim\limits_{n\to\infty}\frac{u_{n+1}}{u_n}=+\infty\right)$时，级数 $\sum_{n=1}^{\infty}u_n$ 发散；当 $\rho=1$ 时，级数 $\sum_{n=1}^{\infty}u_n$ 可能收敛也可能发散.

注　当 $\rho=1$ 时不能确定级数的敛散性，需要用其他方法进行判定. 例如，对于 p-级

数 $\sum\limits_{n=1}^{\infty}\frac{1}{n^p}$，无论 p 为何值，都有 $\lim\limits_{n\to\infty}\frac{u_{n+1}}{u_n}=\lim\limits_{n\to\infty}\frac{1}{(n+1)^p}\cdot n^p=1$，但 p-级数在 $p>1$ 时收敛，在 $p\leqslant 1$ 时发散. 因此，比值审敛法对 p-级数失效.

例题讲解

例 7.2.4 判定下列正项级数的敛散性：

(1) $\sum\limits_{n=1}^{\infty}\frac{n!}{10^n}$； (2) $\sum\limits_{n=1}^{\infty}\frac{n^n}{3^n\cdot n!}$.

解 (1) 因为 $\lim\limits_{n\to\infty}\frac{u_{n+1}}{u_n}=\lim\limits_{n\to\infty}\frac{(n+1)!}{10^{n+1}}\cdot\frac{10^n}{n!}=\lim\limits_{n\to\infty}\frac{n+1}{10}=+\infty$，所以题设级数发散.

(2) 因为 $\lim\limits_{n\to\infty}\frac{u_{n+1}}{u_n}=\lim\limits_{n\to\infty}\frac{(n+1)^{n+1}}{3^{n+1}(n+1)!}\frac{3^n\cdot n!}{n^n}=\lim\limits_{n\to\infty}\frac{1}{3}\left(1+\frac{1}{n}\right)^n=\frac{\mathrm{e}}{3}<1$，所以题级数收敛.

例 7.2.5 判定级数 $\sum\limits_{n=1}^{\infty}\frac{1}{(n+1)\cdot(n+2)}$ 的敛散性.

解 因为 $\lim\limits_{n\to\infty}\frac{u_{n+1}}{u_n}=\lim\limits_{n\to\infty}\frac{(n+1)\cdot(n+2)}{(n+1+1)\cdot(n+1+2)}=1$，所以不能用比值审敛法判别题设级数的敛散性，改用极限形式的比较审敛法.

由 $\lim\limits_{n\to\infty}\frac{\frac{1}{(n+1)(n+2)}}{\frac{1}{n^2}}=1$ 知，级数 $\sum\limits_{n=1}^{\infty}\frac{1}{(n+1)\cdot(n+2)}$ 与级数 $\sum\limits_{n=1}^{\infty}\frac{1}{n^2}$ 有相同的敛散性，而级数 $\sum\limits_{n=1}^{\infty}\frac{1}{n^2}$ 收敛，根据定理 7.2.2(比值审敛法的极限形式)知题设级数收敛.

注 当正项级数的通项中含有 $n!$ 时，用比值审敛法特别有效.

3. 根值审敛法

定理 7.2.5 设 $\sum\limits_{n=1}^{\infty}u_n$ 为正项级数，且

$$\lim_{n\to\infty}\sqrt[n]{u_n}=\rho,$$

则当 $\rho<1$ 时，级数 $\sum\limits_{n=1}^{\infty}u_n$ 收敛；当 $\rho>1$(或 $\lim\limits_{n\to\infty}\sqrt[n]{u_n}=+\infty$)时，级数 $\sum\limits_{n=1}^{\infty}u_n$ 发散；当 $\rho=1$ 时，级数 $\sum\limits_{n=1}^{\infty}u_n$ 可能收敛也可能发散.

例题讲解

例 7.2.6 判别下列级数的敛散性：

(1) $\sum\limits_{n=1}^{\infty}\left(1+\frac{1}{2n}\right)^{n^2}$； (2) $\sum\limits_{n=1}^{\infty}2^{-n-(-1)^n}$.

解 (1) 因为 $\lim\limits_{n\to\infty}\sqrt[n]{u_n}=\lim\limits_{n\to\infty}\sqrt[n]{\left(1+\frac{1}{2n}\right)^{n^2}}=\lim\limits_{n\to\infty}\left(1+\frac{1}{2n}\right)^n=\sqrt{\mathrm{e}}>1$，所以题设级数

$\sum\limits_{n=1}^{\infty}\left(1+\frac{1}{2n}\right)^{n^2}$ 发散.

(2) 因为$\lim\limits_{n\to\infty}\sqrt[n]{u_n}=\lim\limits_{n\to\infty}\sqrt[n]{2^{-n-(-1)^n}}=\lim\limits_{n\to\infty}2^{-1-\frac{(-1)^n}{n}}=\frac{1}{2}<1$，所以题设级数 $\sum\limits_{n=1}^{\infty}2^{-n-(-1)^n}$ 收敛.

注　当正项级数的通项中含有 a^n 或 n^n 时，用根值审敛法较为方便.

7.2.2　任意项级数及其审敛法

前面讨论的是正项级数敛散性的判别法，对于级数的各项或正或负或零的任意项级数，如何判定它们的敛散性呢？下面先讨论一种特殊的任意项级数——交错级数的判别法，然后再讨论一般的任意项级数.

1. 交错级数

定义 7.2.2　设 $u_n>0(n=1, 2, \cdots)$，则称

$$\sum_{n=1}^{\infty}(-1)^{n-1}u_n=u_1-u_2+u_3-u_4+\cdots+(-1)^{n-1}u_n+\cdots$$

或

$$\sum_{n=1}^{\infty}(-1)^{n}u_n=-u_1+u_2-u_3+u_4-\cdots+(-1)^{n}u_n+\cdots$$

为交错级数.

对于交错级数的敛散性，有下面的审敛法.

2. 交错级数审敛法

定理 7.2.6(莱布尼茨判别法)　如果交错级数 $\sum\limits_{n=1}^{\infty}(-1)^{n-1}u_n(u_n>0)$ 满足条件：

(1) $u_{n+1}\leqslant u_n(n=1, 2, \cdots)$；

(2) $\lim\limits_{n\to\infty}u_n=0$，

则交错级数 $\sum\limits_{n=1}^{\infty}(-1)^{n-1}u_n$ 收敛，且其和 $s\leqslant u_1$，余项 r_n 的绝对值 $|r_n|\leqslant u_{n+1}$.

注　如果定理 7.2.6 中的条件(2)不满足，即 $\lim\limits_{n\to\infty}u_n\neq 0$，则由级数收敛的必要条件知，交错级数也一定是发散的.

例题讲解

例 7.2.7　判定下列级数的敛散性：

(1) $\sum\limits_{n=1}^{\infty}(-1)^{n-1}\frac{1}{\sqrt{n}}$；　　(2) $\sum\limits_{n=1}^{\infty}(-1)^{n-1}\frac{n}{n+1}$；　　(3) $\sum\limits_{n=3}^{\infty}(-1)^{n-1}\frac{\ln n}{n}$.

解　(1) 级数 $\sum\limits_{n=1}^{\infty}(-1)^{n-1}\frac{1}{\sqrt{n}}$ 是交错级数，且满足条件：

$$u_{n+1}=\frac{1}{\sqrt{n+1}}<\frac{1}{\sqrt{n}}=u_n,$$

$$\lim_{n\to\infty}u_n = \lim_{n\to\infty}\frac{1}{\sqrt{n}} = 0,$$

由定理 7.2.6(莱布尼茨判别法)知，级数 $\sum_{n=1}^{\infty}(-1)^{n-1}\frac{1}{\sqrt{n}}$ 收敛.

(2) 因为 $\lim_{n\to\infty}u_n=\lim_{n\to\infty}\frac{n}{n+1}=1\neq 0$，所以题设级数发散.

(3) 题设级数 $\sum_{n=3}^{\infty}(-1)^{n-1}\frac{\ln n}{n}$ 为交错级数，$u_n=\frac{\ln n}{n}$. 为了说明级数是否满足莱布尼茨判别法的条件，考虑函数 $f(x)=\frac{\ln x}{x}$，因为

$$f'(x)=\frac{1-\ln x}{x^2}<0 \quad (x\geqslant 3),$$

所以 $f(x)$ 在 $[3, +\infty)$ 上单调减少，即当 $n\geqslant 3$ 时，数列 $\left\{\frac{\ln n}{n}\right\}$ 是单调减少数列，于是 $u_{n+1}<u_n$.

又因为 $\lim_{x\to+\infty}\frac{\ln x}{x}=\lim_{x\to+\infty}\frac{1}{x}=0$，所以 $\lim_{n\to\infty}\frac{\ln n}{n}=\lim_{n\to\infty}u_n=0$. 根据定理 7.2.6(莱布尼茨判别法)知，级数 $\sum_{n=3}^{\infty}(-1)^{n-1}\frac{\ln n}{n}$ 收敛.

7.2.3 绝对收敛与条件收敛

定义 7.2.3 若级数

$$\sum_{n=1}^{\infty}u_n = u_1+u_2+\cdots+u_n+\cdots \tag{7.2.1}$$

的各项或正或负或零，则这样的级数称为任意项级数. 对应此级数，可以构造一个正项级数

$$\sum_{n=1}^{\infty}|u_n| = \sum_{n=1}^{\infty}|u_n| = |u_1|+|u_2|+|u_3|+\cdots+|u_n|+\cdots, \tag{7.2.2}$$

称级数(7.2.2)为原级数的绝对值级数.

如何借助绝对值级数 $\sum_{n=1}^{\infty}|u_n|$ 判断级数 $\sum_{n=1}^{\infty}u_n$ 的敛散性呢？

定理 7.2.7 若级数 $\sum_{n=1}^{\infty}|u_n|$ 收敛，则级数 $\sum_{n=1}^{\infty}u_n$ 一定收敛.

证明 令 $v_n=\frac{1}{2}(|u_n|+u_n)(n=1, 2, \cdots)$，则级数 $\sum_{n=1}^{\infty}v_n$ 为正项级数. 因为

$$0\leqslant v_n=\frac{1}{2}(|u_n|+u_n)\leqslant |u_n|,$$

且级数 $\sum_{n=1}^{\infty}|u_n|$ 收敛，根据正项级数的比较审敛法知，级数 $\sum_{n=1}^{\infty}v_n$ 也收敛，从而级数 $\sum_{n=1}^{\infty}2v_n$ 也收敛. 而 $u_n=2v_n-|u_n|$，由级数的基本性质 3 知，级数 $\sum_{n=1}^{\infty}u_n$ 收敛.

注 定理 7.2.7 说明若一个级数取绝对值后得到的级数收敛，则此级数一定收敛；当

级数 $\sum\limits_{n=1}^{\infty}|u_n|$ 发散时，级数 $\sum\limits_{n=1}^{\infty}u_n$ 未必发散. 如交错级数 $\sum\limits_{n=1}^{\infty}(-1)^{n-1}\dfrac{1}{n}$.

根据定理 7.2.7 知，许多任意项级数的敛散性判别问题可转化为正项级数的敛散性判别问题. 即当一个任意项级数所对应的绝对值级数收敛时，这个任意项级数必收敛. 对于级数的这种收敛性，可以给出以下定义.

定义 7.2.4　设 $\sum\limits_{n=1}^{\infty}u_n$ 为任意项级数，若级数 $\sum\limits_{n=1}^{\infty}u_n$ 的绝对值级数 $\sum\limits_{n=1}^{\infty}|u_n|$ 收敛，则称级数 $\sum\limits_{n=1}^{\infty}u_n$ 绝对收敛；若级数 $\sum\limits_{n=1}^{\infty}|u_n|$ 发散而级数 $\sum\limits_{n=1}^{\infty}u_n$ 收敛，则称级数 $\sum\limits_{n=1}^{\infty}u_n$ 条件收敛.

定义 7.2.4 说明，对于任意项级数，我们应当判别它是绝对收敛，条件收敛，还是发散. 而判断任意项级数的绝对收敛时，可以借助正项级数的审敛法来讨论.

3. 重要结论

若级数 $\sum\limits_{n=1}^{\infty}|u_n|$ 发散是用比值审敛法或根值审敛法由 $\rho>1$ 得到的，或用其他方法得到了 $\lim\limits_{n\to\infty}|u_n|\neq 0$，那么级数 $\sum\limits_{n=1}^{\infty}u_n$ 一定发散，因为前者给出了 $\lim\limits_{n\to\infty}u_n=\infty$，而后者给出了 $\lim\limits_{n\to\infty}u_n\neq 0$.

例题讲解

例 7.2.8　判别下列级数的敛散性，若收敛，指明是绝对收敛还是条件收敛？

(1) $\sum\limits_{n=1}^{\infty}\dfrac{\sin n\alpha}{n^2}$；　　(2) $\sum\limits_{n=1}^{\infty}(-1)^{n-1}\dfrac{2n+1}{n(n+1)}$.

解　(1) 因为 $\left|\dfrac{\sin n\alpha}{n^2}\right|\leqslant\dfrac{1}{n^2}$，而级数 $\sum\limits_{n=1}^{\infty}\dfrac{1}{n^2}$ 是收敛的 p-级数，由比较审敛法知，级数 $\sum\limits_{n=1}^{\infty}\left|\dfrac{\sin n\alpha}{n^2}\right|$ 收敛，所以题设级数绝对收敛.

(2) $\left|(-1)^{n-1}\dfrac{2n+1}{n(n+1)}\right|=\dfrac{2n+1}{n(n+1)}$，对于正项级数 $\sum\limits_{n=1}^{\infty}\dfrac{2n+1}{n(n+1)}$ 而言，由于 $\lim\limits_{n\to\infty}\dfrac{2n+1}{n(n+1)}\Big/\dfrac{1}{n}=2$，而调和级数 $\sum\limits_{n=1}^{\infty}\dfrac{1}{n}$ 发散，根据极限形式的比较法知，级数 $\sum\limits_{n=1}^{\infty}\dfrac{2n+1}{n(n+1)}$ 发散.

另一方面，对于交错级数 $\sum\limits_{n=1}^{\infty}(-1)^{n-1}\dfrac{2n+1}{n(n+1)}$，有 $\lim\limits_{n\to\infty}\dfrac{2n+1}{n(n+1)}=0$，且

$$u_n-u_{n+1}=\frac{2n+1}{n(n+1)}-\frac{2(n+1)+1}{(n+1)(n+2)}=\frac{2}{n(n+2)}>0\quad(n=1,2,\cdots),$$

由莱布尼茨判别法知，级数 $\sum\limits_{n=1}^{\infty}(-1)^{n-1}\dfrac{2n+1}{n(n+1)}$ 收敛.

因此级数 $\sum\limits_{n=1}^{\infty}(-1)^{n-1}\dfrac{2n+1}{n(n+1)}$ 是条件收敛.

【习题 7.2】

1. 用比较审敛法或其极限形式判定级数的敛散性：

(1) $\sum\limits_{n=1}^{\infty}\frac{\sqrt{n}}{n+1}$；　(2) $\sum\limits_{n=1}^{\infty}\sin\frac{\pi}{3^n}$；　(3) $\sum\limits_{n=1}^{\infty}\frac{3}{5+2^n}$；

(4) $\sum\limits_{n=1}^{\infty}\frac{1}{\sqrt{n(n^2+2)}}$；　(5) $\sum\limits_{n=2}^{\infty}\frac{1}{\sqrt{n}}\sin\frac{2}{\sqrt{n}}$；　(6) $\sum\limits_{n=1}^{\infty}\frac{1}{(n+1)(n+4)}$；

(7) $\sum\limits_{n=1}^{\infty}\frac{\ln n}{2n^3-1}$；　(8) $\sum\limits_{n=1}^{\infty}\frac{1}{\sqrt{n(n+1)}}$；　(9) $\sum\limits_{n=1}^{\infty}\frac{1}{(3n+1)^2}$.

2. 判定下列级数的敛散性：

(1) $\sum\limits_{n=1}^{\infty}\frac{n^2}{3^n}$；　(2) $\sum\limits_{n=1}^{\infty}\frac{n^n}{n!}$；　(3) $\sum\limits_{n=1}^{\infty}\frac{3^n}{n\cdot 2^n}$；

(4) $\sum\limits_{n=1}^{\infty}\frac{2^n n!}{n^n}$；　(5) $\sum\limits_{n=1}^{\infty}\frac{5^n}{n^2+n}$；　(6) $\frac{2}{1\cdot 2}+\frac{2^2}{2\cdot 3}+\frac{2^3}{3\cdot 4}+\frac{2^4}{4\cdot 5}+\cdots$；

(7) $\sum\limits_{n=1}^{\infty}\frac{n\cos^2\frac{n\pi}{3}}{2^n}$.

3. 用根值审敛法判定下列级数的敛散性：

(1) $\sum\limits_{n=1}^{\infty}\left(\frac{2n-1}{3n+2}\right)^n$；　(2) $\sum\limits_{n=1}^{\infty}\left(2+\frac{1}{n+1}\right)^{2n}$；　(3) $\sum\limits_{n=1}^{\infty}\left(\frac{n}{2n+1}\right)^n$；

(4) $\sum\limits_{n=1}^{\infty}\left(\frac{n}{3n-1}\right)^{2n-1}$；　(5) $\sum\limits_{n=1}^{\infty}\left(\frac{3n^2}{n^2+1}\right)^n$；　(6) $\sum\limits_{n=1}^{\infty}\frac{n^n+a^n}{(2n+1)^n}(a>0)$.

4. 判定下列级数的敛散性，若收敛，指明是绝对收敛还是条件收敛？

(1) $\sum\limits_{n=1}^{\infty}(-1)^n\left(\frac{2}{3}\right)^n$；　(2) $\sum\limits_{n=1}^{\infty}\frac{\cos n\pi}{\sqrt{n}}$；

(3) $\sum\limits_{n=1}^{\infty}(-1)^{n-1}\frac{1}{n}$；　(4) $\sum\limits_{n=1}^{\infty}(-1)^{n-1}\frac{n^3}{2^n}$；

(5) $\sum\limits_{n=1}^{\infty}\frac{\sin na}{4^n}$；　(6) $\sum\limits_{n=1}^{\infty}(-1)^n\frac{n!}{2^n}$.

习题 7.2 参考答案

5. 判定级数 $\sum\limits_{n=1}^{\infty}(-1)^n\frac{1}{2^n}\left(1+\frac{1}{n}\right)^{n^2}$ 的敛散性.

7.3 幂 级 数

前面讨论的是常数项级数及其敛散性的判定，将常数项级数的各项换成函数后得到的新级数，称为函数项级数. 本节将重点介绍函数项级数中比较简单而又广泛应用的一类特殊级数——幂级数.

7.3.1　幂级数及其收敛性

1. 幂级数的概念

定义 7.3.1　如果函数项级数中的各项都是常数乘幂函数的函数项级数，那么称这个级数为幂级数，记作

$$\sum_{n=0}^{\infty} a_n x^n = a_0 + a_1 x + a_2 x^2 + \cdots + a_n x^n + \cdots, \tag{7.3.1}$$

其中常数 $a_n(n=0, 1, 2, \cdots)$称为幂级数的系数，$a_n x^n$ 称为幂级数的通项或一般项. 而形如

$$\sum_{n=0}^{\infty} a_n (x - x_0)^n = a_0 + a_1(x - x_0) + a_2 (x - x_0)^2 + \cdots + a_n (x - x_0)^n + \cdots \tag{7.3.2}$$

的级数称为$(x-x_0)$的幂级数.

注　对于形如 $\sum\limits_{n=0}^{\infty} a_n (x - x_0)^n$ 的幂级数，只需作变量代换 $t = x - x_0$，就可以将其转化为 $\sum\limits_{n=0}^{\infty} a_n t^n$ 的形式，所以后面的讨论主要是针对幂级数(7.3.1)进行的.

2. 收敛域

设 I 为一给定区间，对于给定的 $x_0 \in I$，幂级数 $\sum\limits_{n=0}^{\infty} a_n x^n$ 就成为常数项级数. 如果级数 $\sum\limits_{n=0}^{\infty} a_n x_0^n$ 收敛，则称 x_0 为幂级数 $\sum\limits_{n=0}^{\infty} a_n x^n$ 的收敛点；如果 $\sum\limits_{n=0}^{\infty} a_n x_0^n$ 发散，则称 x_0 为幂级数 $\sum\limits_{n=0}^{\infty} a_n x^n$ 的发散点. 幂级数 $\sum\limits_{n=0}^{\infty} a_n x^n$ 的全体收敛点的集合称为该幂级数的收敛域，全体发散点的集合称为该幂级数的发散域.

3. 和函数

对于收敛域 I 内的每一点 x，幂级数 $\sum\limits_{n=0}^{\infty} a_n x^n$ 都有确定的和与之对应，这个和是 x 的函数，称为幂级数 $\sum\limits_{n=0}^{\infty} a_n x^n$ 的和函数，记为 $s(x)$，即

$$s(x) = \sum_{n=0}^{\infty} a_n x^n \quad (x \in I).$$

例题讲解

例 7.3.1　讨论幂级数 $\sum\limits_{n=0}^{\infty} x^n = 1 + x + x^2 + \cdots + x^n + \cdots$ 的收敛域.

解　因为幂级数 $\sum\limits_{n=0}^{\infty} x^n = 1 + x + x^2 + \cdots + x^n + \cdots$ 是公比为 $q=x$ 的等比级数，所以

当$|x|<1$时，它收敛于$\frac{1}{1-x}$，即

$$\sum_{n=0}^{\infty}x^n=1+x+x^2+\cdots+x^n+\cdots=\frac{1}{1-x};$$

当$|x|\geqslant 1$时，幂级数发散.

因此，幂级数$\sum\limits_{n=0}^{\infty}x^n$的收敛域是$(-1,1)$，发散域是$(-\infty,-1]\cup[1,+\infty)$.

由例7.3.1可见，此幂级数的收敛域是一个区间. 事实上，这个结论对一般的幂级数也是成立的.

4. 幂级数的收敛性

定理7.3.1(阿贝尔定理) (1) 如果幂级数$\sum\limits_{n=0}^{\infty}a_nx^n$在点$x_0(x_0\neq 0)$处收敛，则满足不等式$|x|<|x_0|$的所有点$x$使幂级数$\sum\limits_{n=0}^{\infty}a_nx^n$都绝对收敛；

(2) 如果幂级数$\sum\limits_{n=0}^{\infty}a_nx^n$在点$x_0$处发散，则满足不等式$|x|>|x_0|$的所有点$x$使幂级数$\sum\limits_{n=0}^{\infty}a_nx^n$都发散.

注 ① 定理7.3.1的结论表明，如果幂级数$\sum\limits_{n=0}^{\infty}a_nx^n$不是仅在点$x=0$处收敛，也不是在整个数轴上都收敛，那么必定存在一个确定的正数R，使得当$|x|<R$时，幂级数$\sum\limits_{n=0}^{\infty}a_nx^n$绝对收敛；当$|x|>R$时，幂级数$\sum\limits_{n=0}^{\infty}a_nx^n$发散；而当$x=R$与$x=-R$时级数可能收敛也可能发散.

这个正数R称为幂级数$\sum\limits_{n=0}^{\infty}a_nx^n$的收敛半径，而开区间$(-R,R)$称为幂级数的收敛区间. 显然，收敛半径事实上就是收敛区间长度的一半.

② 这里的收敛区间不一定是收敛域，收敛区间不包含区间端点，是开区间，收敛域可能包含收敛区间端点，所以求幂级数的收敛域时一定要讨论区间端点处的敛散性.

如果幂级数$\sum\limits_{n=0}^{\infty}a_nx^n$仅在$x=0$处收敛，此时它的收敛域为$\{0\}$，规定它的收敛半径为$R=0$.

如果幂级数$\sum\limits_{n=0}^{\infty}a_nx^n$在整个数轴上都收敛，此时它的收敛域为$(-\infty,+\infty)$，规定它的收敛半径为$R=+\infty$.

如何求一个幂级数的收敛半径呢？下面的定理给出了求收敛半径R的一种方法.

定理7.3.2 设幂级数$\sum\limits_{n=0}^{\infty}a_nx^n$的收敛半径为$R$，如果

$$\lim_{n\to\infty}\left|\frac{a_{n+1}}{a_n}\right|=\rho\quad(\text{或}\lim_{n\to\infty}\sqrt[n]{|a_n|}=\rho),$$

其中 a_n、a_{n+1} 是幂级数 $\sum\limits_{n=0}^{\infty} a_n x^n$ 的相邻两项的系数，则

(1) 当 $\rho \neq 0$ 时，$R=\dfrac{1}{\rho}$；

(2) 当 $\rho=0$ 时，$R=+\infty$；

(3) 当 $\rho=+\infty$ 时，$R=0$.

例题讲解

例 7.3.2　求下列幂级数的收敛半径、收敛区间和收敛域：

(1) $\sum\limits_{n=0}^{\infty} \dfrac{x^n}{2^n n}$；　　　　(2) $\sum\limits_{n=0}^{\infty} \dfrac{x^n}{n!}$.

解　(1) 因为 $a_n=\dfrac{1}{2^n n}$，且

$$\rho = \lim_{n\to\infty}\left|\frac{a_{n+1}}{a_n}\right| = \lim_{n\to\infty}\frac{1}{2^{n+1}(n+1)}\cdot 2^n n = \frac{1}{2},$$

所以收敛半径 $R=\dfrac{1}{\rho}=2$，收敛区间为 $(-2, 2)$.

当 $x=2$ 时，原级数为调和级数 $\sum\limits_{n=1}^{\infty}\dfrac{1}{n}$，是发散的. 当 $x=-2$ 时，原级数为交错级数 $\sum\limits_{n=1}^{\infty}(-1)^n\dfrac{1}{n}$，是收敛的. 所以，幂级数的收敛域为 $[-2, 2)$.

(2) 因为 $a_n=\dfrac{1}{n!}$，且

$$\rho = \lim_{n\to\infty}\left|\frac{a_{n+1}}{a_n}\right| = \lim_{n\to\infty}\frac{1}{(n+1)!}\cdot n! = \lim_{n\to\infty}\frac{1}{n+1} = 0,$$

所以收敛半径 $R=+\infty$. 故收敛区间和收敛域都是 $(-\infty, +\infty)$.

例 7.3.3　求幂级数 $\sum\limits_{n=0}^{\infty}\dfrac{x^{2n}}{2^n}$ 的收敛区间.

解　因为该级数缺奇次幂的项，所以不能直接用定理 7.3.2 来求收敛半径，由比值审敛法知

$$\lim_{n\to\infty}\left|\frac{u_{n+1}}{u_n}\right| = \lim_{n\to\infty}\left|\frac{x^{2n+2}}{2^{n+1}}\cdot\frac{2^n}{x^{2n}}\right| = \left|\frac{x^2}{2}\right| = \frac{x^2}{2}.$$

当 $\dfrac{x^2}{2}<1$ 即 $|x|<\sqrt{2}$ 时，幂级数 $\sum\limits_{n=0}^{\infty}\dfrac{x^{2n}}{2^n}$ 收敛；当 $\dfrac{x^2}{2}>1$ 即 $|x|>\sqrt{2}$ 时，幂级数 $\sum\limits_{n=0}^{\infty}\dfrac{x^{2n}}{2^n}$ 发散，所以该幂级数的收敛半径 $R=\sqrt{2}$，收敛区间为 $(-\sqrt{2}, \sqrt{2})$.

例 7.3.4　求幂级数 $\sum\limits_{n=1}^{\infty}\dfrac{n}{3^n}(x+2)^n$ 的收敛域.

解　令 $t=x+2$，则原幂级数化为 $\sum\limits_{n=1}^{\infty}\dfrac{n}{3^n}t^n$.

由 $\rho=\lim\limits_{n\to\infty}\left|\dfrac{a_{n+1}}{a_n}\right|=\lim\limits_{n\to\infty}\dfrac{n+1}{3^{n+1}}\cdot\dfrac{3^n}{n}=\dfrac{1}{3}$ 知，幂级数 $\sum\limits_{n=1}^{\infty}\dfrac{n}{3^n}t^n$ 的收敛半径为 $R=3$.

当 $t=3$ 时，幂级数 $\sum\limits_{n=1}^{\infty}\frac{n}{3^n}t^n$ 为 $\sum\limits_{n=1}^{\infty}n$，是发散的；当 $t=-3$ 时，幂级数 $\sum\limits_{n=1}^{\infty}\frac{n}{3^n}t^n$ 为 $\sum\limits_{n=1}^{\infty}(-1)^n n$，是发散的. 所以，幂级数 $\sum\limits_{n=1}^{\infty}\frac{n}{3^n}t^n$ 的收敛域为 $(-3, 3)$.

因此原幂级数 $\sum\limits_{n=1}^{\infty}\frac{n}{3^n}(x+2)^n$ 的收敛域为 $-3<x+2<3$，即 $(-5, 1)$.

7.3.2 幂级数的运算

下面不加证明地给出幂级数的一些运算性质.

性质 1 设幂级数 $\sum\limits_{n=0}^{\infty}a_n x^n$ 在收敛区间 $(-R_1, R_1)$ 内的和函数为 $s(x)$，幂级数 $\sum\limits_{n=0}^{\infty}b_n x^n$ 在收敛区间 $(-R_2, R_2)$ 内的和函数为 $\sigma(x)$，取 $R=\min\{R_1, R_2\}$，则

$$\sum_{n=0}^{\infty}(a_n \pm b_n)x^n = \sum_{n=0}^{\infty}a_n x^n \pm \sum_{n=0}^{\infty}b_n x^n = s(x) \pm \sigma(x) \quad x \in (-R, R).$$

性质 2 设幂级数 $\sum\limits_{n=0}^{\infty}a_n x^n$ 的收敛半径为 $R(R>0)$，和函数为 $s(x)$，则

(1) 和函数 $s(x)$ 在收敛区间 $(-R, R)$ 内为连续函数；

(2) 和函数 $s(x)$ 在收敛区间 $(-R, R)$ 内是可微的，且有逐项求导公式

$$s'(x) = \left(\sum_{n=0}^{\infty}a_n x^n\right)' = \sum_{n=0}^{\infty}(a_n x^n)' = \sum_{n=1}^{\infty}n a_n x^{n-1};$$

(3) 和函数 $s(x)$ 在收敛区间 $(-R, R)$ 内是可积的，且有逐项积分公式

$$\int_0^x s(t)\,\mathrm{d}t = \int_0^x\left(\sum_{n=0}^{\infty}a_n t^n\right)\mathrm{d}t = \sum_{n=0}^{\infty}\int_0^x a_n t^n\,\mathrm{d}t = \sum_{n=0}^{\infty}\frac{a_n}{n+1}x^{n+1}.$$

注 幂级数经过逐项求导或逐项积分后得到的幂级数与原级数具有相同的收敛半径和收敛区间，但收敛域可能会改变. 例如，幂级数 $\sum\limits_{n=0}^{\infty}x^n$ 的收敛域是 $(-1, 1)$，逐项求导后所得幂级数 $\sum\limits_{n=1}^{\infty}nx^{n-1}$ 的收敛半径仍然为 1，通过计算可知，其收敛域仍然为 $(-1, 1)$；而逐项积分后所得幂级数 $\sum\limits_{n=0}^{\infty}\frac{1}{n+1}x^{n+1}$ 的收敛半径仍然为 1，通过计算可知，其收敛域为 $[-1, 1)$.

例题讲解

例 7.3.5 求幂级数 $\sum\limits_{n=1}^{\infty}nx^{n-1}$ 在收敛区间内的和函数.

解 因为 $\rho=\lim\limits_{n\to\infty}\left|\frac{a_{n+1}}{a_n}\right|=\lim\limits_{n\to\infty}\left|\frac{n+1}{n}\right|=\lim\limits_{n\to\infty}\frac{n+1}{n}=1$，所以幂级数的收敛半径 $R=1$，收敛区间是 $(-1, 1)$.

记和函数为 $s(x)$，即

$$s(x) = \sum_{n=1}^{\infty}nx^{n-1}, \quad x \in (-1, 1),$$

则

$$\int_0^x s(t)\mathrm{d}t = \int_0^x \left(\sum_{n=1}^{\infty} nt^{n-1}\right)\mathrm{d}t = \sum_{n=1}^{\infty} n\int_0^x t^{n-1}\mathrm{d}t = \sum_{n=1}^{\infty} x^n = \frac{x}{1-x},$$

上式两端求导，得

$$s(x) = \left(\int_0^x s(t)\mathrm{d}t\right)' = \left(\frac{x}{1-x}\right)' = \frac{1}{(1-x)^2} \quad x \in (-1, 1).$$

例 7.3.6　求幂级数 $\sum_{n=0}^{\infty} \frac{(-1)^n x^n}{n+1}$ 的和函数.

解　因为 $\rho = \lim_{n\to\infty}\left|\frac{a_{n+1}}{a_n}\right| = \lim_{n\to\infty}\frac{1}{n+2}\cdot\frac{n+1}{1} = \lim_{n\to\infty}\frac{n+1}{n+2} = 1$，所以幂级数的收敛半径为

$$R = \frac{1}{\rho} = 1.$$

当 $x=-1$ 时，该级数 $\sum_{n=0}^{\infty}\frac{(-1)^n\ (-1)^n}{n+1} = \sum_{n=0}^{\infty}\frac{1}{n+1} = \sum_{n=1}^{\infty}\frac{1}{n}$ 为调和级数，是发散的. 当 $x=1$ 时，该级数 $\sum_{n=0}^{\infty}\frac{(-1)^n}{n+1}$ 为交错级数，是收敛的. 因此题设幂级数的收敛域为 $(-1,1]$.

记和函数为 $s(x)$，即 $s(x) = \sum_{n=0}^{\infty}\frac{(-1)^n x^n}{n+1}$，于是

$$xs(x) = \sum_{n=0}^{\infty}\frac{(-1)^n x^{n+1}}{n+1},$$

两边逐项求导，得

$$[xs(x)]' = \sum_{n=0}^{\infty}\left[\frac{(-1)^n x^{n+1}}{n+1}\right]' = \sum_{n=0}^{\infty}(-1)^n x^n = \frac{1}{1+x},$$

两边积分，得

$$xs(x) = \int_0^x [ts(t)]'\mathrm{d}t = \int_0^x \frac{1}{1+t}\mathrm{d}t = \ln(1+x).$$

故当 $x\neq 0$ 时，$s(x) = \frac{\ln(1+x)}{x}$；当 $x=0$ 时，$s(0)=0$.

因此，题设幂级数的和函数为

$$s(x) = \begin{cases} \frac{\ln(1+x)}{x}, & x \in (-1, 0) \cup (0, 1] \\ 0, & x = 0 \end{cases}.$$

【习题 7.3】

1. 求下列幂级数的收敛半径、收敛区间与收敛域：

(1) $\sum_{n=0}^{\infty}\frac{x^n}{(n+1)2^n}$；　(2) $\sum_{n=0}^{\infty}\frac{x^n}{(3n)!}$；　(3) $\sum_{n=0}^{\infty}\frac{(x-5)^n}{\sqrt{n}}$.

2. 求下列幂级数的和函数：

(1) $\sum_{n=0}^{\infty}(n+1)x^n$；　(2) $\sum_{n=0}^{\infty}\frac{x^{2n+1}}{2n+1}$.

习题 7.3 参考答案

7.4 函数展开成幂级数

由上一节的讨论知道了幂级数在收敛域内收敛于它的和函数，即在收敛域内幂级数可以用一个函数来表示. 在实际问题中，也经常会遇到将一个函数 $f(x)$在某一区间 I 内表示成幂级数的问题. 为此，首先介绍泰勒级数.

7.4.1 泰勒级数的概念

定义 7.4.1 如果函数 $f(x)$在 $x=x_0$ 的某一邻域内有任意阶导数，则称级数

$$f(x_0)+f'(x_0)(x-x_0)+\frac{f''(x_0)}{2!}(x-x_0)^2+\cdots+\frac{f^{(n)}(x_0)}{n!}(x-x_0)^n+\cdots \tag{7.4.1}$$

为函数 $f(x)$在 $x=x_0$ 处的泰勒级数.

特别地，当 $x_0=0$ 时，式(7.4.1) 变成

$$f(0)+f'(0)x+\frac{f''(0)}{2!}x^2+\cdots+\frac{f^{(n)}(0)}{n!}x^n+\cdots, \tag{7.4.2}$$

此级数称为函数 $f(x)$的麦克劳林级数.

设 $P_n(x)=f(x_0)+f'(x_0)(x-x_0)+\frac{f''(x_0)}{2!}(x-x_0)^2+\cdots+\frac{f^{(n)}(x_0)}{n!}(x-x_0)^n$ 为函数 $f(x)$的前 $n+1$ 项的和，则称

$$R_n(x)=f(x)-P_n(x)$$

为函数 $f(x)$的余项.

显然，只要函数 $f(x)$在 x_0 的某一邻域内具有任意阶导数，那么在形式上就可以写出它的泰勒级数. 但是，这个泰勒级数在 x_0 的某个邻域内是否收敛？如果收敛，是否一定收敛于 $f(x)$？下面的定理回答了这些问题.

定理 7.4.1 如果在 x_0 的某一邻域内函数 $f(x)$有任意阶导数，则 $f(x)$在该邻域内的泰勒级数

$$f(x_0)+f'(x_0)(x-x_0)+\frac{f''(x_0)}{2!}(x-x_0)^2+\cdots+\frac{f^{(n)}(x_0)}{n!}(x-x_0)^n+\cdots$$

收敛于 $f(x)$的充分必要条件是在该邻域内 $f(x)$的泰勒公式中的余项 $R_n(x)$当 $n\to\infty$时的极限为零，即

$$\lim_{n\to\infty}R_n(x)=\lim_{n\to\infty}[f(x)-P_n(x)]=0,$$

其中余项具有如下形式

$$R_n(x)=\frac{f^{(n+1)}(\xi)}{(n+1)!}(x-x_0)^{n+1}\quad(\xi\text{ 在 }x\text{ 与 }x_0\text{ 之间}),$$

此时余项称为 $f(x)$的拉格朗日余项.

7.4.2 函数展开成幂级数的方法

将函数展开成幂级数，是指用收敛于该函数的泰勒级数或麦克劳林级数来表示它. 通常有两种方法：直接展开法和间接展开法.

为讨论方便，下面以将 $f(x)$ 展开成麦克劳林级数为例.

1. 直接展开法

直接展开法的具体步骤如下：

第一步：求出 $f(x)$ 的各阶导数 $f'(x)$，$f''(x)$，…，如果在 $x=0$ 处的某阶导数不存在，则 $f(x)$ 就不能展开成麦克劳林级数.

第二步：求出函数及其各阶导数在 $x=0$ 处的值并写出相应的麦克劳林级数 $\sum\limits_{n=0}^{\infty}\frac{f^{(n)}(0)}{n!}x^n$，并求出其收敛域 I.

第三步：考察在此级数的收敛域内，余项 $R_n(x)$ 的极限是否为零，即

$$\lim_{n\to\infty}R_n(x)=\lim_{n\to\infty}\frac{f^{(n+1)}(\xi)}{(n+1)!}x^{n+1}$$

是否为零. 如果为零，第二步求出的麦克劳林级数就是 $f(x)$ 的幂级数展开式，即

$$\begin{aligned}f(x)&=\sum_{n=0}^{\infty}\frac{f^{(n)}(0)}{n!}x^n\\&=f(0)+f'(0)x+\frac{f''(0)}{2!}x^2+\cdots+\frac{f^{(n)}(0)}{n!}x^n+\cdots\quad(x\in I),\end{aligned}$$

否则，$f(x)$ 就不能展开成幂级数.

例题讲解

例 7.4.1 将函数 $f(x)=\mathrm{e}^x$ 展开成 x 的幂级数(即麦克劳林级数).

解 (1) 求出 $f(x)$ 的各阶导数：$f^{(n)}(x)=\mathrm{e}^x(n=0,1,2,\cdots)$，则 $f^{(n)}(0)=1(n=0,1,2,\cdots)$，这里 $f^{(0)}(0)=f(0)$.

(2) $f(x)=\mathrm{e}^x$ 的麦克劳林级数为

$$\sum_{n=0}^{\infty}\frac{f^{(n)}(0)}{n!}x^n=1+x+\frac{1}{2!}x^2+\cdots+\frac{1}{n!}x^n+\cdots,$$

其收敛域为 $(-\infty,+\infty)$.

(3) 余项的绝对值为

$$|R_n(x)|=\left|\frac{f^{(n+1)}(\xi)}{(n+1)!}x^{n+1}\right|=\frac{\mathrm{e}^{\xi}}{(n+1)!}|x|^{n+1}\leqslant\mathrm{e}^{|x|}\frac{|x|^{n+1}}{(n+1)!},$$

其中 ξ 介于 0 与 x 之间.

又因为 $\frac{|x|^{n+1}}{(n+1)!}$ 是收敛级数 $\sum\limits_{n=0}^{\infty}\frac{x^n}{n!}$ 的通项，因此，对任一 $x\in(-\infty,+\infty)$，有

$$\lim_{n\to\infty}R_n(x)=0,$$

所以

$$\mathrm{e}^x=\sum_{n=0}^{\infty}\frac{x^n}{n!}=1+x+\frac{x^2}{2!}+\cdots+\frac{x^n}{n!}+\cdots\quad x\in(-\infty,+\infty).$$

用直接展开法还可以得到下列函数的幂级数展开式.

$$\sin x=x-\frac{x^3}{3!}+\frac{x^5}{5!}-\cdots+\frac{(-1)^{n-1}}{(2n-1)!}x^{2n-1}+\frac{(-1)^n}{(2n+1)!}x^{2n+1}+\cdots\quad x\in(-\infty,+\infty).$$

$$(1+x)^{\alpha}=1+\alpha x+\frac{\alpha(\alpha-1)}{2!}x^{2}+\cdots+\frac{\alpha(\alpha-1)\cdots(\alpha-n+1)}{n!}x^{n}+\cdots\quad x\in(-1,1),$$

其中 α 为任意实数.

2. 间接展开法

间接展开法依据幂级数展开式的唯一性，利用某些已知函数的幂级数展开式、幂级数的性质、变量代换等，间接地将所给函数展开为幂级数. 这种方法可避免求 $f(x)$的各阶导数，也无需研究余项，并且讨论收敛区间也较为方便.

例题讲解

例 7.4.2 将 $f(x)=\cos x$ 展开成 x 的幂级数.

解 因为

$$\sin x=x-\frac{x^{3}}{3!}+\frac{x^{5}}{5!}-\cdots+\frac{(-1)^{n-1}}{(2n-1)!}x^{2n-1}+\frac{(-1)^{n}}{(2n+1)!}x^{2n+1}+\cdots\quad x\in(-\infty,+\infty),$$

上式两边逐项求导，得

$$\cos x=1-\frac{x^{2}}{2!}+\frac{x^{4}}{4!}-\cdots+\frac{(-1)^{n}}{(2n)!}x^{2n}+\cdots\quad x\in(-\infty,+\infty),$$

所以

$$\cos x=1-\frac{x^{2}}{2!}+\frac{x^{4}}{4!}+\cdots+\frac{(-1)^{n}}{(2n)!}x^{2n}+\cdots=\sum_{n=0}^{\infty}\frac{(-1)^{n}}{(2n)!}x^{2n}\quad x\in(-\infty,+\infty).$$

例 7.4.3 将下列函数展开为 x 的幂级数：

(1) $\frac{1}{1+x^{2}}$；　　(2) $\ln(1+x)$；　　(3) 2^{x}.

解 (1) 因为

$$\frac{1}{1-x}=1+x+x^{2}+\cdots+x^{n}+\cdots\quad x\in(-1,1),$$

将上式中的 x 换成$-x^{2}$，得

$$\frac{1}{1+x^{2}}=\frac{1}{1-(-x^{2})}=1-x^{2}+x^{4}-\cdots+(-x^{2})^{n}+\cdots\quad x\in(-1,1).$$

(2) 因为

$$[\ln(1+x)]'=\frac{1}{1+x}=1-x+x^{2}+\cdots+(-1)^{n}x^{n}+\cdots\quad x\in(-1,1).$$

上式两边逐项积分，得

$$\ln(1+x)=\int_{0}^{x}[\ln(1+x)]'\mathrm{d}x=x-\frac{x^{2}}{2}+\frac{x^{3}}{3}+\cdots+\frac{(-1)^{n}}{n+1}x^{n+1}+\cdots$$

$$=\sum_{n=0}^{\infty}\frac{(-1)^{n}}{n+1}x^{n+1}\quad x\in(-1,1].$$

(3) 因为

$$\mathrm{e}^{x}=1+x+\frac{x^{2}}{2!}+\cdots+\frac{x^{n}}{n!}+\cdots=\sum_{n=0}^{\infty}\frac{x^{n}}{n!}\quad x\in(-\infty,+\infty),$$

而 $2^{x}=\mathrm{e}^{\ln 2^{x}}=\mathrm{e}^{x\ln 2}$，将上式中的 x 换成 $x\ln 2$，得

$$2^x = \sum_{n=0}^{\infty} \frac{(\ln 2)^n}{n!} x^n \quad x\ln 2 \in (-\infty, +\infty),$$

即

$$2^x = \sum_{n=0}^{\infty} \frac{(\ln 2)^n}{n!} x^n \quad x \in (-\infty, +\infty).$$

例 7.4.4 将函数 $f(x)=\frac{2}{x+2}$展开为$(x-2)$的幂级数.

解 因为

$$\frac{1}{1-x} = 1 + x + x^2 + \cdots + x^n + \cdots = \sum_{n=0}^{\infty} x^n \quad x \in (-1, 1),$$

所以

$$f(x) = \frac{2}{x+2} = \frac{2}{4+(x-2)} = \frac{2}{4\left(1+\frac{x-2}{4}\right)} = \frac{1}{2} \cdot \frac{1}{1-\left(-\frac{x-2}{4}\right)}$$

$$= \frac{1}{2} \sum_{n=0}^{\infty} \left(-\frac{x-2}{4}\right)^n,$$

其中$-\frac{x-2}{4} \in (-1, 1)$.

由$-1<-\frac{x-2}{4}<1$，得$-2<x<6$，故

$$f(x) = \frac{2}{x+2} = \frac{1}{2} \sum_{n=0}^{\infty} \left(-\frac{x-2}{4}\right)^n = \sum_{n=0}^{\infty} \frac{(-1)^n}{2^{2n+1}} (x-2)^n \quad x \in (-2, 6).$$

用间接展开法将函数展开成幂级数，要记住下面几个常用的幂级数展开式.

$$\frac{1}{1-x} = 1 + x + x^2 + \cdots + x^n + \cdots = \sum_{n=0}^{\infty} x^n \quad x \in (-1, 1).$$

$$e^x = 1 + x + \frac{x^2}{2!} + \cdots + \frac{x^n}{n!} + \cdots = \sum_{n=0}^{\infty} \frac{x^n}{n!} \quad x \in (-\infty, +\infty).$$

$$\sin x = x - \frac{x^3}{3!} + \frac{x^5}{5!} - \cdots + \frac{(-1)^{n-1}}{(2n-1)!} x^{2n-1} + \frac{(-1)^n}{(2n+1)!} x^{2n+1} + \cdots$$

$$= \sum_{n=0}^{\infty} \frac{(-1)^n}{(2n+1)!} x^{2n+1} \quad x \in (-\infty, +\infty).$$

$$\cos x = 1 - \frac{x^2}{2!} + \frac{x^4}{4!} + \cdots + \frac{(-1)^n}{(2n)!} x^{2n} + \cdots$$

$$= \sum_{n=0}^{\infty} \frac{(-1)^n}{(2n)!} x^{2n} \quad x \in (-\infty, +\infty).$$

$$\ln(1+x) = x - \frac{x^2}{2} + \frac{x^3}{3} + \cdots + \frac{(-1)^n}{n+1} x^{n+1} + \cdots$$

$$= \sum_{n=0}^{\infty} \frac{(-1)^n}{n+1} x^{n+1} \quad x \in (-1, 1].$$

【习题 7.4】

1. 将下列函数展开为麦克劳林级数：

(1) $\frac{x}{1+x^2}$；　　(2) $x^2e^{x^2}$；

(3) $\arctan x$；　　(4) $\cos^2 x$.

2. 把下列函数展开为$(x-1)$的幂级数：

(1) $f(x)=e^x$；　　(2) $f(x)=\ln(x+1)$；

(3) $f(x)=\frac{1}{x+2}$.

3. 把函数 $f(x)=\frac{3}{x^2-5x+4}$展开为$(x-5)$的幂级数.

习题 7.4 参考答案

7.5　本章小结与拓展提高

1. 本章的重点与难点

本章的重点是两个重要级数(等比(几何)级数和 p-级数)敛散性的结论，级数收敛的必要条件，正项级数的比较审敛法、比值审敛法、根值审敛法及交错级数审敛法，任意项级数的绝对收敛与条件收敛，幂级数收敛半径的求法以及将简单函数展开成幂级数.

本章的难点是正项级数的比较审敛法和交错级数审敛法，任意项级数的绝对收敛与条件收敛，幂级数收敛域的求法以及将函数展开成$(x-x_0)$的幂级数.

2. 学法建议

(1) 判别级数的敛散性是研究级数的首要问题，而常数项级数敛散性的判别则是研究级数敛散性的基础. 在判别常数项级数的敛散性时，应先考察级数收敛的必要条件$\lim\limits_{n\to\infty}a_n=0$是否成立，若不成立，则可判定级数发散；若成立，则需进一步判别. 此时，可将常数项级数分成两大类，即正项级数和任意项级数.

(2) 对正项级数敛散性的判别，可优先考虑用比值审敛法和根值审敛法. 若此二法失效，则用比较审敛法作进一步判别. 应用比较审敛法判别级数的敛散性时，在很多情况下需要借助三个重要级数：等比(几何)级数、p-级数和调和级数. 因此，掌握这些级数敛散性的条件十分重要.

(3) 对于任意项级数，一般应先考虑 $\sum\limits_{n=1}^{\infty}|u_n|$ 是否收敛. 若收敛，则可判定原级数收敛，且为绝对收敛；若不收敛，但原级数是交错级数，可考虑应用莱布尼茨判别法. 若能判别级数收敛，则原级数条件收敛.

(4) 牢记幂级数的绝对收敛原理，即幂级数在其收敛区间内的每一点处都是绝对收敛的. 求幂级数的收敛域，通常有两种基本类型，即不缺项型，如 $\sum\limits_{n=0}^{\infty}a_nx^n$、$\sum\limits_{n=0}^{\infty}a_n(x-x_0)^n$ 和缺项型，如$\sum\limits_{n=0}^{\infty}a_nx^{2n+1}$、$\sum\limits_{n=0}^{\infty}a_nx^{2n}$.

对于$\sum\limits_{n=0}^{\infty}a_nx^n$ 型，通过求$\lim\limits_{n\to\infty}\left|\frac{a_{n+1}}{a_n}\right|=\rho$，得收敛半径$R=\frac{1}{\rho}$，然后讨论在 $x=\pm R$ 处的敛散性，从而得到收敛域.

对于$\sum\limits_{n=0}^{\infty}a_n(x-x_0)^n$，令$t=x-x_0$，化为$\sum\limits_{n=0}^{\infty}a_nt^n$，可得收敛域，再将$t$换为$x-x_0$，从而得到原幂级数的收敛域.

对于$\sum\limits_{n=0}^{\infty}a_nx^{2n}$和$\sum\limits_{n=0}^{\infty}a_nx^{2n+1}$等缺项型幂级数，先取其绝对值级数，再用正项级数的比值审敛法确定其收敛半径，然后讨论在$x=\pm R$处的敛散性，从而得到收敛域.

(5) 掌握e^x、$\sin x$和$\frac{1}{1-x}$的麦克劳林展开式，利用幂级数的性质、变量代换等间接的方法，将所给函数展开为幂级数. 这种方法可避免研究余项，并且讨论收敛区间也较为方便.

3. 拓展提高

***例 7.5.1** 判定正项级数$\sum\limits_{n=1}^{\infty}\frac{n^2}{\left(2+\frac{1}{n}\right)^n}$的敛散性.

解 易知$\frac{n^2}{\left(2+\frac{1}{n}\right)^n}<\frac{n^2}{2^n}$，对于级数$\sum\limits_{n=1}^{\infty}\frac{n^2}{2^n}$使用比值审敛法.

因为$\lim\limits_{n\to\infty}\frac{u_{n+1}}{u_n}=\lim\limits_{n\to\infty}\frac{(n+1)^2}{2^{n+1}}\frac{2^n}{n^2}=\frac{1}{2}<1$，所以级数$\sum\limits_{n=1}^{\infty}\frac{n^2}{2^n}$收敛. 由比较审敛法知，题设级数$\sum\limits_{n=1}^{\infty}\frac{n^2}{\left(2+\frac{1}{n}\right)^n}$收敛.

***例 7.5.2** 判定级数$\sum\limits_{n=1}^{\infty}(-1)^{n-1}\left(1-\cos\frac{\pi}{n}\right)$的敛散性，并指出该级数是绝对收敛还是条件收敛?

解 先判定级数$\sum\limits_{n=1}^{\infty}\left|(-1)^{n-1}\left(1-\cos\frac{\pi}{n}\right)\right|=\sum\limits_{n=1}^{\infty}\left(1-\cos\frac{\pi}{n}\right)$的敛散性. 因为

$$1-\cos\frac{\pi}{n}=2\sin^2\frac{\pi}{2n}\leqslant2\left(\frac{\pi}{2n}\right)^2=\frac{\pi^2}{2}\cdot\frac{1}{n^2},$$

而级数$\sum\limits_{n=1}^{\infty}\frac{1}{n^2}$收敛，所以级数$\sum\limits_{n=1}^{\infty}\left(1-\cos\frac{\pi}{n}\right)$也收敛. 因此，题设级数$\sum\limits_{n=1}^{\infty}(-1)^{n-1}\left(1-\cos\frac{\pi}{n}\right)$绝对收敛.

***例 7.5.3** 求幂级数$\sum\limits_{n=0}^{\infty}\frac{1}{n\cdot3^n}x^{2n+1}$的收敛区间.

解 因为该级数缺偶次幂的项，由比较审敛法知

$$\lim_{n\to\infty}\left|\frac{u_{n+1}}{u_n}\right|=\lim_{n\to\infty}\left|\frac{\frac{1}{(n+1)\cdot3^{n+1}}x^{2(n+1)+1}}{\frac{1}{n\cdot3^n}x^{2n+1}}\right|=\lim_{n\to\infty}\frac{n}{n+1}\cdot\frac{3^n}{3^{n+1}}x^2=\frac{1}{3}x^2.$$

当$\frac{1}{3}x^2<1$，即$|x|<\sqrt{3}$时，级数$\sum\limits_{n=0}^{\infty}\frac{1}{n\cdot3^n}x^{2n}$收敛.

当$\frac{1}{3}x^2>1$，即$|x|>\sqrt{3}$时，级数 $\sum_{n=0}^{\infty}\frac{1}{n\cdot 3^n}x^{2n}$ 发散.

故题设幂级数的收敛半径 $R=\sqrt{3}$，收敛区间为$(-\sqrt{3}, \sqrt{3})$.

* **例 7.5.4** 求幂级数 $\sum_{n=1}^{\infty}\frac{1}{n(n+1)}x^n$ 的和函数.

解 设 $s(x)=\sum_{n=1}^{\infty}\frac{1}{n(n+1)}x^n$，则 $xs(x)=\sum_{n=1}^{\infty}\frac{1}{n(n+1)}x^{n+1}$，且

$$[xs(x)]''=\sum_{n=1}^{\infty}\left[\frac{1}{n(n+1)}x^{n+1}\right]''=\sum_{n=1}^{\infty}x^{n-1}=\frac{1}{1-x}\quad x\in(-1, 1),$$

上式两边积分，得

$$[xs(x)]'=\int_0^x\frac{1}{1-t}\mathrm{d}t=-\ln(1-x),$$

再积分，得

$$[xs(x)]=-\int_0^x\ln(1-t)\mathrm{d}t=x+(1-x)\ln(1-x)\quad x\in[-1, 1),$$

故题设级数的和函数为

$$s(x)=\begin{cases}1+\frac{1-x}{x}\ln(1-x), & x\in[-1, 0)\cup(0, 1)\\ 0, & x=0\end{cases}.$$

* **例 7.5.5** 将函数$\frac{1}{\sqrt{1-x^2}}$展开成麦克劳林级数.

解 由公式

$$(1+x)^{\alpha}=1+\alpha x+\frac{\alpha(\alpha-1)}{2!}x^2+\cdots+\frac{\alpha(\alpha-1)\cdots(\alpha-n+1)}{n!}x^n+\cdots\quad x\in(-1, 1)$$

得

$$\frac{1}{\sqrt{1-x^2}}=(1-x^2)^{-\frac{1}{2}}=1+\left(-\frac{1}{2}\right)(-x^2)+\frac{\left(-\frac{1}{2}\right)\left(-\frac{1}{2}-1\right)}{2!}(-x^2)^2+\cdots$$

$$=1+\frac{x^2}{2}+\frac{1\cdot 3}{2\cdot 4}x^4+\frac{1\cdot 3\cdot 5}{2\cdot 4\cdot 6}x^6+\frac{1\cdot 3\cdots(2n-1)}{2\cdot 4\cdots(2n)}x^{2n}+\cdots\quad x\in(-1, 1).$$

* **例 7.5.6** 将函数 $f(x)=\frac{1}{x^2-3x+2}$展开成 x 的幂级数.

解 因为

$$f(x)=\frac{1}{x^2-3x+2}=\frac{1}{(x-1)(x-2)}=-\left(\frac{1}{x-1}-\frac{1}{x-2}\right)=\frac{1}{1-x}-\frac{1}{2(1-\frac{x}{2})},$$

而

$$\frac{1}{1-x}=\sum_{n=0}^{\infty}x^n\quad x\in(-1, 1),$$

$$\frac{1}{1-\frac{x}{2}}=\sum_{n=0}^{\infty}\left(\frac{x}{2}\right)^n=\sum_{n=0}^{\infty}\frac{1}{2^n}x^n\quad \frac{x}{2}\in(-1, 1),$$

即

$$\frac{1}{1-\frac{x}{2}}=\sum_{n=0}^{\infty}\left(\frac{x}{2}\right)^{n}=\sum_{n=0}^{\infty}\frac{1}{2^{n}}x^{n}\quad x\in(-2,2),$$

所以

$$f(x)=\frac{1}{x^{2}-3x+2}=\sum_{n=0}^{\infty}x^{n}-\frac{1}{2}\sum_{n=0}^{\infty}\frac{1}{2^{n}}x^{n}=\sum_{n=0}^{\infty}\left(1-\frac{1}{2^{n+1}}\right)x^{n}\quad x\in(-1,1).$$

* **例 7.5.7**　证明：(1) 若正项级数 $\sum_{n=1}^{\infty}u_n$ 收敛，则正项级数 $\sum_{n=1}^{\infty}u_n^2$ 也收敛；

(2) 若正项级数 $\sum_{n=1}^{\infty}u_n$ 和 $\sum_{n=1}^{\infty}v_n$ 都收敛，则正项级数 $\sum_{n=1}^{\infty}\sqrt{u_nv_n}$ 和 $\sum_{n=1}^{\infty}u_nv_n$ 也都收敛.

证　(1) 因为正项级数 $\sum_{n=1}^{\infty}u_n$ 收敛，所以 $\lim\limits_{n\to\infty}u_n=0$. 而 $\lim\limits_{n\to\infty}\frac{u_n^2}{u_n}=0$，由极限形式的比较审敛法知，正项级数 $\sum_{n=1}^{\infty}u_n^2$ 收敛.

(2) 由正项级数 $\sum_{n=1}^{\infty}u_n$ 和 $\sum_{n=1}^{\infty}v_n$ 都收敛，知正项级数 $\sum_{n=1}^{\infty}(u_n+v_n)$ 收敛.

因为 $\sqrt{u_nv_n}\leqslant\frac{1}{2}(u_n+v_n)$，所以正项级数 $\sum_{n=1}^{\infty}\sqrt{u_nv_n}$ 收敛.

又因为 $u_nv_n\leqslant\frac{1}{2}(u_n^2+v_n^2)$，且正项级数 $\sum_{n=1}^{\infty}u_n^2$ 和 $\sum_{n=1}^{\infty}v_n^2$ 都收敛，所以正项级数 $\sum_{n=1}^{\infty}u_nv_n$ 收敛.

自 测 题 7

A 组(基础练习)

一、判断题

(　　)1. 若级数 $\sum_{n=1}^{\infty}u_n$ 收敛，则级数 $\sum_{n=1}^{\infty}\frac{a}{u_n}$ 发散.

(　　)2. 若级数 $\sum_{n=1}^{\infty}u_n$ 和 $\sum_{n=1}^{\infty}v_n$ 都发散，则级数 $\sum_{n=1}^{\infty}\frac{u_n}{v_n}$ 一定发散.

(　　)3. 若级数 $\sum_{n=1}^{\infty}u_n$ 收敛，$\sum_{n=1}^{\infty}v_n$ 发散，则级数 $\sum_{n=1}^{\infty}(u_n+v_n)$ 必定发散.

(　　)4. 已知交错级数 $\sum_{n=1}^{\infty}(-1)^na_n$，若 $\lim\limits_{n\to\infty}a_n=0$，则 $\sum_{n=1}^{\infty}(-1)^na_n$ 收敛.

(　　)5. 若级数 $\sum_{n=1}^{\infty}a_n(x+4)^n$ 在 $x=-2$ 处收敛，则它在 $x=2$ 处不能判断.

二、填空题

1. 级数 $\sum_{n=1}^{\infty}\frac{1}{3^n}$ 的和为____________.

2. 设 a 为常数，若级数 $\sum_{n=1}^{\infty}(u_n-a)$ 收敛，则 $\lim_{n\to\infty}u_n=$ ________.

3. 幂级数 $\sum_{n=1}^{\infty}\frac{(x-5)^n}{\sqrt{n}}$ 的收敛半径为________.

4. 幂级数 $\sum_{n=0}^{\infty}\frac{2^n x^n}{n!}$ 的和函数为 ________.

5. 幂级数 $\sum_{n=0}^{\infty}(-1)^n\frac{x^{n+1}}{(n+1)2^{n+1}}$ 的和函数为________.

三、单项选择题

1. 设级数 $\sum_{n=1}^{\infty}u_n$ 收敛，则下列级数必定收敛的是(　　).

A. $\sum_{n=1}^{\infty}|u_n|$　　B. $\sum_{n=1}^{\infty}u_n^2$　　C. $\sum_{n=1}^{\infty}u_{2n-1}$　　D. $\sum_{n=1}^{\infty}(u_n+u_{n+1})$

2. 下列级数中收敛的是(　　).

A. $\sum_{n=1}^{\infty}\frac{1}{\sqrt{n}}$　　B. $\sum_{n=1}^{\infty}\frac{1}{\sqrt[3]{n^2}}$　　C. $\sum_{n=1}^{\infty}\frac{1}{n\cdot\sqrt{n}}$　　D. $\sum_{n=1}^{\infty}\frac{\sqrt{n}}{2\sqrt{n}+1}$

3. 下列级数中条件收敛的是(　　).

A. $\sum_{n=1}^{\infty}(-1)^n\frac{1}{n^2}$　　B. $\sum_{n=1}^{\infty}\sin\frac{1}{n^2}$　　C. $\sum_{n=1}^{\infty}(-1)^n\frac{1}{\sqrt{n}}$　　D. $\sum_{n=1}^{\infty}(-1)^n\frac{1}{2^n}$

4. 若幂级数 $\sum_{n=0}^{\infty}a_n x^n$ 在 $x=2$ 处收敛，则该级数在 $x=-1$ 处(　　).

A. 发散　　B. 绝对收敛　　C. 条件收敛　　D. 敛散性无法确定

5. 幂级数 $\sum_{n=1}^{\infty}(-1)^{n-1}\frac{x^n}{n\cdot 5^n}$ 的收敛域为(　　).

A. $(-5,5)$　　B. $(-5,5]$　　C. $[-5,5)$　　D. $[-5,5]$

四、解答题

1. 判别下列级数的敛散性：

(1) $\sum_{n=1}^{\infty}\frac{1}{n^2+1}$；　　(2) $\sum_{n=1}^{\infty}\sin\frac{1}{n}$；　　(3) $\sum_{n=1}^{\infty}\frac{1}{n^2+5n+6}$；

(4) $\sum_{n=2}^{\infty}\frac{1}{\ln n}$；　　(5) $\sum_{n=1}^{\infty}\frac{1}{n}\sin\frac{1}{n}$；　　(6) $\sum_{n=1}^{\infty}n\tan\frac{\pi}{2^n}$.

2. 判别下列级数是绝对收敛、条件收敛还是发散？

(1) $\sum_{n=1}^{\infty}(-1)^{n-1}\frac{n^2}{2^n}$；　　(2) $\sum_{n=1}^{\infty}(-1)^{n-1}\frac{n}{(n+1)^2}$；

(3) $\sum_{n=1}^{\infty}(-1)^n\frac{\sin^2 n}{n^2}$；　　(4) $\sum_{n=1}^{\infty}(-1)^n\frac{n!}{2^n}$.

3. 求下列级数的收敛区间：

(1) $\sum_{n=1}^{\infty}(-1)^n\frac{2^n}{\sqrt{n}}x^n$；　　(2) $\sum_{n=1}^{\infty}\frac{1}{3^n}x^{2n-1}$；

(3) $\sum_{n=1}^{\infty}\frac{(x-3)^n}{4^n\sqrt{n}}$；　　　　(4) $\sum_{n=1}^{\infty}\frac{3n-1}{n!}x^n$.

4. 将下列级数展开成指定的幂级数，并求出其收敛域：

(1) 将 $f(x)=e^{-2x}$ 展开为 x 的幂级数；

(2) 将 $f(x)=\frac{x}{2-x}$ 展开为 $x-1$ 的幂级数；

(3) 将 $f(x)=\lg x$ 展开为 $x-1$ 的幂级数.

B 组(拓展练习)

一、判断题

(　　)1. 若 $\lim_{n\to\infty}u_n=0$，则级数 $\sum_{n=1}^{\infty}u_n$ 收敛

(　　)2. 若正项级数 $\sum_{n=1}^{\infty}a_n$ 收敛，则级数 $\sum_{n=1}^{\infty}a_n^2$ 收敛.

(　　)3. 若在级数 $\sum_{n=1}^{\infty}u_n$ 中，$\lim_{n\to\infty}|u_n|\neq 0$，则级数 $\sum_{n=1}^{\infty}u_n$ 发散.

(　　)4. 若级数 $\sum_{n=1}^{\infty}|u_n|$ 发散，则级数 $\sum_{n=1}^{\infty}u_n$ 一定发散.

(　　)5. 若级数 $\sum_{n=1}^{\infty}u_n$ 收敛，则级数 $\sum_{n=1}^{\infty}(-1)^n u_n$ 绝对收敛.

二、填空题

1. 使级数 $\sum_{n=1}^{\infty}\frac{(-1)^n}{n^p}$ 发散的 p 值范围是__________.

2. $\lim_{n\to\infty}\frac{3^n}{n!}=$ __________.

3. 幂级数 $\sum_{n=1}^{\infty}n!x^n$ 的收敛半径为__________.

4. 幂级数 $\sum_{n=1}^{\infty}\frac{(x-5)^n}{\sqrt{n}}$ 的收敛区间为__________.

5. 将 $f(x)=\frac{1}{x}$ 展开为 $x-1$ 的幂级数为__________.

三、单项选择题

1. 设级数 $\sum_{n=1}^{\infty}u_n^2$ 收敛，则(　　).

A. $\sum_{n=1}^{\infty}u_n$ 发散　　　　B. $\sum_{n=1}^{\infty}u_n$ 收敛

C. $\sum_{n=1}^{\infty}\left(u_n^2-\frac{2}{\sqrt{n}}\right)$ 发散　　　　D. $\sum_{n=1}^{\infty}(-1)^n u_n$ 收敛

2. 下列级数中收敛的是(　　).

A. $\sum_{n=1}^{\infty}\frac{n}{n+1}$　　　　B. $\sum_{n=1}^{\infty}\frac{1}{\sqrt{n+1}}$

C. $\sum\limits_{n=1}^{\infty}\frac{n}{n^3+1}$　　D. $\sum\limits_{n=1}^{\infty}\left[\frac{1}{n^2}+\left(\frac{4}{3}\right)^n\right]$

3. 下列级数中发散的是(　　).

A. $\sum\limits_{n=1}^{\infty}\sin\frac{n\pi}{2}$　　B. $\sum\limits_{n=1}^{\infty}(-1)^{n-1}\frac{1}{n+1}$

C. $\sum\limits_{n=1}^{\infty}\frac{2^n}{3^n}$　　D. $\sum\limits_{n=1}^{\infty}\left(\frac{1}{n}\right)^3$

4. 下列级数中条件收敛的是(　　).

A. $\sum\limits_{n=1}^{\infty}(-1)^n\frac{n}{n+1}$　　B. $\sum\limits_{n=1}^{\infty}(-1)^n\frac{1}{\sqrt[3]{n^2}}$

C. $\sum\limits_{n=1}^{\infty}(-1)^n\sin\frac{\pi}{n^2}$　　D. $\sum\limits_{n=1}^{\infty}(-1)^n\frac{1}{n(n+1)}$

5. 级数 $\sum\limits_{n=0}^{\infty}\frac{2^n}{n!}$ 的和为(　　).

A. 0　　B. e　　C. e^2　　D. 不存在

四、解答题

1. 判别下列级数的敛散性：

(1) $\sum\limits_{n=1}^{\infty}\frac{2+(-1)^n}{2^n}$；　(2) $\sum\limits_{n=1}^{\infty}\frac{\sqrt{n^2+1}}{2n^2+1}$；　(3) $\sum\limits_{n=1}^{\infty}\frac{\arctan\frac{1}{n}}{n^2}$；

(4) $\sum\limits_{n=1}^{\infty}\frac{2n^2}{(n!)^2}$；　(5) $\sum\limits_{n=1}^{\infty}(-1)^n\left(1+\frac{1}{n}\right)^n$；

(6) $\sum\limits_{n=1}^{\infty}\left(\frac{1}{\sqrt{2n+1}}+3^n\sin\frac{1}{4^n}\right)$.

2. 判别下列级数是绝对收敛、条件收敛还是发散？

(1) $\sum\limits_{n=1}^{\infty}(-1)^n\frac{n}{2^n}$；　(2) $\sum\limits_{n=1}^{\infty}\frac{2(-1)^n+1}{n\sqrt{n}}$；

(3) $\sum\limits_{n=1}^{\infty}(-1)^n\frac{n}{n+4}$；　(4) $\sum\limits_{n=1}^{\infty}(-1)^{n-1}\frac{1}{\sqrt[3]{n(n+1)}}$.

3. 求下列级数的收敛域：

(1) $\sum\limits_{n=1}^{\infty}nx^n$；　(2) $\sum\limits_{n=1}^{\infty}(-1)^n\frac{x^n}{n^2}$.

4. 将下列级数展开成指定的幂级数，并求出其收敛域：

(1) 将 $f(x)=\frac{x}{1+x^2}$ 展开为 x 的幂级数；

(2) 将 $f(x)=\frac{1}{3-x}$ 展开为 $x-1$ 的幂级数；

(3) 将 $f(x)=\ln\sqrt{\frac{1+x}{1-x}}$ 展开为 x 的幂级数.

自测题 7 参考答案

阅读资料

无穷级数的起源

无穷级数思想的起源可以延续到公元前，古希腊学者芝诺的二分法涉及的把1分解成无穷级数$\frac{1}{2}+\frac{1}{2^2}+\frac{1}{2^3}+\frac{1}{2^4}+\cdots$以及古代中国的“一尺之棰，日取其半”都有类似思想. 然而，最早发现并研究无穷级数的是印度学者马德哈瓦和尼拉坎特哈. 之后，由造访印度的精通数学的耶稣会传教士带到欧洲.

尽管无穷级数出现得很早，但往往都是停留在对个别问题的研究. 到了中世纪(14至16世纪)，无穷级数才引起了当时的哲学家与数学家的广泛兴趣. 其中，最杰出的代表人物是奥雷姆，他明确几何级数有两种可能性. 这些级数的早期研究促使人们接受无穷. 随着17世纪微积分的诞生，无穷级数和微积分紧密地结合在一起，其内容也不断增加，研究的方向也从级数本身的性质延伸到应用中来. 从最简单的正项级数和性质开始，逐渐拓展到任意项级数及其性质，再与函数结合在一起，发展出了函数项级数、幂级数和傅里叶级数. 之后就是级数思想的发展，从函数项级数和幂级数延伸出的函数的幂级数展开，进一步发展到定积分和不定积分的概念，再发展到无穷逼近等领域. 18世纪对级数的研究大多是形式上的，数学家们也是把级数看作多项式的代数推广，由此产生了许多问题，迫使数学家进行严密化的研究. 直到19世纪，柯西建立了级数理论，阿贝尔对此进行了完善. 后来由魏尔斯特拉斯提出的一致收敛完成了整个级数理论的建立.

无穷级数的发展经过了近百年的时间. 作为一种工具，它在数学的前进中起到了巨大的推动作用，并和牛顿的理论一起构成了微积分的两大支柱，由此可见它的重要性. 如今，很多需要求近似的地方也用到了级数，如国防工业大道、火箭飞行轨迹与回收等领域.

第8章　线性代数初步

学习目标

○ 知识学习目标

1. 理解行列式的定义，掌握行列式的性质及运算方法，能计算低阶行列式的值；
2. 会利用克莱姆法则求线性方程组的解；
3. 理解矩阵的概念，掌握矩阵的各种运算；
4. 了解逆矩阵和矩阵的秩的定义，会求逆矩阵与矩阵的秩；
5. 熟练掌握矩阵的初等变换；
6. 会讨论线性方程组的基础解系和通解.

○ 能力培养目标

1. 学会运用矩阵的思想、方法解决经济中的问题；
2. 学会运用线性方程组的思想、方法解决经济中的相关问题.

线性代数作为数学的一个重要分支在自然科学、工程技术及社会科学等诸多领域有着广泛的应用，它是解决自然科学、工程实际问题的重要数学工具. 本章简单介绍行列式、矩阵的概念及计算，线性方程组的解法及简单应用等基础知识.

8.1　行　列　式

8.1.1　行列式的定义

1. 二阶行列式

在初等代数中，我们会求解二元一次方程组：

$$\begin{cases} a_{11}x_1 + a_{12}x_2 = b_1 & ① \\ a_{21}x_1 + a_{22}x_2 = b_2 & ② \end{cases}. \tag{8.1.1}$$

具体做法如下：

①$\times a_{22}$，即

$$a_{11}a_{22}x_1 + a_{12}a_{22}x_2 = b_1a_{22}, \qquad ③$$

②$\times a_{12}$，即

$$a_{12}a_{21}x_1 + a_{12}a_{22}x_2 = b_2a_{12}, \qquad ④$$

两式相减，即③－④，可消去 x_2，得到

$$(a_{11}a_{22}-a_{12}a_{21})x_1=b_1a_{22}-a_{12}b_2.$$

类似地，消去 x_1，得到

$$(a_{11}a_{22}-a_{12}a_{21})x_2=a_{11}b_2-b_1a_{21},$$

当 $a_{11}a_{22}-a_{12}a_{21}\neq 0$ 时，方程组(8.1.1)的解为

$$x_1=\frac{b_1a_{22}-a_{12}b_2}{a_{11}a_{22}-a_{12}a_{21}},\quad x_2=\frac{a_{11}b_2-b_1a_{21}}{a_{11}a_{22}-a_{12}a_{21}},$$

其中分母 $a_{11}a_{22}-a_{12}a_{21}$ 由方程组(8.1.1)的 4 个系数确定.

为了便于使用和记忆，我们引入二阶行列式的概念.

定义 8.1.1　由 4 个数排成两行两列，两边各加一条竖线得到的数表 $\begin{vmatrix} a_{11} & a_{12} \\ a_{21} & a_{22} \end{vmatrix}$，称为二阶行列式，通常用大写字母 D 来表示. 规定：

$$D=\begin{vmatrix} a_{11} & a_{12} \\ a_{21} & a_{22} \end{vmatrix}=a_{11}a_{22}-a_{12}a_{21},\tag{8.1.2}$$

其中，数 $a_{ij}(i=1,2;j=1,2)$ 称为行列式 $\begin{vmatrix} a_{11} & a_{12} \\ a_{21} & a_{22} \end{vmatrix}$ 的元素或元. 元素 a_{ij} 的第一个下标 i 称为行标，表示该元素所在的行数，第二个下标 j 称为列标，表示该元素所在的列数.

式(8.1.2)最右边的式子称为二阶行列式 D 的展开式，表示主对角线(从左上角到右下角这条对角线)上元素的乘积减去副对角线(从右上角到左下角这条对角线)上元素的乘积所得的差. 这种展开法称为二阶行列式的对角线法则.

于是，二元一次方程组(8.1.1)的解的分子用行列式可表示为

$$b_1a_{22}-a_{12}b_2=\begin{vmatrix} b_1 & a_{12} \\ b_2 & a_{22} \end{vmatrix},\quad a_{11}b_2-b_1a_{21}=\begin{vmatrix} a_{11} & b_1 \\ a_{21} & b_2 \end{vmatrix}.$$

若记 $D=\begin{vmatrix} a_{11} & a_{12} \\ a_{21} & a_{22} \end{vmatrix}$，$D_1=\begin{vmatrix} b_1 & a_{12} \\ b_2 & a_{22} \end{vmatrix}$，$D_2=\begin{vmatrix} a_{11} & b_1 \\ a_{21} & b_2 \end{vmatrix}$，则方程组(8.1.1)的解可写成

$$x_1=\frac{D_1}{D}=\frac{\begin{vmatrix} b_1 & a_{12} \\ b_2 & a_{22} \end{vmatrix}}{\begin{vmatrix} a_{11} & a_{12} \\ a_{21} & a_{22} \end{vmatrix}},\quad x_2=\frac{D_2}{D}=\frac{\begin{vmatrix} a_{11} & b_1 \\ a_{21} & b_2 \end{vmatrix}}{\begin{vmatrix} a_{11} & a_{12} \\ a_{21} & a_{22} \end{vmatrix}},$$

其中，D 表示由方程组(8.1.1)的系数按照原来的顺序得到的行列式，称 D 为方程组的系数行列式，D_1 表示由方程组右端的常数项 b_1、b_2 替换 D 中未知数 x_1 的系数 a_{11}、a_{21} 得到的行列式，D_2 表示由方程组右端的常数项 b_1、b_2 替换 D 中未知数 x_2 的系数 a_{12}、a_{22} 得到的行列式. 此解具有一般性.

例题讲解

例 8.1.1　计算二阶行列式 $\begin{vmatrix} 3 & 2 \\ 4 & 5 \end{vmatrix}$.

解　$\begin{vmatrix} 3 & 2 \\ 4 & 5 \end{vmatrix}=3\times 5-2\times 4=7.$

例 8.1.2 求解二元一次方程组$\begin{cases}3x_1-2x_2=12\\2x_1+x_2=1\end{cases}$.

解 因为

$$D=\begin{vmatrix}3 & -2\\2 & 1\end{vmatrix}=3\times1-(-2)\times2=7\neq0,$$

$$D_1=\begin{vmatrix}12 & -2\\1 & 1\end{vmatrix}=12\times1-(-2)\times1=14,$$

$$D_2=\begin{vmatrix}3 & 12\\2 & 1\end{vmatrix}=3\times1-12\times2=-21,$$

所以

$$x_1=\frac{D_1}{D}=\frac{14}{7}=2,\ x_2=\frac{D_2}{D}=\frac{-21}{7}=-3.$$

2. 三阶行列式

对于三元一次方程组

$$\begin{cases}a_{11}x_1+a_{12}x_2+a_{13}x_3=b_1\\a_{21}x_1+a_{22}x_2+a_{23}x_3=b_2,\\a_{31}x_1+a_{32}x_2+a_{33}x_3=b_3\end{cases}\tag{8.1.3}$$

为了简单地表示它的解，我们引入三阶行列式的概念.

定义 8.1.2 由 9 个数排成三行三列，两边各加一条竖线得到的数表$\begin{vmatrix}a_{11} & a_{12} & a_{13}\\a_{21} & a_{22} & a_{23}\\a_{31} & a_{32} & a_{33}\end{vmatrix}$称为三阶行列式. 规定：

$$D=\begin{vmatrix}a_{11} & a_{12} & a_{13}\\a_{21} & a_{22} & a_{23}\\a_{31} & a_{32} & a_{33}\end{vmatrix}$$
$$=a_{11}a_{22}a_{33}+a_{12}a_{23}a_{31}+a_{13}a_{21}a_{32}-a_{13}a_{22}a_{31}-a_{12}a_{21}a_{33}-a_{11}a_{23}a_{32},\tag{8.1.4}$$

式(8.1.4)最右边的式子称为三阶行列式 D 的展开式，表示所有处于不同行不同列的三个元素的乘积的代数和，其规律遵循图 8.1.1 所示的对角线法则：图中有三条实线看作是平行于主对角线的连线，三条虚线看作是平行于副对角线的连线，实线上三元素的乘积冠正号，虚线上三元素的乘积冠负号.

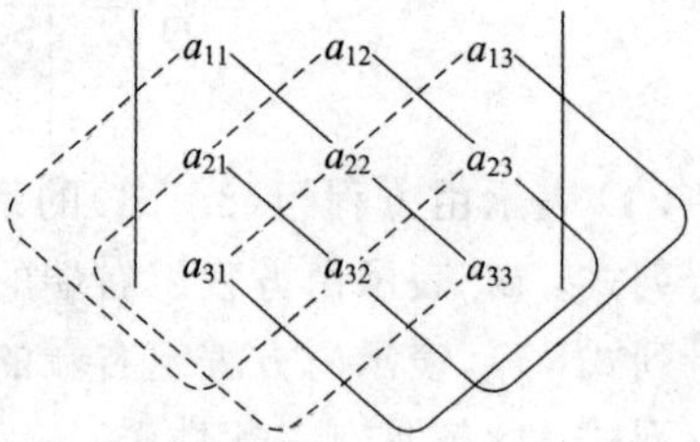

图 8.1.1

例如：

$$\begin{vmatrix}1 & 2 & 3\\4 & 5 & 6\\7 & 8 & 9\end{vmatrix}=1\times5\times9+2\times6\times7+3\times4\times8-3\times5\times7-2\times4\times9-1\times6\times8$$
$$=0.$$

例题讲解

例 8.1.3　计算三阶行列式$\begin{vmatrix} 1 & 3 & 2 \\ 3 & 4 & -2 \\ -1 & 1 & 3 \end{vmatrix}$.

解

$$\begin{aligned}\begin{vmatrix} 1 & 3 & 2 \\ 3 & 4 & -2 \\ -1 & 1 & 3 \end{vmatrix} &= 1\times4\times3+3\times1\times2+(-1)\times3\times(-2)- \\ &\quad 2\times4\times(-1)-3\times3\times3-1\times(-2)\times1 \\ &=7.\end{aligned}$$

例 8.1.4　求三元一次方程组

$$\begin{cases} 2x_1+3x_2+x_3=6 \\ x_1+4x_3=5 \\ x_1+2x_2+x_3=4 \end{cases}.$$

的系数所构成的行列式.

解　题设所给的三元一次方程组的系数构成一个三阶行列式，即

$$D=\begin{vmatrix} 2 & 3 & 1 \\ 1 & 0 & 4 \\ 1 & 2 & 1 \end{vmatrix}=2\times0\times1+1\times2\times1+3\times4\times1-1\times0\times1-3\times1\times1-4\times2\times2=-5.$$

3. *n* 阶行列式

定义 8.1.3　由n^2 个数 $a_{ij}(i, j=1, 2, \cdots, n)$排成 n 行 n 列，两边各加一条竖线得到的数表

$$D_n=\begin{vmatrix} a_{11} & a_{12} & \cdots & a_{1n} \\ a_{21} & a_{22} & \cdots & a_{2n} \\ \vdots & \vdots & & \vdots \\ a_{n1} & a_{n2} & \cdots & a_{nn} \end{vmatrix}$$

称为 n 阶行列式. 其中横排称为行，竖排称为列.

当 $n=1$ 时，$D_1=|a_{11}|=a_{11}$.

当 $n=2$ 时，$D_2=\begin{vmatrix} a_{11} & a_{12} \\ a_{21} & a_{22} \end{vmatrix}=a_{11}a_{22}-a_{12}a_{21}$.

当 $n=3$ 时，$D_3=\begin{vmatrix} a_{11} & a_{12} & a_{13} \\ a_{21} & a_{22} & a_{23} \\ a_{31} & a_{32} & a_{33} \end{vmatrix}$

$$=a_{11}a_{22}a_{33}+a_{12}a_{23}a_{31}+a_{13}a_{21}a_{32}-a_{13}a_{22}a_{31}-a_{12}a_{21}a_{33}-a_{11}a_{23}a_{32}.$$

那么四阶以上的行列式如何求解呢？为了寻求普遍有效的展开方法，我们引入元素的余子式和代数余子式的概念.

定义 8.1.4　在 n 阶行列式中，划去 a_{ij} 所在的第 i 行与第 j 列，剩下的$(n-1)^2$ 个元素按照原来的顺序构成一个 $n-1$ 阶行列式，称为元素 a_{ij} 的余子式，记为M_{ij}，即

$$M_{ij}=\begin{vmatrix} a_{11} & \cdots & a_{1,j-1} & a_{1,j+1} & \cdots & a_{1n} \\ \vdots & & \vdots & \vdots & & \vdots \\ a_{i-1,1} & \cdots & a_{i-1,j-1} & a_{i-1,j+1} & \cdots & a_{i-1,n} \\ a_{i+1,1} & \cdots & a_{i+1,j-1} & a_{i+1,j+1} & \cdots & a_{i+1,n} \\ \vdots & & \vdots & \vdots & & \vdots \\ a_{n1} & \cdots & a_{n,j-1} & a_{n,j+1} & \cdots & a_{nn} \end{vmatrix}.$$

在M_{ij}的前面添加符号$(-1)^{i+j}$后，称为元素a_{ij}的代数余子式，记为A_{ij}，即$A_{ij}=(-1)^{i+j}M_{ij}(i, j=1, 2, \cdots, n)$.

例如，在四阶行列式

$$D_4=\begin{vmatrix} a_{11} & a_{12} & a_{13} & a_{14} \\ a_{21} & a_{22} & a_{23} & a_{24} \\ a_{31} & a_{32} & a_{33} & a_{34} \\ a_{41} & a_{42} & a_{43} & a_{44} \end{vmatrix}$$

中，元素a_{23}的余子式和代数余子式分别为

$$M_{23}=\begin{vmatrix} a_{11} & a_{12} & a_{14} \\ a_{31} & a_{32} & a_{34} \\ a_{41} & a_{42} & a_{44} \end{vmatrix}, \quad A_{23}=(-1)^{2+3}M_{23}=-M_{23}.$$

定理 8.1.1 n阶行列式D等于它的任一行(列)的各元素与其对应的代数余子式的乘积之和，即

$$D=a_{i1}A_{i1}+a_{i2}A_{i2}+\cdots+a_{in}A_{in}=\sum_{k=1}^{n}a_{ik}A_{ik} \quad (i=1, 2, \cdots, n),$$

或

$$D=a_{1j}A_{1j}+a_{2j}A_{2j}+\cdots+a_{nj}A_{nj}=\sum_{k=1}^{n}a_{kj}A_{kj} \quad (j=1, 2, \cdots, n).$$

定理 8.1.8 称为行列式展开定理，即拉普拉斯定理，它能使行列式降阶，转化为低一阶的行列式进行计算.

需要指出的是：行列式的某一行(列)的各元素与另一行(列)对应元素的代数余子式的乘积之和等于零.

例如，三阶行列式可以由二阶行列式表示. 下列三阶行列式按第一行展开，得

$$\begin{aligned}\begin{vmatrix} -1 & 3 & 2 \\ 3 & 0 & -2 \\ -2 & 1 & 3 \end{vmatrix} &= (-1)(-1)^{1+1}\begin{vmatrix} 0 & -2 \\ 1 & 3 \end{vmatrix}+3(-1)^{1+2}\begin{vmatrix} 3 & -2 \\ -2 & 3 \end{vmatrix}+2(-1)^{1+3}\begin{vmatrix} 3 & 0 \\ -2 & 1 \end{vmatrix} \\ &= (-1)\times 2-3\times 5+2\times 3 \\ &= 11.\end{aligned}$$

例题讲解

例 8.1.5 计算四阶行列式

$$D=\begin{vmatrix}3&0&0&5\\4&1&0&2\\6&5&7&0\\3&4&2&-1\end{vmatrix}.$$

解　由定义有

$$D=\begin{vmatrix}3&0&0&5\\4&1&0&2\\6&5&7&0\\3&4&2&-1\end{vmatrix}=3(-1)^{1+1}\begin{vmatrix}1&0&2\\5&7&0\\4&2&-1\end{vmatrix}+5(-1)^{1+4}\begin{vmatrix}4&1&0\\6&5&7\\3&4&2\end{vmatrix}$$

$$=3\left[1\cdot(-1)^{1+1}\begin{vmatrix}7&0\\2&-1\end{vmatrix}+2\cdot(-1)^{1+3}\begin{vmatrix}5&7\\4&2\end{vmatrix}\right]-$$

$$5\left[4\cdot(-1)^{1+1}\begin{vmatrix}5&7\\4&2\end{vmatrix}+1\cdot(-1)^{1+2}\begin{vmatrix}6&7\\3&2\end{vmatrix}\right]$$

$$=3(-7-36)-5(-72+9)=186.$$

例 8.1.6　计算 $D=\begin{vmatrix}1&0&0&0\\2&3&1&-1\\3&0&0&2\\4&1&3&-1\end{vmatrix}$.

解

$$D=\begin{vmatrix}1&0&0&0\\2&3&1&-1\\3&0&0&2\\4&1&3&-1\end{vmatrix}\text{(按第一行展开)}$$

$$=1\times(-1)^{1+1}\begin{vmatrix}3&1&-1\\0&0&2\\1&3&-1\end{vmatrix}\text{(按第二行展开)}$$

$$=2\times(-1)^{2+3}\begin{vmatrix}3&1\\1&3\end{vmatrix}$$

$$=(-2)\times(9-1)$$

$$=-16.$$

注　计算行列式时，选择按照零元素多的行或列来展开，可以很大程度简化行列式的计算，这是计算行列式常用的技巧之一.

4. 几个常用的特殊行列式

(1) 上三角行列式(主对角线以下的元素全为零)，如

$$\begin{vmatrix}a_{11}&a_{12}&\cdots&a_{1n}\\0&a_{22}&\cdots&a_{2n}\\\vdots&\vdots&&\vdots\\0&0&0&a_{nn}\end{vmatrix}=a_{11}a_{22}\cdots a_{nn}.$$

(2) 下三角行列式(主对角线以上的元素全为零)，如

$$\begin{vmatrix} a_{11} & 0 & 0 & \cdots & 0 \\ a_{21} & a_{22} & 0 & \cdots & 0 \\ \vdots & \vdots & \vdots & & \vdots \\ a_{n1} & a_{n2} & a_{n3} & \cdots & a_{nn} \end{vmatrix} = a_{11}a_{22}\cdots a_{nn}.$$

(3) 对角行列式(主对角线以外的元素全为零)，如

$$\begin{vmatrix} a_{11} & 0 & \cdots & 0 \\ 0 & a_{22} & \cdots & 0 \\ \vdots & \vdots & & \vdots \\ 0 & 0 & \cdots & a_{nn} \end{vmatrix} = a_{11}a_{22}\cdots a_{nn}.$$

综上所述，上、下三角行列式和对角行列式的值都等于其主对角线上元素的乘积.

8.1.2 行列式的性质

从 8.1.1 节的学习中我们已经了解到在计算行列式时，对于三角行列式、对角行列式或是所含的零元素较多的行列式，它们的值容易算出. 但是对于一般的行列式而言，计算就不那么简单了. 下面介绍的行列式的基本性质，可以极大地简化行列式的计算. 为此，我们先介绍转置行列式的概念.

定义 8.1.5 将行列式 D 的行与同序数的列互换位置后得到的行列式，称为行列式 D 的转置行列式，记为D^{T}或 D'.

例如，设 $D=\begin{vmatrix} a_{11} & \cdots & a_{1n} \\ \vdots & & \vdots \\ a_{n1} & \cdots & a_{nn} \end{vmatrix}$，则 D 的转置行列式为$D^{\mathrm{T}}=\begin{vmatrix} a_{11} & \cdots & a_{n1} \\ \vdots & & \vdots \\ a_{1n} & \cdots & a_{nn} \end{vmatrix}$.

性质 1 行列式与它的转置行列式相等，即 $D=D^{\mathrm{T}}$.

注 性质 1 说明行列式的行与列具有相同的地位. 因而凡是对行具有的性质，对列也一样具有，反之亦然.

性质 2 互换行列式的任意两行(列)，行列式变号.

通常互换行列式的 i、j 两行记为 $r_i \leftrightarrow r_j$，互换 i、j 两列记为 $c_i \leftrightarrow c_j$.

推论 若行列式中有两行(列)对应元素相等，则该行列式的值等于零.

性质 3 用一个数 k 乘一个行列式，等于用数 k 乘该行列式的某一行(列)中所有的元素.

推论 1 若行列式某行(列)有公因子 k，则可以把它提到行列式符号的外面.

通常行列式的第 i 行乘 k 记为 $r_i \times k$，第 i 列乘 k 记为 $c_i \times k$.

推论 2 若行列式某行(列)的元素全为零，则该行列式的值等于零.

推论 3 若行列式的任意两行(列)对应元素成比例，则该行列式的值为零.

性质 4 若行列式的某行(列)的元素都是两数之和，则该行列式可以表示为两个行列式之和，即

$$D = \begin{vmatrix} a_{11} & a_{12} & \cdots & a_{1i}+b_{1i} & \cdots & a_{1n} \\ a_{21} & a_{22} & \cdots & a_{2i}+b_{2i} & \cdots & a_{2n} \\ \vdots & \vdots & & \vdots & & \vdots \\ a_{n1} & a_{n2} & \cdots & a_{ni}+b_{ni} & \cdots & a_{nn} \end{vmatrix}$$

$$= \begin{vmatrix} a_{11} & a_{12} & \cdots & a_{1i} & \cdots & a_{1n} \\ a_{21} & a_{22} & \cdots & a_{2i} & \cdots & a_{2n} \\ \vdots & \vdots & & \vdots & & \vdots \\ a_{n1} & a_{n2} & \cdots & a_{ni} & \cdots & a_{nn} \end{vmatrix} + \begin{vmatrix} a_{11} & a_{12} & \cdots & b_{1i} & \cdots & a_{1n} \\ a_{21} & a_{22} & \cdots & b_{2i} & \cdots & a_{2n} \\ \vdots & \vdots & & \vdots & & \vdots \\ a_{n1} & a_{n2} & \cdots & b_{ni} & \cdots & a_{nn} \end{vmatrix}.$$

性质 4 也可以叙述为，若两个行列式中除某行(列)外，其余行(列)对应元素相同，则两个行列式之和只对该行(列)对应元素相加，其余行(列)的元素保持不变.

性质 5　把行列式的某一行(列)的各元素的 k 倍加到另一行(列)的对应元素上，该行列式的值不变.

行列式的第 j 行(列)乘 k 加到第 i 行(列)上记为 $r_i+kr_j(c_i+kc_j)$，有

$$\begin{vmatrix} a_{11} & \cdots & a_{1n} \\ \vdots & & \vdots \\ a_{i1} & \cdots & a_{in} \\ \vdots & & \vdots \\ a_{j1} & \cdots & a_{jn} \\ \vdots & & \vdots \\ a_{n1} & \cdots & a_{nn} \end{vmatrix} \xlongequal{r_i+kr_j} \begin{vmatrix} a_{11} & \cdots & a_{1n} \\ \vdots & & \vdots \\ a_{i1}+ka_{j1} & \cdots & a_{in}+ka_{jn} \\ \vdots & & \vdots \\ a_{j1} & \cdots & a_{jn} \\ \vdots & & \vdots \\ a_{n1} & \cdots & a_{nn} \end{vmatrix} \quad (i \neq j).$$

8.1.3　行列式的计算

行列式的计算主要有两种方法.

(1) 化为三角行列式(简称“三角化”法).

利用行列式的性质，把行列式化为容易计算的上(下)三角行列式. 例如，化为上三角行列式的步骤如下：如果第一列第一个元素为零，则先将第一行与其他行交换，使第一列第一个元素不为零，然后利用行列式的性质，使第一列除去第一个元素外其余元素全为零；再用同样的方法处理低一阶的行列式，如此下去，直至成为上三角行列式，这时主对角线上元素之积就是所求行列式的值.

(2) 按某一行(列)展开(也叫降阶法).

通常是利用性质 5 使行列式在某一行(列)中产生很多个“0”元素，再按此行(列)展开，把行列式的阶数降低，最后求出它的值.

例题讲解

例 8.1.7　计算行列式

$$D = \begin{vmatrix} 2 & 3 & 1 & 0 \\ 4 & -2 & -1 & -1 \\ -2 & 1 & 2 & 1 \\ 0 & 1 & 1 & 0 \end{vmatrix}.$$

解　由于上三角行列式的值等于其主对角线上元素的乘积，因此我们只要设法利用行列式的性质将题目中所给的行列式化为上三角行列式，即可求出该行列式的值.

$$D=\begin{vmatrix}2&3&1&0\\4&-2&-1&-1\\-2&1&2&1\\0&1&1&0\end{vmatrix}\xlongequal[r_3+r_1]{r_2-2r_1}\begin{vmatrix}2&3&1&0\\0&-8&-3&-1\\0&4&3&1\\0&1&1&0\end{vmatrix}\xlongequal{r_2\leftrightarrow r_4}-\begin{vmatrix}2&3&1&0\\0&1&1&0\\0&4&3&1\\0&-8&-3&-1\end{vmatrix}$$

$$\xlongequal[r_4+8r_2]{r_3-4r_2}-\begin{vmatrix}2&3&1&0\\0&1&1&0\\0&0&-1&1\\0&0&5&-1\end{vmatrix}\xlongequal{r_4+5r_3}-\begin{vmatrix}2&3&1&0\\0&1&1&0\\0&0&-1&1\\0&0&0&4\end{vmatrix}$$

$$=-[2\times1\times(-1)\times4]$$

$$=8.$$

例 8.1.8 计算行列式

$$D=\begin{vmatrix}3&1&-1&2\\-5&1&3&-4\\2&0&1&-1\\1&-5&3&-3\end{vmatrix}.$$

解 本题的解题思路与例 8.1.7 的相同，为避免分数计算，先把第一行第一列的元素交换为 1 或−1.

方法一：$D=\begin{vmatrix}3&1&-1&2\\-5&1&3&-4\\2&0&1&-1\\1&-5&3&-3\end{vmatrix}\xlongequal{c_1\leftrightarrow c_2}-\begin{vmatrix}1&3&-1&2\\1&-5&3&-4\\0&2&1&-1\\-5&1&3&-3\end{vmatrix}$

$$\xlongequal[r_4+5r_1]{r_2-r_1}\begin{vmatrix}1&3&-1&2\\0&-8&4&-6\\0&2&1&-1\\0&16&-2&7\end{vmatrix}$$

$$\xlongequal{r_2\leftrightarrow r_3}\begin{vmatrix}1&3&-1&2\\0&2&1&-1\\0&8&4&-6\\0&16&-2&7\end{vmatrix}\xlongequal[r_4-8r_2]{r_3+4r_2}\begin{vmatrix}1&3&-1&2\\0&2&1&-1\\0&0&8&-10\\0&0&-10&15\end{vmatrix}$$

$$=2\times5\begin{vmatrix}1&3&-1&2\\0&2&1&-1\\0&0&4&-5\\0&0&-2&3\end{vmatrix}$$

$$\xlongequal{r_3\leftrightarrow r_4}-10\begin{vmatrix}1&3&-1&2\\0&2&1&-1\\0&0&-2&3\\0&0&4&-5\end{vmatrix}\xlongequal{r_4+2r_3}-10\begin{vmatrix}1&3&-1&2\\0&2&1&-1\\0&0&-2&3\\0&0&0&1\end{vmatrix}$$

$$=(-10)\times1\times2\times(-2)\times1$$

$$=40.$$

方法二：$D \xlongequal{r_1-r_3} \begin{vmatrix} 1 & 1 & -2 & 3 \\ -5 & 1 & 3 & -4 \\ 2 & 0 & 1 & -1 \\ 1 & -5 & 3 & -3 \end{vmatrix} \xlongequal[r_4-r_1]{\substack{r_2+5r_1 \\ r_3-2r_1}} \begin{vmatrix} 1 & 1 & -2 & 3 \\ 0 & 6 & -7 & 11 \\ 0 & -2 & 5 & -7 \\ 0 & -6 & 5 & -6 \end{vmatrix}$

$$= \begin{vmatrix} 6 & -7 & 11 \\ -2 & 5 & -7 \\ -6 & 5 & -6 \end{vmatrix} \xlongequal[-r_2]{-r_2} (-1)^2 2 \begin{vmatrix} 3 & -7 & 11 \\ 1 & -5 & 7 \\ 3 & -5 & 6 \end{vmatrix} \xlongequal{r_1 \leftrightarrow r_2} -2 \begin{vmatrix} 1 & -5 & 7 \\ 3 & -7 & 11 \\ 3 & -5 & 6 \end{vmatrix}$$

$$\xlongequal[r_2-3r_1]{r_3-r_2} -2 \begin{vmatrix} 1 & -5 & 7 \\ 0 & 8 & -10 \\ 0 & 2 & -5 \end{vmatrix} = -2 \begin{vmatrix} 8 & -10 \\ 2 & -5 \end{vmatrix} = 40.$$

从方法二中发现，先利用行列式的性质，将行列式中某一行(列)化为仅含有一个非零元素，再将行列式按此行(列)展开，转化为低一阶的行列式，如此下去，直到化为二阶行列式为止. 这种将行列式的性质与行列式按行(列)展开结合起来的方法在行列式的计算中应用甚广.

例 8.1.9　计算行列式

$$D = \begin{vmatrix} 1 & 2 & 3 & 4 & 5 \\ 2 & 1 & 2 & 3 & 4 \\ 3 & 2 & 1 & 2 & 3 \\ 4 & 3 & 2 & 1 & 2 \\ 5 & 4 & 3 & 2 & 1 \end{vmatrix}.$$

解　$D = \begin{vmatrix} 1 & 2 & 3 & 4 & 5 \\ 2 & 1 & 2 & 3 & 4 \\ 3 & 2 & 1 & 2 & 3 \\ 4 & 3 & 2 & 1 & 2 \\ 5 & 4 & 3 & 2 & 1 \end{vmatrix} \xlongequal[i=4,3,2,1]{r_{i+1}-r_i} \begin{vmatrix} 1 & 2 & 3 & 4 & 5 \\ 1 & -1 & -1 & -1 & -1 \\ 1 & 1 & -1 & -1 & -1 \\ 1 & 1 & 1 & -1 & -1 \\ 1 & 1 & 1 & 1 & -1 \end{vmatrix}$

$$\xlongequal[i=1,2,3,4]{r_i-r_5} \begin{vmatrix} 0 & 1 & 2 & 3 & 6 \\ 0 & -2 & -2 & -2 & 0 \\ 0 & 0 & -2 & -2 & 0 \\ 0 & 0 & 0 & -2 & 0 \\ 1 & 1 & 1 & 1 & -1 \end{vmatrix} = \begin{vmatrix} 1 & 2 & 3 & 6 \\ -2 & -2 & -2 & 0 \\ 0 & -2 & -2 & 0 \\ 0 & 0 & -2 & 0 \end{vmatrix}$$

$$= (-1)^{1+4} 6 \begin{vmatrix} -2 & -2 & -2 \\ 0 & -2 & -2 \\ 0 & 0 & -2 \end{vmatrix} = 48.$$

例 8.1.10　计算行列式 $D = \begin{vmatrix} 3 & 1 & 1 & 1 \\ 1 & 3 & 1 & 1 \\ 1 & 1 & 3 & 1 \\ 1 & 1 & 1 & 3 \end{vmatrix}$.

解　该行列式的特点是所有行(列)的元素之和都相等，做如下处理：

$$D=\begin{vmatrix}3&1&1&1\\1&3&1&1\\1&1&3&1\\1&1&1&3\end{vmatrix}\xlongequal[c_1+c_4]{\substack{c_1+c_2\\c_1+c_3}}\begin{vmatrix}6&1&1&1\\6&3&1&1\\6&1&3&1\\6&1&1&3\end{vmatrix}=6\begin{vmatrix}1&1&1&1\\1&3&1&1\\1&1&3&1\\1&1&1&3\end{vmatrix}\xlongequal[r_4-r_1]{\substack{r_2-r_1\\r_3-r_1}}6\begin{vmatrix}1&1&1&1\\0&2&0&0\\0&0&2&0\\0&0&0&3\end{vmatrix}=48.$$

例 8.1.11 计算行列式

$$D=\begin{vmatrix}a&1&0&0\\-1&b&1&0\\0&-1&c&1\\0&0&-1&d\end{vmatrix}.$$

解 题目中 a、b、c、d 表示常数,但是不要用它们作分母,因为 a、b、c、d 可能为 0.

$$D\xlongequal{r_1+ar_2}\begin{vmatrix}0&ab+1&a&0\\-1&b&1&0\\0&-1&c&1\\0&0&-1&d\end{vmatrix}=\begin{vmatrix}ab+1&a&0\\-1&c&1\\0&-1&d\end{vmatrix}\xlongequal{c_3+dc_2}\begin{vmatrix}ab+1&a&ad\\-1&c&cd+1\\0&-1&0\end{vmatrix}$$

$$=\begin{vmatrix}ab+1&ad\\-1&cd+1\end{vmatrix}=(ab+1)(cd+1)+ad$$

$$=abcd+ab+ad+cd+1.$$

例 8.1.12 计算范德蒙德(Vandermonde)行列式

$$D_3=\begin{vmatrix}1&1&1\\x_1&x_2&x_3\\x_1^2&x_2^2&x_3^2\end{vmatrix}.$$

解

$$\begin{aligned}D_3&=\begin{vmatrix}1&1&1\\x_1&x_2&x_3\\x_1^2&x_2^2&x_3^2\end{vmatrix}=\begin{vmatrix}1&1&1\\0&x_2-x_1&x_3-x_1\\0&x_2(x_2-x_1)&x_3(x_3-x_1)\end{vmatrix}\\&=\begin{vmatrix}x_2-x_1&x_3-x_1\\x_2(x_2-x_1)&x_3(x_3-x_1)\end{vmatrix}\\&=(x_2-x_1)(x_3-x_1)\begin{vmatrix}1&1\\x_2&x_3\end{vmatrix}\\&=(x_2-x_1)(x_3-x_1)(x_3-x_2)\\&=\prod_{1\leqslant i<j\leqslant 3}(x_j-x_i).\end{aligned}$$

例 8.1.13 计算行列式

$$D_{2n}=\begin{vmatrix}a&&&&&&b\\&a&&\mathbf{0}&&b&\\&&\ddots&&\ddots&&\\&&&a\ \ b&&&\\\mathbf{0}&&&&&&\mathbf{0}\\&&&c\ \ d&&&\\&&\ddots&&\ddots&&\\&c&&\mathbf{0}&&d&\\c&&&&&&d\end{vmatrix}.$$

解　先按第一行展开，有

$$D_{2n}=a\begin{vmatrix} a & & & & & & b & 0 \\ & & & \mathbf{0} & & & & \\ & \ddots & & & & \iddots & & \vdots \\ & & a & & b & & & \vdots \\ & \mathbf{0} & & & & \mathbf{0} & & \vdots \\ & & c & & d & & & \vdots \\ & \iddots & & & & \ddots & & \vdots \\ & & & \mathbf{0} & & & & \\ c & & & & & & d & 0 \\ 0 & \cdots & \cdots & \cdots & \cdots & \cdots & 0 & d \end{vmatrix}+$$

$$\underbrace{\qquad\qquad\qquad\qquad}_{2(n-1)}$$

$$b(-1)^{1+2n}\begin{vmatrix} 0 & a & & & & & & b \\ & & & & \mathbf{0} & & & \\ \vdots & & \ddots & & & & \iddots & \\ \vdots & & & a & & b & & \\ \vdots & & \mathbf{0} & & & & \mathbf{0} & \\ \vdots & & & c & & d & & \\ \vdots & & \iddots & & & & \ddots & \\ & & & & \mathbf{0} & & & \\ 0 & c & & & & & & d \\ c & 0 & \cdots & \cdots & \cdots & \cdots & \cdots & 0 \end{vmatrix}$$

$$\underbrace{\qquad\qquad\qquad\qquad}_{2(n-1)}$$

$$=adD_{2(n-1)}-bc(-1)^{2n-1+1}D_{2(n-1)}=(ad-bc)D_{2(n-1)},$$

递推下去，有

$$\begin{aligned} D_{2n}&=(ad-bc)D_{2(n-1)}=(ad-bc)^2D_{2(n-2)}=\cdots \\ &=(ad-bc)^{n-1}D_2=(ad-bc)^{n-1}\begin{vmatrix} a & b \\ c & d \end{vmatrix} \\ &=(ad-bc)^n. \end{aligned}$$

【习题 8.1】

1. 计算下列二阶和三阶行列式：

(1) $\begin{vmatrix} 2 & 1 \\ 4 & 3 \end{vmatrix}$；　(2) $\begin{vmatrix} 1 & 8 \\ -7 & 5 \end{vmatrix}$；　(3) $\begin{vmatrix} 1 & -2 & 3 \\ 2 & 5 & 1 \\ -3 & 4 & -1 \end{vmatrix}$；

(4) $\begin{vmatrix} 3 & 8 & 1 \\ 2 & -3 & -1 \\ -6 & 1 & 2 \end{vmatrix}$.

2. 已知行列式 $D=\begin{vmatrix}7 & 8 & 9\\10 & 11 & 12\\13 & 14 & 15\end{vmatrix}$，求元素 a_{23} 和 a_{32} 的代数余子式.

3. 设 $D=\begin{vmatrix}a_{11} & a_{12} & a_{13}\\a_{21} & a_{22} & a_{23}\\a_{31} & a_{32} & a_{33}\end{vmatrix}=a\neq0$，利用行列式的性质计算下列行列式的值：

(1) $D_1=\begin{vmatrix}a_{31} & a_{32} & a_{33}\\a_{21} & a_{22} & a_{23}\\a_{11} & a_{12} & a_{13}\end{vmatrix}$；　　(2) $D_2=\begin{vmatrix}a_{11} & a_{13} & ka_{12}\\a_{21} & a_{23} & ka_{22}\\a_{31} & a_{33} & ka_{32}\end{vmatrix}$；

(3) $D_3=\begin{vmatrix}-a_{11} & -a_{12} & -a_{13}\\2a_{21} & 2a_{22} & 2a_{23}\\3a_{31} & 3a_{32} & 3a_{33}\end{vmatrix}$；　　(4) $D_4=\begin{vmatrix}3a_{11} & 2a_{12}-a_{13} & a_{13}\\3a_{21} & 2a_{22}-a_{23} & a_{23}\\3a_{31} & 2a_{32}-a_{33} & a_{33}\end{vmatrix}$.

4. 计算下列行列式：

(1) $\begin{vmatrix}10 & 8 & 2\\15 & 12 & 3\\20 & 32 & 12\end{vmatrix}$；　　(2) $\begin{vmatrix}a & a^2 & a^3\\b & b^2 & b^3\\c & c^2 & c^3\end{vmatrix}$；

(3) $\begin{vmatrix}x & y & x+y\\y & x+y & x\\x+y & x & y\end{vmatrix}$；　　(4) $\begin{vmatrix}1 & 1 & 1 & 1\\-1 & 1 & 1 & 1\\-1 & -1 & 1 & 1\\-1 & -1 & -1 & 1\end{vmatrix}$；

(5) $\begin{vmatrix}-2 & 1 & 4 & 1\\3 & -1 & 1 & -1\\1 & 2 & 3 & -2\\5 & 0 & 6 & -1\end{vmatrix}$；　　(6) $\begin{vmatrix}1+x & 1 & 1 & 1\\1 & 1+x & 1 & 1\\1 & 1 & 1+x & 1\\1 & 1 & 1 & 1+x\end{vmatrix}$；

(7) $\begin{vmatrix}2 & -1 & 6 & 7\\3 & 5 & -1 & 0\\1 & 2 & 0 & 3\\4 & -3 & -2 & 1\end{vmatrix}$；　　(8) $\begin{vmatrix}5 & 3 & -1 & 2 & 0\\1 & 7 & 2 & 5 & 2\\0 & -2 & 3 & 1 & 0\\0 & -4 & -1 & 4 & 0\\0 & 2 & 3 & 5 & 0\end{vmatrix}$.

习题 8.1 参考答案

8.2　矩阵及其运算

8.2.1　矩阵的概念

1. 矩阵的定义

引例 8.2.1　某工厂要将一批货物从 A、B 两个生产基地运往北京、上海、深圳、重庆四个城市销售，其运输数量如表 8.2.1 所示.

表 8.2.1　运输数量

生产基地	发货量			
	北京	上海	深圳	重庆
A 基地	300	250	350	300
B 基地	200	300	200	300

将表 8.2.1 中的数字取出，则这个调运方案可用以下数表来表示：

$$\begin{pmatrix} 300 & 250 & 350 & 300 \\ 200 & 300 & 200 & 300 \end{pmatrix}.$$

在自然科学、工程技术、经济学、管理学及社会科学等各个领域中经常会使用这种数表的方法表示和解决一些实际问题，由此产生了矩阵的概念.

定义 8.2.1　由 $m \times n$ 个数 $a_{ij}(i=1, 2, \cdots, m; j=1, 2, \cdots, n)$ 排成的一个 m 行 n 列，并用圆括号(或方括号)括起来的矩形数表称为 $m \times n$ 矩阵，记为

$$\boldsymbol{A} = \begin{pmatrix} a_{11} & a_{12} & \cdots & a_{1n} \\ a_{21} & a_{22} & \cdots & a_{2n} \\ \vdots & \vdots & & \vdots \\ a_{m1} & a_{m2} & \cdots & a_{mn} \end{pmatrix} \text{或} \boldsymbol{A} = \begin{bmatrix} a_{11} & a_{12} & \cdots & a_{1n} \\ a_{21} & a_{22} & \cdots & a_{2n} \\ \vdots & \vdots & & \vdots \\ a_{m1} & a_{m2} & \cdots & a_{mn} \end{bmatrix},$$

其中数 $a_{ij}(i=1, 2, \cdots, m; j=1, 2, \cdots, n)$ 称为矩阵 $\boldsymbol{A}$ 的元素，i 称为该元素的行指标，j 称为该元素的列指标.

通常用大写字母 $\boldsymbol{A}$, $\boldsymbol{B}$, $\boldsymbol{C}$, …表示矩阵，有时为了强调矩阵的行数与列数，也可以把矩阵表示成 $\boldsymbol{A}_{m \times n}$ 或 $(a_{ij})_{m \times n}$.

例如：

(1) $\begin{pmatrix} 2 & 3 & 4 & 1 \\ 1 & 2 & 3 & 4 \end{pmatrix}$ 是一个 2×4 矩阵；

(2) $(2 \quad -1 \quad 4)$ 是一个 1×3 矩阵；

(3) $\begin{bmatrix} 0 & 8 & 2 \\ 5 & 2 & 3 \\ 2 & 3 & 1 \end{bmatrix}$ 是一个 3×3 矩阵.

2. 几种特殊的矩阵

(1) 行数与列数都等于 n 的矩阵称为 n 阶矩阵或 n 阶方阵，记为 $\boldsymbol{A}_n$.

(2) 只有一行的矩阵 $\boldsymbol{A}$ 称为行矩阵，记为

$$\boldsymbol{A} = (a_{11} \quad a_{12} \quad \cdots \quad a_{1n}).$$

(3) 只有一列的矩阵 $\boldsymbol{A}$ 称为列矩阵，记为

$$\boldsymbol{A} = \begin{bmatrix} a_{11} \\ a_{21} \\ \vdots \\ a_{m1} \end{bmatrix}.$$

(4) 所有元素都是零的矩阵称为零矩阵，记为 $\boldsymbol{O}$.

注 阶数不同的零矩阵不相等.

例如，$\begin{pmatrix}0&0&0&0\\0&0&0&0\\0&0&0&0\\0&0&0&0\end{pmatrix}\neq(0\quad 0\quad 0\quad 0)$.

(5) n 阶方阵 $\boldsymbol{A}$ 中，主对角线以外的元素皆为零的矩阵

$$\boldsymbol{A}_n=\begin{pmatrix}a_{11} & & & \boldsymbol{0}\\ & a_{22} & & \\ & & \ddots & \\ \boldsymbol{0} & & & a_{nn}\end{pmatrix}$$

称为 n 阶对角矩阵.

例如，矩阵 $\boldsymbol{H}=\begin{pmatrix}2&0\\0&-1\end{pmatrix}$ 和 $\boldsymbol{G}=\begin{pmatrix}-1&0&0\\0&2&0\\0&0&3\end{pmatrix}$ 都是对角矩阵.

(6) 主对角线上元素皆为 1 的 n 阶对角矩阵

$$\begin{pmatrix}1 & & & \boldsymbol{0}\\ & 1 & & \\ & & \ddots & \\ \boldsymbol{0} & & & 1\end{pmatrix}$$

称为 n 阶单位矩阵，常记为 $\boldsymbol{E}$ 或 $\boldsymbol{E}_n$.

例如，矩阵 $\boldsymbol{E}_2=\begin{pmatrix}1&0\\0&1\end{pmatrix}$ 是二阶单位矩阵，$\boldsymbol{E}_3=\begin{pmatrix}1&0&0\\0&1&0\\0&0&1\end{pmatrix}$ 是三阶单位矩阵.

(7) 主对角线上的元素均为 a 的对角矩阵 $\boldsymbol{A}=(a_{ij})$ 称为数量矩阵，记为 $a\boldsymbol{E}$.

(8) 主对角线下(上)方元素皆为零的矩阵

$$\begin{pmatrix}a_{11}&a_{12}&\cdots&a_{1n}\\0&a_{22}&\cdots&a_{2n}\\\vdots&\vdots&&\vdots\\0&0&\cdots&a_{nn}\end{pmatrix}\text{或}\begin{pmatrix}a_{11}&0&\cdots&0\\a_{21}&a_{22}&\cdots&0\\\vdots&\vdots&&\vdots\\a_{n1}&a_{n2}&\cdots&a_{nn}\end{pmatrix}$$

称为上(下)三角矩阵.

3. 矩阵的相等

定义 8.2.2 行数与列数分别相等的两个矩阵称为同型矩阵.

例如，$\begin{pmatrix}1&2\\5&6\\3&7\end{pmatrix}$ 与 $\begin{pmatrix}14&3\\8&4\\3&9\end{pmatrix}$ 都是 3×2 矩阵，是同型矩阵.

定义 8.2.3 若矩阵 $\boldsymbol{A}$、$\boldsymbol{B}$ 为同型矩阵，且它们的对应元素相等，则称矩阵 $\boldsymbol{A}$ 与 $\boldsymbol{B}$ 相等，记为 $\boldsymbol{A}=\boldsymbol{B}$.

由定义 8.2.3 知，若 $\boldsymbol{A}=(a_{ij})_{m\times n}$，$\boldsymbol{B}=(b_{ij})_{m\times n}$，且 $a_{ij}=b_{ij}$ $(i=1, 2, \cdots, m;\ j=1, 2,$

…，n)，则 $\boldsymbol{A}=\boldsymbol{B}$.

例如：设 $\boldsymbol{A}=\begin{pmatrix}6 & -2 & 9\\3 & 4 & 0\end{pmatrix}$，$\boldsymbol{B}=\begin{pmatrix}6 & x & 9\\y & 4 & z\end{pmatrix}$，已知 $\boldsymbol{A}=\boldsymbol{B}$，则 $x=-2$，$y=3$，$z=0$.

注　矩阵与行列式的区别与联系如下：

① 矩阵是数表，行列式是算式；

② 矩阵的行数与列数可以不相等，行列式的行数与列数必须相等；

③ 对于方阵 $\boldsymbol{A}$，可以求它的行列式，记为 $|\boldsymbol{A}|$.

8.2.2　矩阵的运算

1. 矩阵的加法

定义 8.2.4　两个同型矩阵 $\boldsymbol{A}=(a_{ij})_{m\times n}$ 和 $\boldsymbol{B}=(b_{ij})_{m\times n}$ 对应元素相加，得到一个新矩阵，称为矩阵 $\boldsymbol{A}$ 与 $\boldsymbol{B}$ 的和，记为 $\boldsymbol{A}+\boldsymbol{B}$，即

$$\boldsymbol{A}+\boldsymbol{B}=\begin{pmatrix}a_{11} & a_{12} & \cdots & a_{1n}\\a_{21} & a_{22} & \cdots & a_{2n}\\\vdots & \vdots & & \vdots\\a_{m1} & a_{m2} & \cdots & a_{mn}\end{pmatrix}+\begin{pmatrix}b_{11} & b_{12} & \cdots & b_{1n}\\b_{21} & b_{22} & \cdots & b_{2n}\\\vdots & \vdots & & \vdots\\b_{m1} & b_{m2} & \cdots & b_{mn}\end{pmatrix}$$

$$=\begin{pmatrix}a_{11}+b_{11} & a_{12}+b_{12} & \cdots & a_{1n}+b_{1n}\\a_{21}+b_{21} & a_{22}+b_{22} & \cdots & a_{2n}+b_{2n}\\\vdots & \vdots & & \vdots\\a_{m1}+b_{m1} & a_{m2}+b_{m2} & \cdots & a_{mn}+b_{mn}\end{pmatrix}.$$

例如：$\begin{pmatrix}3 & 3 & -3\\1 & -2 & 0\\1 & 6 & 2\end{pmatrix}+\begin{pmatrix}1 & 8 & 9\\6 & 5 & 4\\3 & 2 & 1\end{pmatrix}=\begin{pmatrix}3+1 & 3+8 & -3+9\\1+6 & -2+5 & 0+4\\1+3 & 6+2 & 2+1\end{pmatrix}=\begin{pmatrix}4 & 11 & 6\\7 & 3 & 4\\4 & 8 & 3\end{pmatrix}$.

矩阵加法满足下列运算规律(设 $\boldsymbol{A}$、$\boldsymbol{B}$、$\boldsymbol{C}$ 都是 $m\times n$ 矩阵)：

(1) 交换律：$\boldsymbol{A}+\boldsymbol{B}=\boldsymbol{B}+\boldsymbol{A}$.

(2) 结合律：$(\boldsymbol{A}+\boldsymbol{B})+\boldsymbol{C}=\boldsymbol{A}+(\boldsymbol{B}+\boldsymbol{C})$.

案例分析

案例 8.2.1　某制造商生产三种产品：A、B 和 C. 每种产品都由工厂 F_1 制造，然后送到工厂 F_2 装配. 每种产品的成本包括制造费和运费. 于是工厂 F_1 和 F_2 的成本可以用 3×2 矩阵 $\boldsymbol{F}_1$、$\boldsymbol{F}_2$ 表示：

$$\boldsymbol{F}_1=\overset{\text{制造费}\quad\text{运费}}{\begin{pmatrix}32 & 40\\50 & 80\\70 & 20\end{pmatrix}}\begin{matrix}\text{产品}A\\\text{产品}B,\\\text{产品}C\end{matrix}\qquad \boldsymbol{F}_2=\overset{\text{制造费}\quad\text{运费}}{\begin{pmatrix}40 & 60\\50 & 50\\130 & 20\end{pmatrix}}\begin{matrix}\text{产品}A\\\text{产品}B,\\\text{产品}C\end{matrix}$$

矩阵 $\boldsymbol{F}_1+\boldsymbol{F}_2=\begin{pmatrix}72 & 100\\100 & 130\\200 & 40\end{pmatrix}$，表示工厂 F_1 和 F_2 的总制造费和总运费. 例如，由 $\boldsymbol{F}_1+\boldsymbol{F}_2$ 可

知 B 产品的总制造费为 100，总运费为 130.

2. 矩阵的数量乘法(简称数乘)

定义 8.2.5 用数 λ 去乘矩阵 $\boldsymbol{A}$ 的每一个元素所得到的新矩阵称为数 λ 与矩阵 $\boldsymbol{A}$ 的乘积，记为 $\lambda\boldsymbol{A}$ 或 $\boldsymbol{A}\lambda$，即

$$\lambda\boldsymbol{A}=\begin{pmatrix}\lambda a_{11} & \lambda a_{12} & \cdots & \lambda a_{1n}\\ \lambda a_{21} & \lambda a_{22} & \cdots & \lambda a_{2n}\\ \vdots & \vdots & & \vdots\\ \lambda a_{m1} & \lambda a_{m2} & \cdots & \lambda a_{mn}\end{pmatrix}.$$

数乘矩阵满足下列运算规律(设 $\boldsymbol{A}$、$\boldsymbol{B}$ 为 $m\times n$ 矩阵，λ、μ 为数)：

(1) 结合律：$(\lambda\mu)\boldsymbol{A}=\lambda(\mu\boldsymbol{A})$.

(2) 分配律：$(\lambda+\mu)\boldsymbol{A}=\lambda\boldsymbol{A}+\mu\boldsymbol{A}$，$\lambda(\boldsymbol{A}+\boldsymbol{B})=\lambda\boldsymbol{A}+\lambda\boldsymbol{B}$.

矩阵的加法运算和数乘运算统称为矩阵的线性运算.

例题讲解

例 8.2.1 设 $k=2$ 且 $\boldsymbol{A}=\begin{pmatrix}1 & -2 & 3\\ 2 & 0 & 1\\ -1 & 3 & 4\end{pmatrix}$，求 $k\boldsymbol{A}$.

解 $$k\boldsymbol{A}=2\begin{pmatrix}1 & -2 & 3\\ 2 & 0 & 1\\ -1 & 3 & 4\end{pmatrix}=\begin{pmatrix}2\times1 & 2\times(-2) & 2\times3\\ 2\times2 & 2\times0 & 2\times0\\ 2\times(-1) & 2\times3 & 2\times4\end{pmatrix}=\begin{pmatrix}2 & -4 & 6\\ 4 & 0 & 2\\ -2 & 6 & 8\end{pmatrix}.$$

特别地，当 $\lambda=0,1,-1$ 时，$\lambda\boldsymbol{A}=\begin{cases}0\cdot\boldsymbol{A}=\boldsymbol{0}\\ 1\cdot\boldsymbol{A}=\boldsymbol{A}\\ (-1)\cdot\boldsymbol{A}=-\boldsymbol{A}\end{cases}$，称 $-\boldsymbol{A}$ 为 $\boldsymbol{A}$ 的负矩阵. 由此规定矩阵 $\boldsymbol{A}$ 与 $\boldsymbol{B}$ 的减法为 $\boldsymbol{A}-\boldsymbol{B}=\boldsymbol{A}+(-\boldsymbol{B})$.

例 8.2.2 设 $\boldsymbol{A}=\begin{pmatrix}3 & -1 & 2 & 0\\ 1 & 5 & 7 & 9\\ 4 & 4 & 6 & 8\end{pmatrix}$ 和 $\boldsymbol{B}=\begin{pmatrix}7 & 5 & -2 & 4\\ 5 & 1 & 9 & 7\\ 3 & 2 & -1 & 6\end{pmatrix}$，且 $\boldsymbol{A}+2\boldsymbol{X}=\boldsymbol{B}$，求矩阵 $\boldsymbol{X}$.

解 $$\boldsymbol{X}=\frac{1}{2}(\boldsymbol{B}-\boldsymbol{A})=\frac{1}{2}\begin{pmatrix}4 & 6 & -4 & 4\\ 4 & -4 & 2 & -2\\ -1 & -2 & -7 & -2\end{pmatrix}=\begin{pmatrix}2 & 3 & -2 & 2\\ 2 & -2 & 1 & -1\\ -\frac{1}{2} & -1 & -\frac{7}{2} & -1\end{pmatrix}.$$

3. 矩阵的乘法

定义 8.2.6 设 $\boldsymbol{A}$ 为 $m\times s$ 矩阵，$\boldsymbol{B}$ 为 $s\times n$ 矩阵，且

$$\boldsymbol{A}=(a_{ij})_{m\times s}=\begin{pmatrix}a_{11} & a_{12} & \cdots & a_{1s}\\ a_{21} & a_{22} & \cdots & a_{2s}\\ \vdots & \vdots & & \vdots\\ a_{m1} & a_{m2} & \cdots & a_{ms}\end{pmatrix},\ \boldsymbol{B}=(b_{ij})_{s\times n}=\begin{pmatrix}b_{11} & b_{12} & \cdots & b_{1n}\\ b_{21} & b_{22} & \cdots & b_{2n}\\ \vdots & \vdots & & \vdots\\ b_{s1} & b_{s2} & \cdots & b_{sn}\end{pmatrix},$$

则矩阵 $\boldsymbol{A}$ 与矩阵 $\boldsymbol{B}$ 的乘积记作 $\boldsymbol{AB}$(记号 $\boldsymbol{AB}$ 通常读作 $\boldsymbol{A}$ 左乘 $\boldsymbol{B}$，或者 $\boldsymbol{B}$ 右乘 $\boldsymbol{A}$)，它是

$m\times n$ 矩阵，即

$$\boldsymbol{AB}=(c_{ij})_{m\times n}=\begin{pmatrix} c_{11} & c_{12} & \cdots & c_{1n} \\ c_{21} & c_{22} & \cdots & c_{2n} \\ \vdots & \vdots & & \vdots \\ c_{m1} & c_{m2} & \cdots & c_{mn} \end{pmatrix},$$

其中 $c_{ij}=a_{i1}b_{1j}+a_{i2}b_{2j}+\cdots+a_{is}b_{sj}=\sum\limits_{k=1}^{s}a_{ik}b_{kj}\,(i=1,2,\cdots,m;\ j=1,2,\cdots,n)$.

显然，矩阵 $\boldsymbol{A}$ 与矩阵 $\boldsymbol{B}$ 的乘积矩阵 $\boldsymbol{AB}$ 的第 i 行第 j 列的元素 c_{ij} 是 $\boldsymbol{A}$ 的第 i 行与 $\boldsymbol{B}$ 的第 j 列对应元素相乘，再求和得到，即

$$\begin{pmatrix} a_{11} & a_{12} & \cdots & a_{1s} \\ \vdots & \vdots & & \vdots \\ \boxed{a_{i2} \quad a_{i2} \quad \cdots \quad a_{is}} \\ \vdots & \vdots & & \vdots \\ a_{m1} & a_{m2} & \cdots & a_{ms} \end{pmatrix}\begin{pmatrix} b_{11} & \cdots & \boxed{b_{1j}} & \cdots & b_{1n} \\ b_{21} & \cdots & \boxed{b_{2j}} & \cdots & b_{2n} \\ \vdots & & \boxed{\vdots} & \vdots & \\ b_{s1} & \cdots & \boxed{b_{sj}} & \cdots & b_{sn} \end{pmatrix}$$

$$=\begin{pmatrix} c_{11} & \cdots & c_{1j} & \cdots & c_{1n} \\ \vdots & & \vdots & & \vdots \\ c_{i1} & \cdots & \boxed{c_{ij}} & \cdots & c_{in} \\ \vdots & & \vdots & & \vdots \\ c_{m1} & \cdots & c_{mj} & \cdots & c_{mn} \end{pmatrix}.$$

注　当且仅当左矩阵的列数等于右矩阵的行数时，两个矩阵的乘法才有意义.

例题讲解

例 8.2.3　设矩阵 $\boldsymbol{A}=\begin{pmatrix} 2 & 3 \\ 1 & -5 \end{pmatrix}$，$\boldsymbol{B}=\begin{pmatrix} 4 & 3 & 6 \\ 1 & -2 & 3 \end{pmatrix}$，求 $\boldsymbol{AB}$.

解　$$\boldsymbol{AB}=\begin{pmatrix} 2\times4+3\times1 & 2\times3+3\times(-2) & 2\times6+3\times3 \\ 1\times4+(-5)\times1 & 1\times3+(-5)\times(-2) & 1\times6+(-5)\times3 \end{pmatrix}$$

$$=\begin{pmatrix} 11 & 0 & 21 \\ -1 & 13 & -9 \end{pmatrix},$$

而 $\boldsymbol{BA}$ 无意义.

例 8.2.4　已知 $\boldsymbol{A}=\begin{pmatrix} 1 & 0 & -1 & 2 \\ -1 & 1 & 3 & 0 \\ 0 & 5 & -1 & 4 \end{pmatrix}$，$\boldsymbol{B}=\begin{pmatrix} 0 & 3 & 4 \\ 1 & 2 & 1 \\ 3 & 1 & -1 \\ -1 & 2 & 1 \end{pmatrix}$，求 $\boldsymbol{AB}$.

解　$$\boldsymbol{AB}=\begin{pmatrix} 1 & 0 & -1 & 2 \\ -1 & 1 & 3 & 0 \\ 0 & 5 & -1 & 4 \end{pmatrix}\begin{pmatrix} 0 & 3 & 4 \\ 1 & 2 & 1 \\ 3 & 1 & -1 \\ -1 & 2 & 1 \end{pmatrix}=\begin{pmatrix} -5 & 6 & 7 \\ 10 & 2 & -6 \\ -2 & 17 & 10 \end{pmatrix}.$$

例 8.2.5 设 $\boldsymbol{A}=\begin{pmatrix}2&-3&4\\5&2&3\end{pmatrix}$, $\boldsymbol{B}=\begin{pmatrix}2&-1&1&0\\0&2&2&2\\3&0&-1&3\end{pmatrix}$, $\boldsymbol{C}=\begin{pmatrix}1&0&2\\2&-3&0\\0&0&3\\2&1&0\end{pmatrix}$, 求 $\boldsymbol{A}(\boldsymbol{BC})$ 和 $(\boldsymbol{AB})\boldsymbol{C}$.

解

$$\boldsymbol{A}(\boldsymbol{BC})=\begin{pmatrix}2&-3&4\\5&2&3\end{pmatrix}\begin{pmatrix}0&3&7\\8&-4&6\\9&3&3\end{pmatrix}=\begin{pmatrix}12&30&8\\43&16&56\end{pmatrix},$$

$$(\boldsymbol{AB})\boldsymbol{C}=\begin{pmatrix}16&-8&-8&6\\19&-1&6&13\end{pmatrix}\begin{pmatrix}1&0&2\\2&-3&0\\0&0&3\\2&1&0\end{pmatrix}=\begin{pmatrix}12&30&8\\43&16&56\end{pmatrix},$$

由此可知

$$\boldsymbol{A}(\boldsymbol{BC})=(\boldsymbol{AB})\boldsymbol{C}.$$

例 8.2.6 设 $\boldsymbol{A}=\begin{pmatrix}2&2&3\\3&-1&2\end{pmatrix}$, $\boldsymbol{B}=\begin{pmatrix}1&0\\2&2\\3&-1\end{pmatrix}$, $\boldsymbol{C}=\begin{pmatrix}-1&2\\1&0\\2&-2\end{pmatrix}$, 求 $\boldsymbol{A}(\boldsymbol{B}+\boldsymbol{C})$ 和 $\boldsymbol{AB}+\boldsymbol{AC}$.

解

$$\boldsymbol{A}(\boldsymbol{B}+\boldsymbol{C})=\begin{pmatrix}2&2&3\\3&-1&2\end{pmatrix}\begin{pmatrix}0&2\\3&2\\5&-3\end{pmatrix}=\begin{pmatrix}21&-1\\7&-2\end{pmatrix},$$

$$\boldsymbol{AB}+\boldsymbol{AC}=\begin{pmatrix}15&1\\7&-4\end{pmatrix}+\begin{pmatrix}6&-2\\0&2\end{pmatrix}=\begin{pmatrix}21&-1\\7&-2\end{pmatrix},$$

由此可知

$$\boldsymbol{A}(\boldsymbol{B}+\boldsymbol{C})=\boldsymbol{AB}+\boldsymbol{AC}.$$

例 8.2.7 设矩阵 $\boldsymbol{A}=\begin{pmatrix}5&3\\1&2\end{pmatrix}$ 和 $\boldsymbol{B}=\begin{pmatrix}2&4\\0&3\end{pmatrix}$, 求 $\boldsymbol{AB}$ 和 $\boldsymbol{BA}$.

解

$$\boldsymbol{AB}=\begin{pmatrix}10&29\\2&10\end{pmatrix},\ \boldsymbol{BA}=\begin{pmatrix}14&14\\3&6\end{pmatrix},$$

由此可知

$$\boldsymbol{AB}\neq\boldsymbol{BA}.$$

注 矩阵乘法运算与数的乘法运算有以下区别.

① $\boldsymbol{AB}$ 有意义时, $\boldsymbol{BA}$ 未必有意义. 例如, $\boldsymbol{A}=\begin{pmatrix}1&2&3\\1&0&5\end{pmatrix}$, $\boldsymbol{B}=\begin{pmatrix}1&2&3\\4&0&5\\2&3&1\end{pmatrix}$.

② $\boldsymbol{AB}$ 与 $\boldsymbol{BA}$ 均有意义时, $\boldsymbol{AB}$ 与 $\boldsymbol{BA}$ 未必同阶. 例如, $\boldsymbol{A}=\begin{pmatrix}1&2&3\\1&0&5\end{pmatrix}$, $\boldsymbol{B}=\begin{pmatrix}-1&2\\0&1\\3&2\end{pmatrix}$.

③ 即使 $\boldsymbol{AB}$ 与 $\boldsymbol{BA}$ 均有意义, 且 $\boldsymbol{AB}$ 与 $\boldsymbol{BA}$ 同阶, 也未必有 $\boldsymbol{AB}=\boldsymbol{BA}$, 即矩阵的乘法一般不满足交换律. 因此, 矩阵相乘时必须注意顺序.

不过，并非所有矩阵的乘法都不能交换．例如，设 $\boldsymbol{A}=\begin{pmatrix}1 & 1\\0 & 1\end{pmatrix}$，$\boldsymbol{B}=\begin{pmatrix}1 & 2\\0 & 1\end{pmatrix}$，则

$$\boldsymbol{AB}=\begin{pmatrix}1 & 1\\0 & 1\end{pmatrix}\begin{pmatrix}1 & 2\\0 & 1\end{pmatrix}=\begin{pmatrix}1 & 3\\0 & 1\end{pmatrix}=\begin{pmatrix}1 & 2\\0 & 1\end{pmatrix}\begin{pmatrix}1 & 1\\0 & 1\end{pmatrix}=\boldsymbol{BA}.$$

对于两个矩阵 $\boldsymbol{A}$、$\boldsymbol{B}$，如果 $\boldsymbol{AB}=\boldsymbol{BA}$，则称矩阵 $\boldsymbol{A}$ 与矩阵 $\boldsymbol{B}$ 可交换，简称 $\boldsymbol{A}$ 与 $\boldsymbol{B}$ 可换．

④ 两个非零矩阵的乘积可能是零矩阵．

例如，$\boldsymbol{A}=\begin{pmatrix}1 & 2\\1 & 2\end{pmatrix}$ 与 $\boldsymbol{B}=\begin{pmatrix}1 & -1\\-1 & 1\end{pmatrix}$ 都是非零矩阵，但是 $\boldsymbol{BA}=\begin{pmatrix}0 & 0\\0 & 0\end{pmatrix}$．因此，不能从 $\boldsymbol{BA}=\boldsymbol{O}$ 必然推出 $\boldsymbol{A}=\boldsymbol{O}$ 或 $\boldsymbol{B}=\boldsymbol{O}$.

⑤ 矩阵的乘法一般也不满足消去律，即不能从 $\boldsymbol{AC}=\boldsymbol{BC}$（$\boldsymbol{A}$ 不是零矩阵）中必然推出 $\boldsymbol{A}=\boldsymbol{B}$.

例如，设 $\boldsymbol{A}=\begin{pmatrix}1 & 2\\0 & 4\end{pmatrix}$，$\boldsymbol{B}=\begin{pmatrix}1 & 0\\0 & 3\end{pmatrix}$，$\boldsymbol{C}=\begin{pmatrix}1 & 1\\0 & 0\end{pmatrix}$，则 $\boldsymbol{AC}=\begin{pmatrix}1 & 1\\0 & 0\end{pmatrix}=\boldsymbol{BC}$，但是 $\boldsymbol{A}\neq\boldsymbol{B}$.

矩阵的乘法满足下列运算规律（假设运算都是可行的）：

(1) 结合律：$(\boldsymbol{AB})\boldsymbol{C}=\boldsymbol{A}(\boldsymbol{BC})$.

(2) 左分配律：$(\boldsymbol{A}+\boldsymbol{B})\boldsymbol{C}=\boldsymbol{AC}+\boldsymbol{BC}$；右分配律：$\boldsymbol{C}(\boldsymbol{A}+\boldsymbol{B})=\boldsymbol{CA}+\boldsymbol{CB}$.

(3) $\lambda(\boldsymbol{AB})=(\lambda\boldsymbol{A})\boldsymbol{B}=\boldsymbol{A}(\lambda\boldsymbol{B})$（其中 λ 为数）．

4. 矩阵的转置

定义 8.2.7　将矩阵 $\boldsymbol{A}$ 的行与同序数的列互换得到的新矩阵称为 $\boldsymbol{A}$ 的转置矩阵，记为 $\boldsymbol{A}^{\mathrm{T}}$．即设 $\boldsymbol{A}=\begin{pmatrix}a_{11} & a_{12} & \cdots & a_{1n}\\a_{21} & a_{22} & \cdots & a_{2n}\\\vdots & \vdots & & \vdots\\a_{m1} & a_{m2} & \cdots & a_{mn}\end{pmatrix}$，则

$$\boldsymbol{A}^{\mathrm{T}}=\begin{pmatrix}a_{11} & a_{21} & \cdots & a_{m1}\\a_{12} & a_{22} & \cdots & a_{m2}\\\vdots & \vdots & & \vdots\\a_{1n} & a_{2n} & \cdots & a_{mn}\end{pmatrix}.$$

例题讲解

例 8.2.8　设矩阵 $\boldsymbol{A}=\begin{pmatrix}2 & 0 & -1\\4 & 2 & -5\end{pmatrix}$，$\boldsymbol{B}=\begin{pmatrix}3 & -2\\2 & 1\end{pmatrix}$，$\boldsymbol{C}=\begin{pmatrix}-2\\3\\-4\end{pmatrix}$，求 $\boldsymbol{A}^{\mathrm{T}}$、$\boldsymbol{B}^{\mathrm{T}}$、$\boldsymbol{C}^{\mathrm{T}}$ 和 $(\boldsymbol{A}^{\mathrm{T}})^{\mathrm{T}}$.

解　$\boldsymbol{A}^{\mathrm{T}}=\begin{pmatrix}2 & 4\\0 & 2\\-1 & 5\end{pmatrix}$，$\boldsymbol{B}^{\mathrm{T}}=\begin{pmatrix}3 & 2\\-2 & 1\end{pmatrix}$，$\boldsymbol{C}^{\mathrm{T}}=(-2\quad 3\quad -4)$，

$$(\boldsymbol{A}^{\mathrm{T}})^{\mathrm{T}}=\begin{pmatrix}2 & 4\\0 & 2\\-1 & 5\end{pmatrix}^{\mathrm{T}}=\begin{pmatrix}2 & 0 & -1\\4 & 2 & 5\end{pmatrix},$$

由此可知

$$(\boldsymbol{A}^{\mathrm{T}})^{\mathrm{T}}=\boldsymbol{A}.$$

例 8.2.9 设 $\boldsymbol{A}=\begin{pmatrix}2 & -1 & 3\\ 1 & 3 & 2\end{pmatrix}$，$\boldsymbol{B}=\begin{pmatrix}0 & 1\\ 2 & 2\\ 3 & -1\end{pmatrix}$，求 $(\boldsymbol{AB})^{\mathrm{T}}$ 和 $\boldsymbol{B}^{\mathrm{T}}\boldsymbol{A}^{\mathrm{T}}$.

解

$$(\boldsymbol{AB})^{\mathrm{T}}=\begin{pmatrix}7 & -3\\ 12 & 5\end{pmatrix}^{\mathrm{T}}=\begin{pmatrix}7 & 12\\ -3 & 5\end{pmatrix},$$

$$\boldsymbol{B}^{\mathrm{T}}\boldsymbol{A}^{\mathrm{T}}=\begin{pmatrix}0 & 2 & 3\\ 1 & 2 & -1\end{pmatrix}\begin{pmatrix}2 & 1\\ -1 & 3\\ 3 & 2\end{pmatrix}=\begin{pmatrix}7 & 12\\ -3 & 5\end{pmatrix},$$

由此可知

$$(\boldsymbol{AB})^{\mathrm{T}}=\boldsymbol{B}^{\mathrm{T}}\boldsymbol{A}^{\mathrm{T}}.$$

矩阵的转置也是一种运算，满足下列运算律(假设运算都是可行的)：

(1) $(\boldsymbol{A}^{\mathrm{T}})^{\mathrm{T}}=\boldsymbol{A}$；

(2) $(\boldsymbol{A}+\boldsymbol{B})^{\mathrm{T}}=\boldsymbol{A}^{\mathrm{T}}+\boldsymbol{B}^{\mathrm{T}}$；

(3) $(\lambda\boldsymbol{A})^{\mathrm{T}}=\lambda\boldsymbol{A}^{\mathrm{T}}$；

(4) $(\boldsymbol{AB})^{\mathrm{T}}=\boldsymbol{B}^{\mathrm{T}}\boldsymbol{A}^{\mathrm{T}}$.

例题讲解

例 8.2.10 已知 $\boldsymbol{A}=\begin{pmatrix}2 & 0 & -1\\ 1 & 3 & 2\end{pmatrix}$，$\boldsymbol{B}=\begin{pmatrix}1 & 7 & -1\\ 4 & 2 & 3\\ 2 & 0 & 1\end{pmatrix}$，求 $(\boldsymbol{AB})^{\mathrm{T}}$.

解 方法一：因为

$$\boldsymbol{AB}=\begin{pmatrix}2 & 0 & -1\\ 1 & 3 & 2\end{pmatrix}\begin{pmatrix}1 & 7 & -1\\ 4 & 2 & 3\\ 2 & 0 & 1\end{pmatrix}=\begin{pmatrix}0 & 14 & -3\\ 17 & 13 & 10\end{pmatrix},$$

所以

$$(\boldsymbol{AB})^{\mathrm{T}}=\begin{pmatrix}0 & 17\\ 14 & 13\\ -3 & 10\end{pmatrix}.$$

方法二：$(\boldsymbol{AB})^{\mathrm{T}}=\boldsymbol{B}^{\mathrm{T}}\boldsymbol{A}^{\mathrm{T}}=\begin{pmatrix}1 & 4 & 2\\ 7 & 2 & 0\\ -1 & 3 & 1\end{pmatrix}\begin{pmatrix}2 & 1\\ 0 & 3\\ -1 & 2\end{pmatrix}=\begin{pmatrix}0 & 17\\ 14 & 13\\ -3 & 10\end{pmatrix}$.

定义 8.2.8 设 $\boldsymbol{A}$ 为 n 阶方阵，如果 $\boldsymbol{A}=\boldsymbol{A}^{\mathrm{T}}$，即 $a_{ij}=a_{ji}(i, j=1, 2, 3, \cdots, n)$，则称 $\boldsymbol{A}$ 为对称矩阵.

注 对称矩阵的元素以主对角线为对称轴对应相等.

例如，$\begin{pmatrix}3 & 6\\ 6 & 7\end{pmatrix}$ 和 $\begin{pmatrix}1 & 0 & 3\\ 0 & 2 & 4\\ 3 & 4 & 5\end{pmatrix}$ 都是对称矩阵.

定义 8.2.9　设 $\boldsymbol{A}$ 为 n 阶方阵，如果 $\boldsymbol{A}^{\mathrm{T}}=-\boldsymbol{A}$，即 $a_{ij}=-a_{ji}(i, j=1, 2, \cdots, n)$，则称 $\boldsymbol{A}$ 为反对称矩阵.

注　反对称矩阵主对角线上的元素均为零，其他元素以主对角线为对称轴互为相反数.

例如，$\begin{pmatrix} 0 & 5 & -4 \\ -5 & 0 & 2 \\ 4 & -2 & 0 \end{pmatrix}$是反对称矩阵.

5. 方阵的幂和方阵的行列式

定义 8.2.10　设 $\boldsymbol{A}$ 为 n 阶方阵，k 是正整数，则 $\boldsymbol{A}$ 的 k 次幂定义为

$$\boldsymbol{A}^k = \underbrace{\boldsymbol{A} \cdot \boldsymbol{A} \cdots \boldsymbol{A}}_{k\text{个}}.$$

规定：$\boldsymbol{A}^0=\boldsymbol{E}_n$.

对非负实数 p 与 q 而言，我们所熟知的实数的指数运算性质也可被用在方阵 $\boldsymbol{A}$ 的幂乘运算中，即

$$\boldsymbol{A}^p\boldsymbol{A}^q = \boldsymbol{A}^{p+q}, \quad (\boldsymbol{A}^p)^q = \boldsymbol{A}^{pq}$$

仍然是成立的.

但是，$(\boldsymbol{AB})^p=\boldsymbol{A}^p\boldsymbol{B}^p$($\boldsymbol{AB}=\boldsymbol{BA}$ 除外)在一般方阵中并不成立.

定义 8.2.11　设 $\boldsymbol{A}$ 是一个 n 阶方阵，其元素构成的 n 阶行列式称为方阵 $\boldsymbol{A}$ 的行列式，记为 $|\boldsymbol{A}|$ 或 $\det\boldsymbol{A}$.

例如，$\boldsymbol{A}=\begin{pmatrix} 2 & 3 \\ 6 & 8 \end{pmatrix}$，则 $|\boldsymbol{A}|=\begin{vmatrix} 2 & 3 \\ 6 & 8 \end{vmatrix}=-2$.

n 阶方阵 $\boldsymbol{A}$ 的行列式 $|\boldsymbol{A}|$ 具有下列性质：

(1) $|\boldsymbol{A}^{\mathrm{T}}|=|\boldsymbol{A}|$;

(2) $|\lambda\boldsymbol{A}|=\lambda^n|\boldsymbol{A}|$ (λ 是常数)；

(3) $|\boldsymbol{AB}|=|\boldsymbol{A}||\boldsymbol{B}|$ ($\boldsymbol{B}$ 是 n 阶方阵).

例题讲解

例 8.2.11　已知 $\boldsymbol{A}=\begin{pmatrix} 1 & 3 \\ 5 & 4 \end{pmatrix}$，$\boldsymbol{B}=\begin{pmatrix} -1 & 2 \\ 7 & 3 \end{pmatrix}$，求 $|3\boldsymbol{A}|$、$|\boldsymbol{AB}|$ 和 $|\boldsymbol{A}^2|$.

解　$|3\boldsymbol{A}|=3^2\begin{vmatrix} 1 & 3 \\ 5 & 4 \end{vmatrix}=9\begin{vmatrix} 1 & 3 \\ 5 & 4 \end{vmatrix}=9\times(4-15)=-99$.

$|\boldsymbol{AB}|=|\boldsymbol{A}||\boldsymbol{B}|=\begin{vmatrix} 1 & 3 \\ 5 & 4 \end{vmatrix}\begin{vmatrix} -1 & 2 \\ 7 & 3 \end{vmatrix}=(4-15)\times(-3-14)=187$.

$|\boldsymbol{A}^2|=|\boldsymbol{A}|^2=(4-15)^2=121$.

8.2.4　矩阵的逆

1. 逆矩阵的概念

在实数运算中，若 $a\neq0$，则 a 与其倒数 $\dfrac{1}{a}$(或记为 a^{-1})的乘积等于 1，因为数的运算满

足交换律，所以 $aa^{-1}=a^{-1}a=1$.

在矩阵的乘法运算中，单位矩阵 $\boldsymbol{E}$ 相当于数的运算中的“1”. 那么是否存在相当于与倒数 a^{-1} 作用的矩阵呢？据此，我们引入逆矩阵的概念.

定义 8.2.12 设 $\boldsymbol{A}$ 为 n 阶方阵，若存在 n 阶方阵 $\boldsymbol{B}$，使得 $\boldsymbol{AB}=\boldsymbol{BA}=\boldsymbol{E}$，则称矩阵 $\boldsymbol{A}$ 是可逆矩阵，并称矩阵 $\boldsymbol{B}$ 为矩阵 $\boldsymbol{A}$ 的逆矩阵，记作 $\boldsymbol{A}^{-1}=\boldsymbol{B}$.

有了逆矩阵的定义后，我们自然会提出这样几个问题：

(1) 是不是任何一个 n 阶方阵都有逆矩阵？

(2) 如果矩阵 $\boldsymbol{A}$ 可逆，那么它有多少个逆矩阵？

(3) 如果逆矩阵唯一，怎样来求？

事实上，不是任何一个 n 阶方阵都有逆矩阵的. 例如，$\boldsymbol{A}=\begin{pmatrix}1 & 0\\0 & 0\end{pmatrix}$，对于任意一个二阶方阵 $\boldsymbol{B}=\begin{pmatrix}a & b\\c & d\end{pmatrix}$，$\boldsymbol{AB}=\begin{pmatrix}1 & 0\\0 & 0\end{pmatrix}\begin{pmatrix}a & b\\c & d\end{pmatrix}=\begin{pmatrix}a & b\\0 & 0\end{pmatrix}\neq\boldsymbol{E}$，$\boldsymbol{BA}=\begin{pmatrix}a & b\\c & d\end{pmatrix}\begin{pmatrix}1 & 0\\0 & 0\end{pmatrix}=\begin{pmatrix}a & 0\\c & 0\end{pmatrix}\neq\boldsymbol{E}$.

那么什么样的矩阵可逆呢？为讨论这个问题我们首先引入伴随矩阵的概念.

2. 伴随矩阵的概念

定义 8.2.13 由矩阵 $\boldsymbol{A}$ 的行列式 $|\boldsymbol{A}|$ 的各个元素 a_{ij} 的代数余子式 A_{ij} 构成的矩阵

$$\boldsymbol{A}^{*}=\begin{pmatrix}A_{11} & A_{21} & \cdots & A_{n1}\\A_{12} & A_{22} & \cdots & A_{n2}\\\vdots & \vdots & & \vdots\\A_{1n} & A_{2n} & \cdots & A_{nn}\end{pmatrix}$$

称为矩阵 $\boldsymbol{A}$ 的伴随矩阵，记为 $\boldsymbol{A}^{*}$.

例题讲解

例 8.2.12 求矩阵 $\boldsymbol{A}$ 的伴随矩阵，其中

$$\boldsymbol{A}=\begin{pmatrix}1 & 0 & 1\\2 & 1 & 0\\-3 & 2 & -5\end{pmatrix}.$$

解 由伴随矩阵的定义可知

$$A_{11}=-5,\ A_{12}=10,\ A_{13}=7,\ A_{21}=2,\ A_{22}=-2,$$
$$A_{23}=-2,\ A_{31}=-1,\ A_{32}=2,\ A_{33}=1,$$

所以矩阵 $\boldsymbol{A}$ 的伴随矩阵为

$$\boldsymbol{A}^{*}=\begin{pmatrix}-5 & 2 & -1\\10 & -2 & 2\\7 & -2 & 1\end{pmatrix}.$$

3. 逆矩阵的求法

由伴随矩阵和行列式的性质、$\boldsymbol{AA}^{*}=\boldsymbol{A}^{*}\boldsymbol{A}=|\boldsymbol{A}|\boldsymbol{E}$ 以及逆矩阵的定义，可以得到下述定理.

定理 8.2.1 若 $|\boldsymbol{A}|\neq 0$，则矩阵 $\boldsymbol{A}$ 可逆，且

$$A^{-1} = \frac{1}{|A|}A^*,$$

其中 A^* 为 A 的伴随矩阵.

这种利用伴随矩阵来求逆矩阵的方法称为伴随矩阵法.

定义 8.2.14　当方阵 A 的行列式 $|A|=0$ 时，称 A 为奇异矩阵，否则称 A 为非奇异矩阵. 可逆矩阵也是非奇异矩阵.

推论　设 A、B 都是 n 阶方阵，若 $AB=E$ 或 $BA=E$，则 $B=A^{-1}$.

证　若 $AB=E$ 或 $BA=E$，则 $|A|\cdot|B|=|E|=1$，即 $|A|\neq 0$，故矩阵 A 可逆，且

$$B = EB = (A^{-1}A)B = A^{-1}(AB) = A^{-1}E = A^{-1}.$$

此推论表明要验证矩阵 B 是否为矩阵 A 的逆矩阵，只需要验证 $AB=E$ 或 $BA=E$ 中的一个式子成立即可.

例题讲解

例 8.2.13　证明：若方阵 A 是可逆的，则 A 的逆矩阵是唯一的.

证　假设矩阵 B、C 都是方阵 A 的逆矩阵，则有 $AB=BA=E$，$AC=CA=E$，于是

$$B = EB = C(AB) = CE = C.$$

至此，我们可以对前面所提出的问题作如下解释：并不是所有的方阵都是可逆的，只有方阵的行列式不为零的矩阵才可逆，且可逆矩阵一定是唯一的. 逆矩阵的计算可使用公式 $A^{-1}=\frac{1}{|A|}A^*$.

逆矩阵的性质如下：

(1) 若 A 可逆，则 A^{-1} 也可逆，且 $(A^{-1})^{-1}=A$.

(2) 若 A 可逆，数 $\lambda\neq 0$，则 λA 也可逆，且 $(\lambda A)^{-1}=\frac{1}{\lambda}A^{-1}$.

(3) 若 A、B 是同阶可逆矩阵，则 AB 也可逆，且 $(AB)^{-1}=B^{-1}A^{-1}$.

(4) 若 A 可逆，则 A^{T} 也可逆，且 $(A^{T})^{-1}=(A^{-1})^{T}$.

例题讲解

例 8.2.14　下列矩阵是否可逆？若可逆，求出其逆矩阵.

$$A = \begin{pmatrix} 1 & 2 & 0 \\ 2 & 1 & -1 \\ 3 & 1 & 1 \end{pmatrix}.$$

解　因为 $|A| = \begin{vmatrix} 1 & 2 & 0 \\ 2 & 1 & -1 \\ 3 & 1 & 1 \end{vmatrix} = -8\neq 0$，故 A 可逆.

又因为

$$A^* = \begin{pmatrix} 2 & -2 & -2 \\ -5 & 1 & 1 \\ -1 & 5 & -3 \end{pmatrix},$$

所以

$$A^{-1}=\frac{1}{|A|}A^{*}=-\frac{1}{8}\times\begin{pmatrix}2&-2&-2\\-5&1&1\\-1&5&-3\end{pmatrix}=\begin{pmatrix}-\frac{1}{4}&\frac{1}{4}&\frac{1}{4}\\\frac{5}{8}&-\frac{1}{8}&-\frac{1}{8}\\\frac{1}{8}&-\frac{5}{8}&\frac{3}{8}\end{pmatrix}.$$

例 8.2.15 已知 $A=\begin{pmatrix}1&0&0&0&0\\0&2&0&0&0\\0&0&3&0&0\\0&0&0&4&0\\0&0&0&0&5\end{pmatrix}$，求 A^{-1}.

解 因为 $|A|=5!\neq0$，故 A^{-1} 存在. 由伴随矩阵法得

$$A^{-1}=\frac{A^{*}}{|A|}=\frac{1}{5!}\begin{pmatrix}2\cdot3\cdot4\cdot5&0&0&0&0\\0&1\cdot3\cdot4\cdot5&0&0&0\\0&0&1\cdot2\cdot4\cdot5&0&0\\0&0&0&1\cdot2\cdot3\cdot5&0\\0&0&0&0&1\cdot2\cdot3\cdot4\end{pmatrix}$$

$$=\begin{pmatrix}1&0&0&0&0\\0&\frac{1}{2}&0&0&0\\0&0&\frac{1}{3}&0&0\\0&0&0&\frac{1}{4}&0\\0&0&0&0&\frac{1}{5}\end{pmatrix}.$$

例 8.2.16 已知 $X\begin{pmatrix}1&2&3\\2&2&1\\3&4&3\end{pmatrix}=\begin{pmatrix}1&2&-3\\2&0&4\\0&-1&5\end{pmatrix}$，求矩阵 X.

解 由伴随矩阵法得

$$\begin{pmatrix}1&2&3\\2&2&1\\3&4&3\end{pmatrix}^{-1}=\begin{pmatrix}1&3&-2\\-\frac{3}{2}&-3&\frac{5}{2}\\1&1&-1\end{pmatrix},$$

方程两端右乘矩阵 $\begin{pmatrix}1&2&3\\2&2&1\\3&4&3\end{pmatrix}^{-1}$，得

$$X=\begin{pmatrix}1&2&-3\\2&0&4\\0&-1&5\end{pmatrix}\begin{pmatrix}1&2&3\\2&2&1\\3&4&3\end{pmatrix}^{-1}=\begin{pmatrix}1&2&-3\\2&0&4\\0&-1&5\end{pmatrix}\begin{pmatrix}1&3&-2\\-\frac{3}{2}&-3&\frac{5}{2}\\1&1&-1\end{pmatrix}$$

$$=\begin{pmatrix}-5&-6&6\\6&10&-8\\\frac{13}{2}&8&-\frac{15}{2}\end{pmatrix}.$$

8.2.3　矩阵的秩

1. k 阶子式

定义 8.2.15　在 $m\times n$ 矩阵 $\boldsymbol{A}$ 中，任取 k 行 k 列($1\leqslant k\leqslant\min\{m,n\}$)，由位于这些行列交叉处的$k^2$ 个元素按照它们在矩阵中的相对位置不变构成一个 k 阶行列式，称为矩阵 $\boldsymbol{A}$ 的一个 k 阶子式，记作 D_k. $m\times n$ 矩阵 $\boldsymbol{A}$ 的 k 阶子式共有 $C_m^kC_n^k$ 个.

例如，矩阵 $\boldsymbol{A}=\begin{pmatrix}1&2&1&-4\\0&0&1&9\\0&0&-2&-18\end{pmatrix}$的所有三阶子式共有 4 个.

2. 矩阵的秩

定义 8.2.16　$m\times n$ 矩阵 $\boldsymbol{A}$ 的非零子式的最高阶数称为矩阵 $\boldsymbol{A}$ 的秩，记作 $R(\boldsymbol{A})$.

规定：零矩阵的秩等于零.

例题讲解

例 8.2.17　求矩阵 $\boldsymbol{A}=\begin{pmatrix}1&2&8&2&1\\0&1&3&1&6\\0&0&0&7&4\\0&0&0&0&0\end{pmatrix}$的秩.

解　因为二阶子式 $\begin{vmatrix}1&2\\0&1\end{vmatrix}=1\neq0$ ，所以 $R(\boldsymbol{A})\geqslant2$. 再取 1、2、4 列组成三阶行列式，得

$$\begin{vmatrix}1&2&2\\0&1&1\\0&0&7\end{vmatrix}=7\neq0,$$

所以 $R(\boldsymbol{A})\geqslant3$，而所有四阶子式都有零行，皆为零，故 $R(\boldsymbol{A})=3$.

例 8.2.18　求矩阵 $\boldsymbol{A}=\begin{pmatrix}1&1&2&-4\\0&1&0&9\\0&-2&0&-18\end{pmatrix}$的秩.

解　首先考察矩阵 $\boldsymbol{A}$ 的所有三阶子式：共 4 个，全是零子式. 其次考察二阶子式，因为$\begin{vmatrix}1&2\\1&0\end{vmatrix}=-2\neq0$，所以 $R(\boldsymbol{A})=2$.

定义 8.2.17 对于矩阵 $\boldsymbol{A}_{m\times n}$，若 $R(\boldsymbol{A})=m$，则称 $\boldsymbol{A}$ 为行满秩矩阵；若 $R(\boldsymbol{A})=n$，则称 $\boldsymbol{A}$ 为列满秩矩阵. 对于方阵 $\boldsymbol{A}_{n\times n}$，当 $|\boldsymbol{A}|\neq 0$ 时，若 $R(\boldsymbol{A})=n$，则称 $\boldsymbol{A}$ 为满秩矩阵(可逆矩阵，非奇异矩阵)；当 $|\boldsymbol{A}|=0$ 时，若 $R(\boldsymbol{A})<n$，则称 $\boldsymbol{A}$ 为降秩矩阵(不可逆矩阵，奇异矩阵).

矩阵的秩具有以下性质：

(1) $R(\boldsymbol{A}_{m\times n})\leqslant \min\{m, n\}$.

(2) $k\neq 0$ 时，有 $R(k\boldsymbol{A})=R(\boldsymbol{A})$.

(3) $R(\boldsymbol{A}^{\mathrm{T}})=R(\boldsymbol{A})$.

(4) 若 $\boldsymbol{A}$ 中的一个 $D_r\neq 0$，则 $R(\boldsymbol{A})\geqslant r$.

(5) 若 $\boldsymbol{A}$ 中所有的 $D_{r+1}=0$，则 $R(\boldsymbol{A})\leqslant r$.

用定义求矩阵的秩时，必须从一阶子式开始计算，直到某阶子式都为零才能确定，过程非常繁琐，不便于使用. 为了寻找更简单、有效的计算方法，我们先介绍矩阵的初等变换.

8.2.5 矩阵的初等变换

1. 矩阵的初等变换

利用行列式的性质将给定的行列式化为三角行列式，可以简化行列式的计算. 类似地，我们也可以通过一些方法，将矩阵化为某种特殊形式的矩阵，从而简化矩阵的运算，这些简化矩阵的方法就是矩阵的初等变换. 矩阵的初等变换是线性代数的基本运算，它在化简矩阵、解线性方程组、求矩阵的逆矩阵以及求矩阵的秩等方面起着重要的作用.

用消元法解 n 元线性方程组

$$\begin{cases} a_{11}x_1+a_{12}x_2+\cdots+a_{1n}x_n=b_1 \\ a_{21}x_1+a_{22}x_2+\cdots+a_{2n}x_n=b_2 \\ \quad\vdots \\ a_{m1}x_1+a_{m2}x_2+\cdots+a_{mn}x_n=b_m \end{cases}$$

时会用到以下三种变换：

(1) 交换两个方程的次序；

(2) 以不等于 0 的数乘某个方程；

(3) 一个方程加上另一个方程的 k 倍.

因为上述三种变换都是可逆的，所以变换前的方程组与变换后的方程组是同解的. 又因为上述三种变换只针对方程组的系数和常数项，未知量并未参与运算，所以这三种变换是同解变换.

若记

$$\boldsymbol{B}=(\boldsymbol{A}, \boldsymbol{b})=\begin{pmatrix} a_{11} & a_{12} & \cdots & a_{1n} & b_1 \\ a_{21} & a_{22} & \cdots & a_{2n} & b_2 \\ \vdots & \vdots & & \vdots & \vdots \\ a_{m1} & a_{m2} & \cdots & a_{mn} & b_m \end{pmatrix},$$

则对方程组的变换就转换为对矩阵 $\boldsymbol{B}$ 的初等行变换.

定义 8.2.18　下面三种变换称为矩阵的初等行变换.

(1) 对换变换：互换矩阵 i、j 两行的位置，记为 $r_i \leftrightarrow r_j$.

(2) 数乘变换：以数 $k \neq 0$ 乘第 i 行的所有元素，记为 $r_i \times k$.

(3) 倍加变换：将矩阵的第 j 行的所有元素的 k 倍加到第 i 行的对应元素上去，记为 $r_i + kr_j$.

若把定义中的“行”换成“列”，即得矩阵的初等列变换. 矩阵的三种列变换分别简记为 $c_i \leftrightarrow c_j$、$c_i \times k$、$c_i + kc_j$.

矩阵的初等行变换和初等列变换统称为矩阵的初等变换.

定义 8.2.19　如果矩阵 $\boldsymbol{A}$ 经过有限次初等变换变成矩阵 $\boldsymbol{B}$，就称矩阵 $\boldsymbol{A}$ 与 $\boldsymbol{B}$ 等价，记作 $\boldsymbol{A} \sim \boldsymbol{B}$.

如果两个线性方程组同解，就称这两个线性方程组等价.

2. 初等矩阵

矩阵的初等变换是矩阵的一种基本运算，应用广泛.

定义 8.2.20　由单位矩阵 $\boldsymbol{E}$ 经过一次初等变换得到的矩阵称为初等矩阵.

三种初等变换对应着三种初等矩阵.

(1) 对换单位矩阵 $\boldsymbol{E}$ 中第 i、j 两行($r_i \leftrightarrow r_j$)得到的初等矩阵，记为 $\boldsymbol{E}(i, j)$，即

$$\boldsymbol{E}(i,j)=\begin{pmatrix} 1 &&&&&&&&& \\ & \ddots &&&&&&&& \\ && 1 &&&&&&& \\ &&& 0 & & \cdots & & 1 &&& \\ &&&& 1 &&&&& \\ &&& \vdots && \ddots && \vdots && \\ &&&&&& 1 &&& \\ &&& 1 && \cdots && 0 && \\ &&&&&&&& 1 & \\ &&&&&&&&& \ddots \\ &&&&&&&&&& 1 \end{pmatrix}\begin{matrix} \\ \\ \\ \leftarrow 第\ i\ 行 \\ \\ \\ \\ \leftarrow 第\ j\ 行 \\ \\ \\ \\ \end{matrix}.$$

(2) 以数 $k \neq 0$ 乘单位矩阵 $\boldsymbol{E}$ 的第 i 行($r_i \times k$)得到的初等矩阵，记为 $\boldsymbol{E}(i(k))$，即

$$\boldsymbol{E}(i(k))=\begin{pmatrix} 1 &&&&&& \\ & \ddots &&&&& \\ && 1 &&&& \\ &&& k &&& \\ &&&& 1 && \\ &&&&& \ddots & \\ &&&&&& 1 \end{pmatrix}\begin{matrix} \\ \\ \\ \leftarrow 第\ i\ 行. \\ \\ \\ \\ \end{matrix}$$

(3) 以数 k 乘单位矩阵 $\boldsymbol{E}$ 的第 j 行加到第 i 行上($r_i + kr_j$)得到的初等矩阵，记为 $\boldsymbol{E}(i, j(k))$，即

$$\boldsymbol{E}(i,j(k))=\begin{pmatrix}1&&&&&&\\&\ddots&&&&&\\&&1&\cdots&k&&\\&&&\ddots&&&\\&&&&1&&\\&&&&&\ddots&\\&&&&&&1\end{pmatrix}\begin{matrix}\\\\\leftarrow 第\,i\,行\\\\\leftarrow 第\,j\,行\\\\\\\end{matrix}.$$

初等矩阵是可逆的，且 $\boldsymbol{E}(i,j)^{-1}=\boldsymbol{E}(i,j)$，$\boldsymbol{E}(i(k))^{-1}=\boldsymbol{E}\left(i\left(\frac{1}{k}\right)\right)$，$\boldsymbol{E}(i,j(k))^{-1}=\boldsymbol{E}(i,j(-k))$. 初等矩阵的逆矩阵仍为初等矩阵.

用初等矩阵左乘矩阵 $\boldsymbol{A}$ 相当于对矩阵 $\boldsymbol{A}$ 实施了一次初等行变换.

(1) $\boldsymbol{E}(i,j)\boldsymbol{A}$ 相当于交换 $\boldsymbol{A}$ 的 i、j 两行.

(2) $\boldsymbol{E}(i(k))\boldsymbol{A}$ 相当于将 $\boldsymbol{A}$ 的第 i 行乘非零数 k.

(3) $\boldsymbol{E}(i,j(k))\boldsymbol{A}$ 相当于将 $\boldsymbol{A}$ 的第 j 行的 k 倍加到第 i 行上.

同样地，$\boldsymbol{AE}(i,j)$、$\boldsymbol{AE}(i(k))$、$\boldsymbol{AE}(i,j(k))$相当于对矩阵 $\boldsymbol{A}$ 做了三种初等列变换.

3. 用初等变换求矩阵的秩

求矩阵的秩主要是判断 k 阶子式是否为零，如果我们把矩阵化为类似于上三角矩阵的形式，判断子式是否为零就很容易了，据此可求得矩阵的秩. 下面考虑用矩阵的初等行变换来求矩阵的秩，在此之前先介绍行阶梯形矩阵.

定义 8.2.21 如果矩阵的每一行的第一个非零元素向下的元素全为零，则称该矩阵为行阶梯形矩阵，其一般形式为

$$\begin{pmatrix}0&\cdots&0&b_{1j_1}&b_{1j_2}&\cdots&b_{1j_r}&\cdots&*\\&&&&b_{2j_1}&\cdots&b_{2j_r}&\cdots&*\\&&&&&\ddots&\vdots&&\vdots\\&&&&&&b_{rj_r}&\cdots&*\\&&&&&&0&\cdots&0\\&&&&&&\vdots&&\vdots\\&&&&&&0&\cdots&0\end{pmatrix}.$$

行阶梯形矩阵具有以下特点：

(1) 若有零行，则零行处于矩阵下方；

(2) 非零行的第一个非零元素的左边零元素的个数随行标递增.

例如，$\begin{pmatrix}3&1&2&1\\0&1&-1&3\\0&0&0&2\\0&0&0&0\end{pmatrix}$是行阶梯形矩阵，而$\begin{pmatrix}5&7&8&9\\0&3&1&1\\0&2&1&-4\\0&0&3&1\end{pmatrix}$不是行阶梯形矩阵.

对于矩阵 $\boldsymbol{A}=\begin{pmatrix}3&1&2&1\\0&1&-1&3\\0&0&0&2\\0&0&0&0\end{pmatrix}$，取一、三、四列构成的一个子式$\begin{vmatrix}3&2&1\\0&-1&3\\0&0&2\end{vmatrix}=-6\neq0$，

所以 $R(\boldsymbol{A})=3$，恰好是行阶梯形矩阵 $\boldsymbol{A}$ 的非零行的行数.

定理 8.2.2　初等变换不改变矩阵的秩.

定理 8.2.2 表明：若矩阵 $\boldsymbol{A}$ 经过有限次初等变换变为矩阵 $\boldsymbol{B}$，则 $R(\boldsymbol{A})=R(\boldsymbol{B})$，即等价的矩阵具有相同的秩. 由此得到求矩阵的秩的一种有效方法：通过初等行变换把矩阵化为行阶梯形矩阵，非零行的行数就是该矩阵的秩.

例题讲解

例 8.2.19　设矩阵 $\boldsymbol{A}=\begin{pmatrix}1 & 2 & 1 & 2 & 1\\ 2 & 1 & 0 & -1 & -2\\ -1 & 1 & 2 & 1 & 2\\ 3 & 4 & 2 & -2 & -3\end{pmatrix}$，求 $R(\boldsymbol{A})$.

解

$$\boldsymbol{A}=\begin{pmatrix}1 & 2 & 1 & 2 & 1\\ 2 & 1 & 0 & -1 & -2\\ -1 & 1 & 2 & 1 & 2\\ 3 & 4 & 2 & -2 & -3\end{pmatrix}\to\begin{pmatrix}1 & 2 & 1 & 2 & 1\\ 0 & -3 & -2 & -5 & -4\\ 0 & 3 & 3 & 3 & 3\\ 0 & -2 & -1 & -8 & -6\end{pmatrix}$$

$$\to\begin{pmatrix}1 & 2 & 1 & 2 & 1\\ 0 & 3 & 3 & 3 & 3\\ 0 & -3 & -2 & -5 & -4\\ 0 & -2 & -1 & -8 & -6\end{pmatrix}\to\begin{pmatrix}1 & 2 & 1 & 2 & 1\\ 0 & 3 & 3 & 3 & 3\\ 0 & 0 & 1 & -2 & -1\\ 0 & 0 & 1 & -6 & -4\end{pmatrix}$$

$$\to\begin{pmatrix}1 & 2 & 1 & 2 & 1\\ 0 & 3 & 3 & 3 & 3\\ 0 & 0 & 1 & -2 & -1\\ 0 & 0 & 0 & -4 & -3\end{pmatrix},$$

故 $R(\boldsymbol{A})=4$.

4. 用初等变换法求逆矩阵

在 8.2.3 节中，我们介绍了求逆矩阵的方法之一：伴随矩阵求逆法. 但是，对于阶数较多的矩阵，这种方法因计算量太大，不方便使用，下面给出另一种较为简便的求逆矩阵的方法：用初等变换法求逆矩阵.

定理 8.2.7　可逆矩阵可以经过若干次初等行变换化为单位矩阵.

推论 1　可逆矩阵可以表示为若干个初等矩阵的乘积.

推论 2　如果对可逆矩阵 $\boldsymbol{A}$ 和同阶单位矩阵 $\boldsymbol{E}$ 作同样的初等行变换，那么当 $\boldsymbol{A}$ 变成单位矩阵 $\boldsymbol{E}$ 时，$\boldsymbol{E}$ 就变成 $\boldsymbol{A}^{-1}$，即

$$(\boldsymbol{A},\ \boldsymbol{E})\xrightarrow{\text{初等行变换}}(\boldsymbol{E},\ \boldsymbol{A}^{-1}),$$

或

$$\begin{pmatrix}\boldsymbol{A}\\ \boldsymbol{E}\end{pmatrix}\xrightarrow{\text{初等列变换}}\begin{pmatrix}\boldsymbol{E}\\ \boldsymbol{A}^{-1}\end{pmatrix}.$$

例题讲解

例 8.2.20 设 $\boldsymbol{A}=\begin{pmatrix}1 & 2 & 1\\0 & 2 & 1\\3 & 4 & 0\end{pmatrix}$，求 $\boldsymbol{A}^{-1}$.

解 $(\boldsymbol{A},\boldsymbol{E})=\left(\begin{array}{ccc:ccc}1 & 2 & 1 & 1 & 0 & 0\\0 & 2 & 1 & 0 & 1 & 0\\3 & 4 & 0 & 0 & 0 & 1\end{array}\right)$

$$\xrightarrow{r_3-3r_1}\left(\begin{array}{ccc:ccc}1 & 2 & 1 & 1 & 0 & 0\\0 & 2 & 1 & 0 & 1 & 0\\0 & -2 & -3 & -3 & 0 & 1\end{array}\right)\xrightarrow[r_1-r_2]{r_3+r_2}\left(\begin{array}{ccc:ccc}1 & 0 & 0 & 1 & -1 & 0\\0 & 2 & 1 & 0 & 1 & 0\\0 & 0 & -2 & -3 & 1 & 1\end{array}\right)$$

$$\xrightarrow{r_3\times\left(-\frac{1}{2}\right)}\left(\begin{array}{ccc:ccc}1 & 0 & 0 & 1 & -1 & 0\\0 & 2 & 1 & 0 & 1 & 0\\0 & 0 & 1 & \frac{3}{2} & -\frac{1}{2} & -\frac{1}{2}\end{array}\right)$$

$$\xrightarrow{r_2-r_3}\left(\begin{array}{ccc:ccc}1 & 0 & 0 & 1 & -1 & 0\\0 & 2 & 0 & -\frac{3}{2} & \frac{3}{2} & \frac{1}{2}\\0 & 0 & 1 & \frac{3}{2} & -\frac{1}{2} & -\frac{1}{2}\end{array}\right)$$

$$\xrightarrow{r_2\times\left(\frac{1}{2}\right)}\left(\begin{array}{ccc:ccc}1 & 0 & 0 & 1 & -1 & 0\\0 & 1 & 0 & -\frac{3}{4} & \frac{3}{4} & \frac{1}{4}\\0 & 0 & 1 & \frac{3}{2} & -\frac{1}{2} & -\frac{1}{2}\end{array}\right),$$

所以

$$\boldsymbol{A}^{-1}=\begin{pmatrix}1 & -1 & 0\\-\frac{3}{4} & \frac{3}{4} & \frac{1}{4}\\\frac{3}{2} & -\frac{1}{2} & -\frac{1}{2}\end{pmatrix}.$$

例 8.2.21 已知 $\boldsymbol{A}=\begin{pmatrix}0 & 2 & -1\\1 & 0 & 2\\-1 & -1 & -2\end{pmatrix}$，求 $\boldsymbol{A}^{-1}$.

解 $(\boldsymbol{A},\boldsymbol{E})=\left(\begin{array}{ccc:ccc}0 & 2 & -1 & 1 & 0 & 0\\1 & 0 & 2 & 0 & 1 & 0\\-1 & -1 & -2 & 0 & 0 & 1\end{array}\right)\xrightarrow{r_1\leftrightarrow r_2}\left(\begin{array}{ccc:ccc}1 & 0 & 2 & 0 & 1 & 0\\0 & 2 & -1 & 1 & 0 & 0\\-1 & -1 & -2 & 0 & 0 & 1\end{array}\right)$

$$\xrightarrow{r_3+r_1}\left(\begin{array}{ccc:ccc}1 & 0 & 2 & 0 & 1 & 0\\0 & 2 & -1 & 1 & 0 & 0\\0 & -1 & 0 & 0 & 1 & 1\end{array}\right)\xrightarrow{r_2+r_3}\left(\begin{array}{ccc:ccc}1 & 0 & 2 & 0 & 1 & 0\\0 & 1 & -1 & 1 & 1 & 1\\0 & -1 & 0 & 0 & 1 & 1\end{array}\right)$$

$$\xrightarrow{r_3+r_2}\left(\begin{array}{ccc:ccc}1&0&2&0&1&0\\0&1&-1&1&1&1\\0&0&-1&1&2&2\end{array}\right)\xrightarrow{r_3\times(-1)}\left(\begin{array}{ccc:ccc}1&0&2&0&1&0\\0&1&-1&1&1&1\\0&0&1&-1&-2&-2\end{array}\right)$$

$$\xrightarrow[r_2+r_3]{r_1-2r_3}\left(\begin{array}{ccc:ccc}1&0&0&2&5&4\\0&1&0&0&-1&-1\\0&0&1&-1&-2&-2\end{array}\right),$$

所以

$$\boldsymbol{A}^{-1}=\begin{pmatrix}2&5&4\\0&-1&-1\\-1&-2&-2\end{pmatrix}.$$

【习题 8.2】

1. 求三阶矩阵 $\begin{pmatrix}1&-2&5\\-3&0&4\\2&1&6\end{pmatrix}$ 的伴随矩阵.

2. 判断下列方阵是否可逆？若可逆，求逆矩阵：

(1) $\begin{pmatrix}1&0&8\\0&3&0\\6&0&4\end{pmatrix}$；　　(2) $\begin{pmatrix}3&0&5\\2&3&-1\\-3&-5&1\end{pmatrix}$；

(3) $\begin{pmatrix}1&1&1&1\\1&1&-1&-1\\1&-1&1&-1\\1&-1&-1&1\end{pmatrix}$；　　(4) $\begin{pmatrix}6&2&0&0\\8&5&0&0\\0&0&4&1\\0&0&3&2\end{pmatrix}$.

3. 求满足下列方程的矩阵 $\boldsymbol{X}$：

(1) $\boldsymbol{X}\begin{pmatrix}3&-2\\5&-4\end{pmatrix}=\begin{pmatrix}-1&2\\-5&6\end{pmatrix}$；　　(2) $\boldsymbol{X}+\begin{pmatrix}2&3\\1&2\end{pmatrix}\boldsymbol{X}=\begin{pmatrix}12&6\\2&-4\end{pmatrix}$；

(3) $\begin{pmatrix}1&4\\0&2\end{pmatrix}\boldsymbol{X}\begin{pmatrix}2&0\\1&1\end{pmatrix}=\begin{pmatrix}2&1\\0&1\end{pmatrix}$；　　(4) $\begin{pmatrix}1&-2&-1\\3&-2&-2\\2&1&-1\end{pmatrix}\boldsymbol{X}=\begin{pmatrix}1&-3&0\\10&2&7\\10&7&8\end{pmatrix}$.

4. 把下列矩阵化成行阶梯形矩阵：

(1) $\begin{pmatrix}1&1&1&-1\\-1&-1&2&3\\2&2&5&0\end{pmatrix}$；　　(2) $\begin{pmatrix}7&-4&0&-1\\-1&4&5&-3\\2&0&3&8\\0&8&12&-5\end{pmatrix}$.

5. 求下列矩阵的秩：

(1) $\begin{pmatrix} 3 & 1 & 0 & 1 & 0 & 0 & 1 \\ 1 & 1 & -1 & 0 & 1 & 1 & 0 \\ 2 & -2 & 1 & 1 & 0 & -1 & 1 \end{pmatrix}$； (2) $\begin{pmatrix} 1 & 0 & 0 \\ 0 & 2 & 0 \\ 1 & 0 & 3 \\ 0 & 4 & 1 \\ 5 & 1 & 0 \end{pmatrix}$.

习题 8.2 参考答案

8.3 线性方程组

8.3.1 线性方程组的相关概念

含有 n 个未知数、m 个线性方程的方程组

$$\begin{cases} a_{11}x_1 + a_{12}x_2 + \cdots + a_{1n}x_n = b_1 \\ a_{21}x_1 + a_{22}x_2 + \cdots + a_{2n}x_n = b_2 \\ \qquad \vdots \\ a_{m1}x_1 + a_{m2}x_2 + \cdots + a_{mn}x_n = b_m \end{cases} \tag{8.3.1}$$

称为线性方程组.

若令 $\boldsymbol{A}=\begin{pmatrix} a_{11} & a_{12} & \cdots & a_{1n} \\ a_{21} & a_{22} & \cdots & a_{2n} \\ \vdots & \vdots & & \vdots \\ a_{m1} & a_{m2} & \cdots & a_{mn} \end{pmatrix}$，$\boldsymbol{X}=\begin{pmatrix} x_1 \\ x_2 \\ \vdots \\ x_n \end{pmatrix}$，$\boldsymbol{b}=\begin{pmatrix} b_1 \\ b_2 \\ \vdots \\ b_n \end{pmatrix}$，则方程组可用矩阵表示为

$$\boldsymbol{AX} = \boldsymbol{b},$$

其中，$\boldsymbol{A}$ 称为方程组(8.3.1)的系数矩阵，$\boldsymbol{X}$ 称为方程组(8.3.1)的未知数矩阵，$\boldsymbol{b}$ 称为方程组(8.3.1)的常数项矩阵.

线性方程组的分类：

若 $\boldsymbol{b}=\boldsymbol{0}$，则线性方程组为 $\boldsymbol{AX}=\boldsymbol{0}$，称为齐次线性方程组；

若 $\boldsymbol{b}\neq\boldsymbol{0}$，则线性方程组为 $\boldsymbol{AX}=\boldsymbol{b}$，称为非齐次线性方程组.

8.3.2 克莱姆(Cramer)法则

对于未知数的个数与方程的个数相等的线性方程组，即

$$\begin{cases} a_{11}x_1 + a_{12}x_2 + \cdots + a_{1n}x_n = b_1 \\ a_{21}x_1 + a_{22}x_2 + \cdots + a_{2n}x_n = b_2 \\ \qquad \vdots \\ a_{n1}x_1 + a_{n2}x_2 + \cdots + a_{mn}x_n = b_n \end{cases}, \tag{8.3.2}$$

将它的未知数系数依次取出，可以构成行列式

$$D = \begin{vmatrix} a_{11} & a_{12} & \cdots & a_{1n} \\ a_{21} & a_{22} & \cdots & a_{2n} \\ \vdots & \vdots & & \vdots \\ a_{n1} & a_{n2} & \cdots & a_{nn} \end{vmatrix},$$

此行列式称为 n 元线性方程组(8.3.2)的系数行列式.

定理 8.3.1(克莱姆(Cramer)法则)　若 n 元线性方程组(8.3.1)的系数行列式不等于 0，即

$$D=\begin{vmatrix} a_{11} & a_{12} & \cdots & a_{1n} \\ a_{21} & a_{22} & \cdots & a_{2n} \\ \vdots & \vdots & & \vdots \\ a_{n1} & a_{n2} & \cdots & a_{nn} \end{vmatrix}\neq 0,$$

则方程组(8.3.2)有唯一解，且解为

$$x_j=\frac{D_j}{D},\quad j=1,2,\cdots,n.$$

其中 D_j 是把 D 中第 j 列元素换成常数项 b_1，b_2，…，b_n 所得到的行列式，即

$$D_j=\begin{vmatrix} a_{11} & \cdots & a_{1,j-1} & b_1 & a_{1,j+1} & \cdots & a_{1n} \\ \vdots & & \vdots & \vdots & \vdots & & \vdots \\ a_{n1} & \cdots & a_{n,j-1} & b_n & a_{n,j+1} & \cdots & a_{nn} \end{vmatrix}.$$

例题讲解

例 8.3.1　解线性方程组 $\begin{cases} x_1+x_2-x_3=0 \\ 2x_1+3x_2+x_3=7 \\ 3x_1-2x_2-2x_3=-3 \end{cases}$.

解　因为 $D=\begin{vmatrix} 1 & 1 & -1 \\ 2 & 3 & 1 \\ 3 & -2 & -2 \end{vmatrix}=16\neq 0$，且

$$D_1=\begin{vmatrix} 0 & 1 & -1 \\ 7 & 3 & 1 \\ -3 & -2 & -2 \end{vmatrix}=16,\quad D_2=\begin{vmatrix} 1 & 0 & -1 \\ 2 & 7 & 1 \\ 3 & -3 & -2 \end{vmatrix}=16,$$

$$D_3=\begin{vmatrix} 1 & 1 & 0 \\ 2 & 3 & 7 \\ 3 & -2 & -3 \end{vmatrix}=32,$$

所以由克莱姆法则得，$x_1=1$，$x_2=1$，$x_3=2$.

例 8.3.2　解线性方程组 $\begin{cases} 3x_1+2x_2+x_3+5x_4=5 \\ 2x_1+x_2-x_3+x_4=0 \\ x_1-x_2+x_3+2x_4=0 \\ -x_1-x_2+x_3+x_4=1 \end{cases}$.

解　因为 $D=\begin{vmatrix} 3 & 2 & 1 & 5 \\ 2 & 1 & -1 & 1 \\ 1 & -1 & 1 & 2 \\ -1 & -1 & 1 & 1 \end{vmatrix}=-9\neq 0$，且

$$D_1=\begin{vmatrix}5&2&1&5\\0&1&-1&1\\0&-1&1&2\\-1&-1&1&1\end{vmatrix}=-9,\quad D_2=\begin{vmatrix}3&5&1&5\\2&0&-1&1\\1&0&1&2\\-1&-1&1&1\end{vmatrix}=-18,$$

$$D_3=\begin{vmatrix}3&2&5&5\\2&1&0&1\\1&-1&0&2\\-1&-1&-1&1\end{vmatrix}=-27,\quad D_4=\begin{vmatrix}3&2&1&5\\2&1&-1&0\\1&-1&1&0\\-1&-1&1&-1\end{vmatrix}=9,$$

所以由克莱姆法则得 $x_1=1$, $x_2=2$, $x_3=3$, $x_4=-1$.

注 用克莱姆法则求解线性方程组时，须满足两个条件：方程组中方程的个数与未知数的个数相等；方程组的系数行列式不等于零.

定理 8.3.2 如果齐次线性方程组的系数行列式 $D\neq0$，那么它只有零解；如果齐次线性方程组有非零解，那么它的系数行列式必定等于零.

定理 8.3.3 如果非齐次线性方程组无解或有两个不同的解，那么它的系数行列式 $D=0$.

例题讲解

例 8.3.3 已知 $\begin{cases}\lambda x_1+x_2+x_3=0\\x_1+\lambda x_2+x_3=0\\x_1+x_2+\lambda x_3=0\end{cases}$ 有非零解，求 λ.

解 $D=\begin{vmatrix}\lambda&1&1\\1&\lambda&1\\1&1&\lambda\end{vmatrix}=(\lambda+2)(\lambda-1)^2=0$，故 $\lambda=1$ 或 $\lambda=-2$.

克莱姆法则作为一种解方程组的方法，当 n 很大时，计算量比较大，且只能解方程个数与未知数个数相同的线性方程组，因此在具体计算上，它不是一个可行的方法. 下面我们借助这个工具来研究一般线性方程组的解法.

8.3.3 线性方程组的一般解法

对于一般的线性方程组

$$\begin{cases}a_{11}x_1+a_{12}x_2+\cdots+a_{1n}x_n=b_1\\a_{21}x_1+a_{22}x_2+\cdots+a_{2n}x_n=b_2\\\qquad\vdots\\a_{m1}x_1+a_{m2}x_2+\cdots+a_{mn}x_n=b_m\end{cases},$$

由线性方程组的系数与常数项组成的矩阵

$$(\boldsymbol{A},\ \boldsymbol{b})=\begin{pmatrix}a_{11}&a_{12}&\cdots&a_{1n}&b_1\\a_{21}&a_{22}&\cdots&a_{2n}&b_2\\\vdots&\vdots&&\vdots&\vdots\\a_{m1}&a_{m2}&\cdots&a_{mn}&b_m\end{pmatrix}$$

称为方程组的增广矩阵.

1. 高斯消元法

对下面的线性方程组

$$\begin{cases} x_1 - x_2 + x_3 = 3 & ① \\ 3x_1 + x_2 + 7x_3 = 5 & ② \\ 2x_1 + x_3 = 4 & ③ \end{cases}$$

作如下处理：

②−3×①，③−2×①：

$$\begin{cases} x_1 - x_2 + x_3 = 3 & ④ \\ 4x_2 + 4x_3 = -4 & ⑤, \\ 2x_2 - x_3 = -2 & ⑥ \end{cases}$$

⑤×$\frac{1}{4}$，⑥−2×⑤：

$$\begin{cases} x_1 - x_2 + x_3 = 3 & ⑦ \\ x_2 + x_3 = -1 & ⑧, \\ -3x_3 = 0 & ⑨ \end{cases}$$

所以

$$\begin{cases} x_1 = 4 \\ x_2 = -1. \\ x_3 = 0 \end{cases}$$

用矩阵的初等变换表示上述方程组的求解过程如下：

$$(\boldsymbol{A}, \boldsymbol{b}) = \left(\begin{array}{ccc:c} 1 & -1 & 1 & 3 \\ 3 & 1 & 7 & 5 \\ 2 & 0 & 1 & 4 \end{array}\right) \to \left(\begin{array}{ccc:c} 1 & -1 & 1 & 3 \\ 0 & 4 & 4 & -4 \\ 0 & 2 & -1 & -2 \end{array}\right)$$

$$\to \left(\begin{array}{ccc:c} 1 & -1 & 1 & 3 \\ 0 & 1 & 1 & -1 \\ 0 & 0 & -3 & 0 \end{array}\right) \to \left(\begin{array}{ccc:c} 1 & 0 & 0 & 4 \\ 0 & 1 & 0 & -1 \\ 0 & 0 & 1 & 0 \end{array}\right).$$

从上例可以看出，方程组的初等变换和它的增广矩阵的相应初等行变换一一对应，用消元法解线性方程组的过程相当于用初等行变换将增广矩阵化为行阶梯形矩阵（消元过程），进一步简化为行最简阶梯形矩阵（回代过程），从而解出 x_i（$i=1, 2, 3$）. 显然，用初等行变换所得到的方程组与原方程组是同解方程组.

例题讲解

例 8.3.4　解下列线性方程组

$$\begin{cases} -x_1 + 8x_3 = 3 \\ 3x_1 - x_2 - 5x_3 = 0 \ . \\ 4x_1 - x_2 + x_3 = 3 \end{cases}$$

解　因为

$$(\boldsymbol{A},\boldsymbol{b})=\begin{pmatrix}-1&0&8&3\\3&-1&-5&0\\4&-1&1&3\end{pmatrix}\to\begin{pmatrix}1&0&0&\frac{3}{7}\\0&1&0&-\frac{6}{7}\\0&0&1&\frac{3}{7}\end{pmatrix},$$

所以 $x_1=\frac{3}{7}$，$x_2=-\frac{6}{7}$，$x_3=\frac{3}{7}$.

例 8.3.5 解下列线性方程组

$$\begin{cases}x_1+x_2-x_3=0\\2x_1+3x_2+x_3=7\\3x_1-2x_2-18x_3=-3\end{cases}.$$

解 因为

$$(\boldsymbol{A},\boldsymbol{b})=\begin{pmatrix}1&1&-1&0\\2&3&1&7\\3&-2&-18&-3\end{pmatrix}\to\begin{pmatrix}1&1&-1&0\\0&1&3&7\\0&0&0&32\end{pmatrix},$$

此时，最后一行对应的方程为 $0x_1+0x_2+0x_3=32$，不管 $x_i(i=1,2,3)$ 如何取值，都无法使该方程成立，所以这个方程组无解.

2. 线性方程组解的判定

定理 8.3.4 设非齐次线性方程组(8.3.1)的系数矩阵为 $\boldsymbol{A}$，增广矩阵为 $(\boldsymbol{A},\boldsymbol{b})$，未知数的个数为 n，若

(1) $R(\boldsymbol{A})=R(\boldsymbol{A},\boldsymbol{b})$，则方程组(8.3.1)有解. 且当 $R(\boldsymbol{A})=R(\boldsymbol{A},\boldsymbol{b})=n$ 时，方程组有唯一解；当 $R(\boldsymbol{A})=R(\boldsymbol{A},\boldsymbol{b})<n$ 时，方程组有无穷多组解；

(2) $R(\boldsymbol{A})\neq R(\boldsymbol{A},\boldsymbol{b})$，则方程组(8.3.1)无解.

显然，齐次线性方程组(8.3.2)一定有解，至少存在零解. 若 $R(\boldsymbol{A})=n$，则方程组只有零解；若 $R(\boldsymbol{A})<n$，则方程组有无穷多组解(非零解).

例题讲解

例 8.3.6 解线性方程组 $\begin{cases}x_1+5x_2-x_3-x_4=-1\\x_1-2x_2+x_3+3x_4=3\\3x_1+8x_2-x_3+x_4=1\\x_1-9x_2+3x_3+7x_4=7\end{cases}$.

解 将增广矩阵通过初等行变换化为行最简阶梯形矩阵，

$$(\boldsymbol{A},\boldsymbol{b})=\begin{pmatrix}1&5&-1&-1&-1\\1&-2&1&3&3\\3&8&-1&1&1\\1&-9&3&7&7\end{pmatrix}\to\begin{pmatrix}1&0&\frac{3}{7}&\frac{13}{7}&\frac{13}{7}\\0&1&-\frac{2}{7}&-\frac{4}{7}&-\frac{4}{7}\\0&0&0&0&0\\0&0&0&0&0\end{pmatrix},$$

与最后一个行最简阶梯形矩阵对应的通解方程组为

$$\begin{cases} x_1 + \dfrac{3}{7}x_3 + \dfrac{13}{7}x_4 = \dfrac{13}{7} \\ x_2 - \dfrac{2}{7}x_3 - \dfrac{4}{7}x_4 = -\dfrac{4}{7} \end{cases},$$

即

$$\begin{cases} x_1 = \dfrac{13}{7} - \dfrac{3}{7}x_3 - \dfrac{13}{7}x_4 \\ x_2 = -\dfrac{4}{7} + \dfrac{2}{7}x_3 + \dfrac{4}{7}x_4 \\ x_3 = c_1 \\ x_4 = c_2 \end{cases},$$

令 $x_3 = c_1$，$x_4 = c_2$，则原方程组的所有解为

$$\begin{cases} x_1 = \dfrac{13}{7} - \dfrac{3}{7}c_1 - \dfrac{13}{7}c_2 \\ x_2 = -\dfrac{4}{7} + \dfrac{2}{7}c_1 + \dfrac{4}{7}c_2 \\ x_3 = c_1 \\ x_4 = c_2 \end{cases} \quad (c_1\text{、}c_2\ \text{为任意常数}).$$

例 8.3.7　解齐次线性方程组 $\begin{cases} x_1 + x_2 + x_3 = 0 \\ -x_1 + 2x_2 + 5x_3 = 0 \\ 2x_1 - x_2 - 4x_3 = 0 \end{cases}$.

解　将增广矩阵通过初等变换化为行最简阶梯形矩阵：

$$(\boldsymbol{A}, \boldsymbol{b}) = \begin{pmatrix} 1 & 1 & 1 & 0 \\ -1 & 2 & 5 & 0 \\ 2 & -1 & -4 & 0 \end{pmatrix} \to \begin{pmatrix} 1 & 0 & -1 & 0 \\ 0 & 1 & 2 & 0 \\ 0 & 0 & 0 & 0 \end{pmatrix},$$

与最后一个行最简阶梯形矩阵对应的通解方程组为

$$\begin{cases} x_1 = x_3 \\ x_2 = -2x_3 \\ x_3 = x_3 \end{cases},$$

令 $x_3 = c$，则原方程组的所有解为

$$\begin{cases} x_1 = c \\ x_2 = -2c \\ x_3 = c \end{cases} \quad (c\ \text{为任意常数}).$$

例 8.3.8　已知 $\begin{cases} x_1 - 3x_3 = -3 \\ x_1 + 2x_2 + \lambda x_3 = 1 \\ 2x_1 + \lambda x_2 - x_3 = -2 \end{cases}$，讨论 λ 取何值时，方程组无解？有唯一解？无穷多组解？

解　将增广矩阵通过初等变换化为行最简阶梯形矩阵：

$$(\boldsymbol{A}, \boldsymbol{b}) = \begin{pmatrix} 1 & 0 & -3 & -3 \\ 1 & 2 & \lambda & 1 \\ 2 & \lambda & -1 & -2 \end{pmatrix} \to \begin{pmatrix} 1 & 0 & -3 & -3 \\ 0 & 2 & \lambda+3 & 4 \\ 0 & \lambda & 5 & 4 \end{pmatrix}$$

$$\rightarrow\begin{pmatrix}1 & 0 & -3 & -3\\ 0 & 1 & \dfrac{\lambda+3}{2} & 2\\ 0 & 0 & -\dfrac{(\lambda-2)(\lambda+5)}{2} & 4-2\lambda\end{pmatrix}.$$

若方程组无解，则 $R(\boldsymbol{A})\neq R(\boldsymbol{A},\ \boldsymbol{b})$，即 $-\dfrac{(\lambda-2)(\lambda+5)}{2}=0$，且 $4-2\lambda\neq 0$，故 $\lambda=-5$.

若方程组有唯一解，则 $R(\boldsymbol{A})=R(\boldsymbol{A},\ \boldsymbol{b})=3$，即 $-\dfrac{(\lambda-2)(\lambda+5)}{2}\neq 0$，故 $\lambda\neq -2$，且 $\lambda\neq -5$.

若方程组有无穷多组解，则 $R(\boldsymbol{A})=R(\boldsymbol{A},\ \boldsymbol{b})<3$，即 $-\dfrac{(\lambda-2)(\lambda+5)}{2}=0$，且 $4-2\lambda=0$，故 $\lambda=2$.

8.3.4 向量组的线性相关性

高斯消元法是解线性方程组的基本而有效的方法. 我们从解方程组的消元过程中发现，方程组的性质是由方程组中方程与方程之间的某种关系所确定的. 另一方面，当方程组有无穷多个解时，选择不同的自由未知量会得到不同形式的解，这些不同形式的解与解之间的关系，即方程组的一般解的结构却不是很清楚，为了揭示线性方程组中的这些关系，本节引入向量的概念，通过研究向量间的线性关系和性质，为进一步探讨线性方程组解的结构进行理论上的准备.

1. *n* 维向量及其线性运算

定义 8.3.1 由 n 个数 $a_1, a_2, \cdots, a_n$ 组成的有序数组 $(a_1, a_2, \cdots, a_n)$，称为 n 维向量，简称向量，其中数 a_i 称为该向量的第 i 个分量 $(i=1, 2, \cdots, n)$. 向量的维数指的是向量中分量的个数.

n 维向量写成一列，称为列向量，记作 $\begin{pmatrix}a_1\\ a_2\\ \vdots\\ a_n\end{pmatrix}$，也是列矩阵.

n 维向量写成一行，称为行向量，记作 $(a_1, a_2, \cdots, a_n)=\begin{pmatrix}a_1\\ a_2\\ \vdots\\ a_n\end{pmatrix}^{\mathrm{T}}$，也是行矩阵.

注 ① 行向量与列向量是有区别的，一个行向量与一个列向量即使对应的分量相等，也不能把它们等同起来.

② 由于向量定义为有序数组，那么向量与数组中数的次序有关.

通常用小写希腊字母 $\boldsymbol{\alpha}$、$\boldsymbol{\beta}$、$\boldsymbol{\gamma}$ 等表示列向量，用 $\boldsymbol{\alpha}^{\mathrm{T}}$、$\boldsymbol{\beta}^{\mathrm{T}}$、$\boldsymbol{\gamma}^{\mathrm{T}}$ 等表示行向量，没有特别指明的地方都指列向量. 常用小写英文字母 a、b、c 表示分量.

几个特殊的 n 维向量：

(1) 零向量：所有分量都是零的 n 维向量称为 n 维零向量，零向量记作 $\mathbf{0}=(0, 0, \cdots, 0)$. 不同维数的零向量是不同的.

(2) 负向量：把向量 $\boldsymbol{\alpha}=(a_1, a_2, \cdots, a_n)$的各个分量都取相反数组成的向量，称为 $\boldsymbol{\alpha}$ 的负向量，记作：$-\boldsymbol{\alpha}=(-a_1, -a_2, \cdots, -a_n)$.

(3) 单位向量：$\boldsymbol{\varepsilon}_1=(1, 0, 0, \cdots, 0)$，$\boldsymbol{\varepsilon}_2=(0, 1, 0, \cdots, 0)$，…，$\boldsymbol{\varepsilon}_n=(0, 0, 0, \cdots, 1)$ 称为单位向量，$\boldsymbol{\varepsilon}_1, \boldsymbol{\varepsilon}_2, \cdots, \boldsymbol{\varepsilon}_n$ 为标准单位向量组.

因为向量是一种特殊的矩阵，所以向量相等、向量的加法、数乘向量等定义都与矩阵相应的定义一致.

(1) 向量相等：对应分量都相等.

(2) 向量的加法：对应分量相加.

(3) 数乘向量：数乘每一个分量.

定义 8.3.2　若干个相同维数的列向量(行向量)所组成的集合称为向量组.

例如，一个 $m\times n$ 矩阵 $\boldsymbol{A}=\begin{pmatrix} a_{11} & a_{12} & \cdots & a_{1n} \\ a_{21} & a_{22} & \cdots & a_{2n} \\ \vdots & \vdots & & \vdots \\ a_{m1} & a_{m2} & \cdots & a_{mn} \end{pmatrix}$ 的每一列

$$\boldsymbol{\alpha}_j=\begin{pmatrix} a_{1j} \\ a_{2j} \\ \vdots \\ a_{mj} \end{pmatrix} \quad (j=1, 2, \cdots, n)$$

组成的向量组 $\boldsymbol{\alpha}_1, \boldsymbol{\alpha}_2, \cdots, \boldsymbol{\alpha}_n$ 称为矩阵 $\boldsymbol{A}$ 的列向量组，而由 $\boldsymbol{A}$ 的每一行

$$\boldsymbol{\beta}_i=(a_{i1}, a_{i2}, \cdots, a_{in}) \quad (i=1, 2, \cdots, m)$$

组成的向量组 $\boldsymbol{\beta}_1, \boldsymbol{\beta}_2, \cdots, \boldsymbol{\beta}_n$ 称为矩阵 $\boldsymbol{A}$ 的行向量组.

于是，矩阵 $\boldsymbol{A}$ 可用向量组表示为

$$\boldsymbol{A}=(\boldsymbol{\alpha}_1, \boldsymbol{\alpha}_2, \cdots, \boldsymbol{\alpha}_n) \text{或} \boldsymbol{A}=\begin{pmatrix} \boldsymbol{\beta}_1 \\ \boldsymbol{\beta}_2 \\ \vdots \\ \boldsymbol{\beta}_m \end{pmatrix}$$

例题讲解

例 8.3.9　设 $\boldsymbol{\alpha}=(2, 1, 3)^{\mathrm{T}}$，$\boldsymbol{\beta}=(-1, 3, 6)^{\mathrm{T}}$，$\boldsymbol{\gamma}=(2, -1, 4)^{\mathrm{T}}$，求 $2\boldsymbol{\alpha}+3\boldsymbol{\beta}-\boldsymbol{\gamma}$.

解　$2\boldsymbol{\alpha}+3\boldsymbol{\beta}-\boldsymbol{\gamma}=2(2, 1, 3)^{\mathrm{T}}+3(-1, 3, 6)^{\mathrm{T}}-(2, -1, 4)^{\mathrm{T}}=(-1, 12, 20)^{\mathrm{T}}$.

2. 向量的线性组合

考察线性方程组

$$\begin{cases} a_{11}x_1+a_{12}x_2+\cdots+a_{1n}x_n=b_1 \\ a_{21}x_1+a_{22}x_2+\cdots+a_{2n}x_n=b_2 \\ \qquad\vdots \\ a_{m1}x_1+a_{m2}x_2+\cdots+a_{mn}x_n=b_m \end{cases},$$

如果令

$$\boldsymbol{\alpha}_j = \begin{pmatrix} \alpha_{1j} \\ \alpha_{2j} \\ \vdots \\ \alpha_{mj} \end{pmatrix} \quad (j = 1, 2, \cdots, n), \ \boldsymbol{\beta} = \begin{pmatrix} b_1 \\ b_2 \\ \vdots \\ b_m \end{pmatrix},$$

那么上述线性方程组可表示为如下形式：

$$\boldsymbol{\alpha}_1 x_1 + \boldsymbol{\alpha}_2 x_2 + \cdots + \boldsymbol{\alpha}_n x_n = \boldsymbol{\beta}.$$

于是上述线性方程组是否有解，就相当于是否存在一组数k_1，k_2，…，k_n，使得下列线性关系式成立

$$\boldsymbol{\beta} = k_1\boldsymbol{\alpha}_1 + k_2\boldsymbol{\alpha}_2 + \cdots + k_n\boldsymbol{\alpha}_n.$$

定义 8.3.3 对于向量组$\boldsymbol{\alpha}_1$，$\boldsymbol{\alpha}_2$，…，$\boldsymbol{\alpha}_n$，若存在一组数k_1，k_2，…，k_n，则称线性关系式$k_1\boldsymbol{\alpha}_1+k_2\boldsymbol{\alpha}_2+\cdots+k_n\boldsymbol{\alpha}_n$为向量组$\boldsymbol{\alpha}_1$，$\boldsymbol{\alpha}_2$，…，$\boldsymbol{\alpha}_n$的一个线性组合，数$k_1$，$k_2$，…，$k_n$称为线性组合的系数(或权重).

定义 8.3.4 对于n维向量$\boldsymbol{\alpha}_1$，$\boldsymbol{\alpha}_2$，…，$\boldsymbol{\alpha}_n$，$\boldsymbol{\beta}$，若存在一组数k_1，k_2，…，k_n，使得

$$\boldsymbol{\beta} = k_1\boldsymbol{\alpha}_1 + k_2\boldsymbol{\alpha}_2 + \cdots + k_n\boldsymbol{\alpha}_n$$

成立，则称向量$\boldsymbol{\beta}$是向量组$\boldsymbol{\alpha}_1$，$\boldsymbol{\alpha}_2$，…，$\boldsymbol{\alpha}_n$的一个线性组合，也可以说向量$\boldsymbol{\beta}$可以由向量组$\boldsymbol{\alpha}_1$，$\boldsymbol{\alpha}_2$，…，$\boldsymbol{\alpha}_n$线性表出.

例题讲解

例 8.3.10 已知$\boldsymbol{\alpha}=(1, 2, 3)^{\mathrm{T}}$，$\boldsymbol{\beta}=(2, 4, 6)^{\mathrm{T}}$，$\boldsymbol{\gamma}=(5, 10, 15)^{\mathrm{T}}$，试问$\boldsymbol{\beta}$可以由$\boldsymbol{\alpha}$线性表出吗？$\boldsymbol{\gamma}$可以由$\boldsymbol{\alpha}$、$\boldsymbol{\beta}$构成的向量组线性表出吗？

解 因为$(2, 4, 6)^{\mathrm{T}}=2(1, 2, 3)^{\mathrm{T}}$，所以$\boldsymbol{\beta}=(2, 4, 6)^{\mathrm{T}}$可用$\boldsymbol{\alpha}=(1, 2, 3)^{\mathrm{T}}$线性表出，即$\boldsymbol{\beta}=2\boldsymbol{\alpha}$. 又因为$(5, 10, 15)^{\mathrm{T}}=(1, 2, 3)^{\mathrm{T}}+2(2, 4, 6)^{\mathrm{T}}$，所以$\boldsymbol{\gamma}=(5, 10, 15)^{\mathrm{T}}$可以由$\boldsymbol{\alpha}=(1, 2, 3)^{\mathrm{T}}$和$\boldsymbol{\beta}=(2, 4, 6)^{\mathrm{T}}$线性表出，即$\boldsymbol{\gamma}=\boldsymbol{\alpha}+2\boldsymbol{\beta}$.

关于线性组合，有以下结论：

(1) 任何一个n维向量都可以表示为n维标准单位向量组的线性组合，即若$\boldsymbol{\alpha}=(a_1, a_2, \cdots, a_n)$，则有$\boldsymbol{\alpha}=a_1\boldsymbol{\varepsilon}_1+a_2\boldsymbol{\varepsilon}_2+\cdots+a_n\boldsymbol{\varepsilon}_n$.

(2) n维零向量是任意n维向量组的线性组合，即

$$\mathbf{0} = 0 \cdot \boldsymbol{\alpha}_1 + 0 \cdot \boldsymbol{\alpha}_2 + \cdots + 0 \cdot \boldsymbol{\alpha}_n.$$

(3) n维向量组$\boldsymbol{\alpha}_1$，$\boldsymbol{\alpha}_2$，…，$\boldsymbol{\alpha}_n$中的任一向量$\boldsymbol{\alpha}_i(i=1, 2, \cdots, n)$都是此$n$维向量组的线性组合，即

$$\boldsymbol{\alpha}_i = 0 \cdot \boldsymbol{\alpha}_1 + 0 \cdot \boldsymbol{\alpha}_2 + \cdots + 1 \cdot \boldsymbol{\alpha}_i + \cdots + 0 \cdot \boldsymbol{\alpha}_n.$$

为了充分利用矩阵来研究向量之间的关系，我们引入线性组合的矩阵表示法.

设$\boldsymbol{\beta}=(b_1, b_2, \cdots, b_n)^{\mathrm{T}}$，$\boldsymbol{\alpha}_i=(a_{1i}, a_{2i}, \cdots, a_{ni})^{\mathrm{T}}(i=1, 2, \cdots, m)$，即

$$\boldsymbol{\beta} = x_1\boldsymbol{\alpha}_1 + x_2\boldsymbol{\alpha}_2 + \cdots + x_m\boldsymbol{\alpha}_m,$$

即

$$\begin{pmatrix} b_1 \\ b_2 \\ \vdots \\ b_n \end{pmatrix} = x_1 \begin{pmatrix} a_{11} \\ a_{21} \\ \vdots \\ a_{n1} \end{pmatrix} + x_2 \begin{pmatrix} a_{12} \\ a_{22} \\ \vdots \\ a_{n2} \end{pmatrix} + \cdots + x_m \begin{pmatrix} a_{1m} \\ a_{2m} \\ \vdots \\ a_{nm} \end{pmatrix}.$$

由相等向量的对应分量相等可得

$$\begin{cases} a_{11}x_1+a_{12}x_2+\cdots+a_{1m}x_m=b_1 \\ a_{21}x_1+a_{22}x_2+\cdots+a_{2m}x_m=b_2 \\ \quad\quad\vdots \\ a_{n1}x_1+a_{n2}x_2+\cdots+a_{nm}x_m=b_n \end{cases}, \tag{8.3.3}$$

因此非齐次线性方程组可写成矩阵形式

$$\begin{pmatrix} a_{11} & a_{12} & \cdots & a_{1m} \\ a_{21} & a_{22} & \cdots & a_{2m} \\ \vdots & \vdots & & \vdots \\ a_{n1} & a_{n2} & \cdots & a_{nm} \end{pmatrix}\begin{pmatrix} x_1 \\ x_2 \\ \vdots \\ x_m \end{pmatrix}=\begin{pmatrix} b_1 \\ b_2 \\ \vdots \\ b_n \end{pmatrix},$$

简记为

$$\boldsymbol{AX}=\boldsymbol{\beta},$$

其中，$\boldsymbol{A}=(\boldsymbol{\alpha}_1, \boldsymbol{\alpha}_2, \cdots, \boldsymbol{\alpha}_m)$，$\boldsymbol{X}=(x_1, x_2, \cdots, x_m)^{\mathrm{T}}$，$\boldsymbol{\beta}=(b_1, b_2, \cdots, b_n)^{\mathrm{T}}$.

于是，向量 $\boldsymbol{\beta}$ 可否由 $\boldsymbol{\alpha}_1$，$\boldsymbol{\alpha}_2$，…，$\boldsymbol{\alpha}_m$ 线性表出，就转化为非齐次线性方程组 $\boldsymbol{AX}=\boldsymbol{\beta}$ 是否有解，由下面的定理 8.3.5 可得.

定理 8.3.5　设 $\boldsymbol{\alpha}_1$，$\boldsymbol{\alpha}_2$，…，$\boldsymbol{\alpha}_m$，$\boldsymbol{\beta}$ 为 n 维列向量，$\boldsymbol{\beta}$ 可由 $\boldsymbol{\alpha}_1$，$\boldsymbol{\alpha}_2$，…，$\boldsymbol{\alpha}_m$ 线性表出的充分必要条件是 $\boldsymbol{AX}=\boldsymbol{\beta}$ 有解，即 $R(\boldsymbol{A})=R(\boldsymbol{A}, \boldsymbol{\beta})$.

显然，若方程组(8.3.3)有唯一解，则向量 $\boldsymbol{\beta}$ 可用 $\boldsymbol{\alpha}_1$，$\boldsymbol{\alpha}_2$，…，$\boldsymbol{\alpha}_m$ 线性表出，且表示法是唯一的.

若方程组(8.3.3)有无穷多解，则向量 $\boldsymbol{\beta}$ 可用 $\boldsymbol{\alpha}_1$，$\boldsymbol{\alpha}_2$，…，$\boldsymbol{\alpha}_m$ 线性表出，且表示法不唯一.

若方程组(8.3.3)无解，则向量 $\boldsymbol{\beta}$ 不能用 $\boldsymbol{\alpha}_1$，$\boldsymbol{\alpha}_2$，…，$\boldsymbol{\alpha}_m$ 线性表出.

例题讲解

例 8.3.11　判断向量 $\boldsymbol{\beta}=(-1, 1, 5)^{\mathrm{T}}$ 能否表示成 $\boldsymbol{\alpha}_1=(1, 2, 3)^{\mathrm{T}}$，$\boldsymbol{\alpha}_2=(0, 1, 4)^{\mathrm{T}}$，$\boldsymbol{\alpha}_3=(2, 3, 6)^{\mathrm{T}}$ 的线性组合？若可以，请写出表达式.

解　设线性方程组为

$$\boldsymbol{\alpha}_1 x_1+\boldsymbol{\alpha}_2 x_2+\boldsymbol{\alpha}_3 x_3=\boldsymbol{\beta},$$

$\boldsymbol{\beta}$ 能否表示成 $\boldsymbol{\alpha}_1$、$\boldsymbol{\alpha}_2$、$\boldsymbol{\alpha}_3$ 的线性组合，取决于该方程是否有解. 对它的增广矩阵施行初等行变换，得

$$(\boldsymbol{A}, \boldsymbol{\beta})=(\boldsymbol{\alpha}_1, \boldsymbol{\alpha}_2, \boldsymbol{\alpha}_3, \boldsymbol{\beta})=\left(\begin{array}{ccc|c} 1 & 0 & 2 & -1 \\ 2 & 1 & 3 & 1 \\ 3 & 4 & 6 & 5 \end{array}\right)$$

$$\to\left(\begin{array}{ccc|c} 1 & 0 & 2 & -1 \\ 0 & 1 & -1 & 3 \\ 0 & 4 & 0 & 8 \end{array}\right)\to\left(\begin{array}{ccc|c} 1 & 0 & 2 & -1 \\ 0 & 1 & -1 & 3 \\ 0 & 0 & 4 & 4 \end{array}\right)$$

$$\to\left(\begin{array}{ccc|c} 1 & 0 & 2 & -1 \\ 0 & 1 & -1 & 3 \\ 0 & 0 & 1 & -1 \end{array}\right)\to\left(\begin{array}{ccc|c} 1 & 0 & 0 & 1 \\ 0 & 1 & 0 & 2 \\ 0 & 0 & 1 & -1 \end{array}\right)=(\boldsymbol{T}, \boldsymbol{d}),$$

显然，$\boldsymbol{\alpha}_1x_1+\boldsymbol{\alpha}_2x_2+\boldsymbol{\alpha}_3x_3=\boldsymbol{\beta}$ 的同解方程组 $\boldsymbol{T}x=\boldsymbol{d}$ 有唯一解，其解是

$$\begin{cases}x_1=1\\x_2=2\\x_3=-1\end{cases},$$

所以 $\boldsymbol{\beta}$ 可以唯一地表示成 $\boldsymbol{\alpha}_1$、$\boldsymbol{\alpha}_2$、$\boldsymbol{\alpha}_3$ 的线性组合，且 $\boldsymbol{\beta}=\boldsymbol{\alpha}_1+2\boldsymbol{\alpha}_2-\boldsymbol{\alpha}_3$.

例 8.3.12 讨论向量 $\boldsymbol{\beta}=(4,5,5)^{\mathrm{T}}$ 能否表示成向量组 $\boldsymbol{\alpha}_1=(1,2,3)^{\mathrm{T}}$，$\boldsymbol{\alpha}_2=(-1,1,4)^{\mathrm{T}}$，$\boldsymbol{\alpha}_3=(3,3,2)^{\mathrm{T}}$ 的线性组合?

解 考察线性方程组

$$x_1\boldsymbol{\alpha}_1+x_2\boldsymbol{\alpha}_2+x_3\boldsymbol{\alpha}_3=\boldsymbol{\beta},$$

用矩阵的初等行变换化简方程组的增广矩阵

$$(\boldsymbol{\alpha}_1,\boldsymbol{\alpha}_2,\boldsymbol{\alpha}_3,\boldsymbol{\beta})=\begin{pmatrix}1&-1&3&4\\2&1&3&5\\3&4&2&5\end{pmatrix}\to\begin{pmatrix}1&-1&3&4\\0&3&-3&-3\\0&7&-7&-7\end{pmatrix}$$

$$\to\left(\begin{array}{ccc:c}1&-1&3&4\\0&1&-1&-1\\0&0&0&0\end{array}\right)\to\left(\begin{array}{ccc:c}1&0&2&3\\0&1&-1&-1\\0&0&0&0\end{array}\right),$$

方程组的同解方程组为

$$\begin{cases}x_1=3-2x_3\\x_2=-1+x_3\end{cases},$$

令 $x_3=k$，则有 $\boldsymbol{\beta}=(3-2k)\boldsymbol{\alpha}_1+(k-1)\boldsymbol{\alpha}_2+k\boldsymbol{\alpha}_3$，$k$ 可取任意值.

3. 向量组的线性相关性

定义 8.3.5 设有向量组 $\boldsymbol{\alpha}_1,\boldsymbol{\alpha}_2,\cdots,\boldsymbol{\alpha}_n$，如果存在 n 个不全为零的数 $k_1,k_2,\cdots,k_n$，使得 $k_1\boldsymbol{\alpha}_1+k_2\boldsymbol{\alpha}_2+\cdots+k_n\boldsymbol{\alpha}_n=\boldsymbol{0}$，则称向量组 $\boldsymbol{\alpha}_1,\boldsymbol{\alpha}_2,\cdots,\boldsymbol{\alpha}_n$ 线性相关，称 $k_1,k_2,\cdots,k_n$ 为相关系数，否则，称向量组 $\boldsymbol{\alpha}_1,\boldsymbol{\alpha}_2,\cdots,\boldsymbol{\alpha}_n$ 线性无关.

线性相关与线性无关统称为向量组的线性相关性.

由定义 8.3.5 可知:

(1) 含有零向量的向量组一定线性相关.

例如，m 个向量 $\boldsymbol{\alpha}_1,\boldsymbol{\alpha}_2,\cdots,\boldsymbol{\alpha}_{m-1},\boldsymbol{0}$ 构成的向量组，必有

$$0\cdot\boldsymbol{\alpha}_1+0\cdot\boldsymbol{\alpha}_2+\cdots+0\cdot\boldsymbol{\alpha}_{m-1}+1\times\boldsymbol{0}=\boldsymbol{0},$$

所以 $\boldsymbol{\alpha}_1,\boldsymbol{\alpha}_2,\cdots,\boldsymbol{\alpha}_{m-1},\boldsymbol{0}$ 线性相关.

(2) 一个向量 $\boldsymbol{\alpha}$ 线性相关的充要条件是 $\boldsymbol{\alpha}=\boldsymbol{0}$.

推论 任一非零向量 $\boldsymbol{\alpha}$ 线性无关.

(3) 两个向量构成的向量组 $\boldsymbol{\alpha}$、$\boldsymbol{\beta}$ 线性相关的充要条件是 $\boldsymbol{\alpha}$ 与 $\boldsymbol{\beta}$ 的对应分量成比例.

设有列向量组 $\boldsymbol{\alpha}_1=(a_{1j},a_{2j},\cdots,a_{mj})^{\mathrm{T}}(j=1,2,\cdots,m)$，若存在一组数 $x_1,x_2,\cdots,x_m$，使得

$$x_1\boldsymbol{\alpha}_1+x_2\boldsymbol{\alpha}_2+\cdots+x_m\boldsymbol{\alpha}_m=\boldsymbol{0},$$

即

$$x_1\begin{pmatrix}a_{11}\\a_{21}\\\vdots\\a_{n1}\end{pmatrix}+x_2\begin{pmatrix}a_{12}\\a_{22}\\\vdots\\a_{n2}\end{pmatrix}+\cdots+x_m\begin{pmatrix}a_{1m}\\a_{2m}\\\vdots\\a_{nm}\end{pmatrix}=\begin{pmatrix}0\\0\\\vdots\\0\end{pmatrix}.$$

由相等向量其对应分量相等，得

$$\begin{cases}a_{11}x_1+a_{12}x_2+\cdots+a_{1m}x_m=0\\a_{21}x_1+a_{22}x_2+\cdots+a_{2m}x_m=0\\\qquad\vdots\\a_{n1}x_1+a_{n2}x_2+\cdots+a_{nm}x_n=0\end{cases},\tag{8.3.4}$$

因此齐次线性方程组可写成矩阵形式

$$\begin{pmatrix}a_{11}&a_{12}&\cdots&a_{1m}\\a_{21}&a_{22}&\cdots&a_{2m}\\\vdots&\vdots&&\vdots\\a_{n1}&a_{n2}&\cdots&a_{nm}\end{pmatrix}\begin{pmatrix}x_1\\x_2\\\vdots\\x_m\end{pmatrix}=\begin{pmatrix}0\\0\\\vdots\\0\end{pmatrix},$$

简记为

$$\boldsymbol{AX}=\boldsymbol{0},$$

其中，$\boldsymbol{A}=(\boldsymbol{\alpha}_1, \boldsymbol{\alpha}_2, \cdots, \boldsymbol{\alpha}_m)$，$\boldsymbol{X}=(x_1, x_2, \cdots, x_m)^{\mathrm{T}}$，$\boldsymbol{0}=(0, 0, \cdots, 0)^{\mathrm{T}}$.

于是，向量组 $\boldsymbol{\alpha}_1, \boldsymbol{\alpha}_2, \cdots, \boldsymbol{\alpha}_m$ 的线性相关性就转化为齐次线性方程组 $\boldsymbol{AX}=\boldsymbol{0}$ 解的判别，由下面的定理 8.3.6 可得出结论.

定理 8.3.6　列向量组 $\boldsymbol{\alpha}_1, \boldsymbol{\alpha}_2, \cdots, \boldsymbol{\alpha}_m$ 线性相关充要条件是矩阵 $\boldsymbol{A}=(\boldsymbol{\alpha}_1, \boldsymbol{\alpha}_2, \cdots, \boldsymbol{\alpha}_m)$ 的秩小于向量的个数 m，即 $R(\boldsymbol{\alpha}_1, \boldsymbol{\alpha}_2, \cdots, \boldsymbol{\alpha}_m)<m$.

证　因为向量组 $\boldsymbol{\alpha}_1, \boldsymbol{\alpha}_2, \cdots, \boldsymbol{\alpha}_m$ 线性相关，所以存在 m 个不全为零的实数 $k_1, k_2, \cdots, k_m$，使得

$$k_1\boldsymbol{\alpha}_1+k_2\boldsymbol{\alpha}_2+\cdots+k_m\boldsymbol{\alpha}_m=\boldsymbol{0},$$

即齐次线性方程组 $k_1\boldsymbol{\alpha}_1+k_2\boldsymbol{\alpha}_2+\cdots+k_m\boldsymbol{\alpha}_m=\boldsymbol{0}$ 有非零解，则系数矩阵的秩 $R(\boldsymbol{\alpha}_1,\boldsymbol{\alpha}_2,\cdots,\boldsymbol{\alpha}_m)<m$.

推论 1　m 个 n 维列向量组 $\boldsymbol{\alpha}_1, \boldsymbol{\alpha}_2, \cdots, \boldsymbol{\alpha}_m$ 线性相关（无关）的充分必要条件是齐次线性方程组 $\boldsymbol{AX}=\boldsymbol{0}$ 有非零解（只有零解），即 $R(\boldsymbol{A})<m(R(\boldsymbol{A})=m)$.

推论 2　n 个 n 维列向量组 $\boldsymbol{\alpha}_1, \boldsymbol{\alpha}_2, \cdots, \boldsymbol{\alpha}_n$ 线性相关（无关）的充分必要条件是矩阵 $\boldsymbol{A}=(\boldsymbol{\alpha}_1, \boldsymbol{\alpha}_2, \cdots, \boldsymbol{\alpha}_n)$ 的行列式等于零（不等于零）.

例题讲解

例 8.3.13　证明：标准单位向量组 $\boldsymbol{\varepsilon}_1=(1, 0, 0, \cdots, 0)$，$\boldsymbol{\varepsilon}_2=(0, 1, 0, \cdots, 0)$，$\cdots$，$\boldsymbol{\varepsilon}_n=(0, 0, 0, \cdots, 1)$一定线性无关.

证　设 $k_1\boldsymbol{\varepsilon}_1+k_2\boldsymbol{\varepsilon}_2+\cdots+k_n\boldsymbol{\varepsilon}_n=\boldsymbol{0}$，因为 $R(\boldsymbol{\varepsilon}_1, \boldsymbol{\varepsilon}_2, \cdots, \boldsymbol{\varepsilon}_n)=n$，所以上述齐次线性方程组只有零解，即 $k_1=k_2=\cdots=k_n=0$，因此 $\boldsymbol{\varepsilon}_1, \boldsymbol{\varepsilon}_2, \cdots, \boldsymbol{\varepsilon}_n$ 线性无关.

例 8.3.14　已知 $\boldsymbol{\alpha}_1=(1, 1, 2)^{\mathrm{T}}$，$\boldsymbol{\alpha}_2=(1, 2, 4)^{\mathrm{T}}$，$\boldsymbol{\alpha}_3=(2, 3, 6)^{\mathrm{T}}$，试讨论向量组 $\boldsymbol{\alpha}_1$、$\boldsymbol{\alpha}_2$、$\boldsymbol{\alpha}_3$ 以及向量组 $\boldsymbol{\alpha}_1$、$\boldsymbol{\alpha}_2$ 的线性相关性.

解 对矩阵$\boldsymbol{A}=(\boldsymbol{\alpha}_1, \boldsymbol{\alpha}_2, \boldsymbol{\alpha}_3)$施行初等行变换，将其转化为行阶梯形矩阵，即可同时得到矩阵$\boldsymbol{A}=(\boldsymbol{\alpha}_1, \boldsymbol{\alpha}_2, \boldsymbol{\alpha}_3)$及矩阵$\boldsymbol{B}=(\boldsymbol{\alpha}_1, \boldsymbol{\alpha}_2)$的秩，

$$\boldsymbol{A}=(\boldsymbol{\alpha}_1, \boldsymbol{\alpha}_2, \boldsymbol{\alpha}_3)=\begin{pmatrix}1&1&2\\1&2&3\\2&4&6\end{pmatrix}\to\begin{pmatrix}1&1&2\\0&1&1\\0&2&2\end{pmatrix}\to\begin{pmatrix}1&1&2\\0&1&1\\0&0&0\end{pmatrix}\to\begin{pmatrix}1&0&1\\0&1&1\\0&0&0\end{pmatrix},$$

可见$R(\boldsymbol{A})=2<3=m$，$R(\boldsymbol{B})=2=2=m$，所以向量组$\boldsymbol{\alpha}_1$、$\boldsymbol{\alpha}_2$、$\boldsymbol{\alpha}_3$线性相关，向量组$\boldsymbol{\alpha}_1$、$\boldsymbol{\alpha}_2$线性无关.

几个重要结论：

(1) n个n维列向量$\boldsymbol{\alpha}_1, \boldsymbol{\alpha}_2, \cdots, \boldsymbol{\alpha}_n$线性无关的充要条件是矩阵$\boldsymbol{A}=(\boldsymbol{\alpha}_1, \boldsymbol{\alpha}_2, \cdots, \boldsymbol{\alpha}_n)$的行列式不等于零.

这是因为$\boldsymbol{\alpha}_1, \boldsymbol{\alpha}_2, \cdots, \boldsymbol{\alpha}_n$线性无关，使得齐次线性方程组$k_1\boldsymbol{\alpha}_1+k_2\boldsymbol{\alpha}_2+\cdots+k_n\boldsymbol{\alpha}_n=\boldsymbol{0}$只有零解，所以方程组的系数矩阵$\boldsymbol{A}$的行列式$|\boldsymbol{\alpha}_1, \boldsymbol{\alpha}_2, \cdots, \boldsymbol{\alpha}_n|$一定不等于零.

(2) 当$m>n$时，m个n维列向量$\boldsymbol{\alpha}_1, \boldsymbol{\alpha}_2, \cdots, \boldsymbol{\alpha}_m$一定线性相关.

这是由于当$m>n$时，齐次线性方程组$\boldsymbol{Ax}=\boldsymbol{0}$中的变量个数$m$大于方程个数$n$，它必有非零解.

例如，向量组$\boldsymbol{\alpha}_1=(1, 2, 1)^{\mathrm{T}}$，$\boldsymbol{\alpha}_2=(1, 1, 0)^{\mathrm{T}}$，$\boldsymbol{\alpha}_3=(2, 0, 1)^{\mathrm{T}}$，$\boldsymbol{\alpha}_4=(2, 3, 2)^{\mathrm{T}}$一定线性相关. 因为向量个数大于向量的维数，所以一定线性相关.

(3) 若向量组中有一部分向量组线性相关，则整个向量组也线性相关(简称为“部分相关，整体必相关”).

例如，若$\boldsymbol{\alpha}_1$、$\boldsymbol{\alpha}_2$线性相关，即$k_1\boldsymbol{\alpha}_1+k_2\boldsymbol{\alpha}_2=\boldsymbol{0}$中，$k_1$、$k_2$一定不全为零，那么$\boldsymbol{\alpha}_1$、$\boldsymbol{\alpha}_2$、$\boldsymbol{\alpha}_3$一定也线性相关，因为$k_1\boldsymbol{\alpha}_1+k_2\boldsymbol{\alpha}_2+0\cdot\boldsymbol{\alpha}_3=\boldsymbol{0}$也成立，且$k_1$、$k_2$一定不全为零.

(4) 若一个向量组线性无关，则其任意一个部分向量组也线性无关.(简称为“整体无关，任一部分必无关”)

例题讲解

例 8.3.15 判定下列向量组的线性相关性：

(1) $\boldsymbol{\alpha}_1=(5, 1, 2)$，$\boldsymbol{\alpha}_2=(1, 3, 1)$；

(2) $\boldsymbol{\alpha}_1=(1, -2, 3)$，$\boldsymbol{\alpha}_2=(2, 3, 2)$，$\boldsymbol{\alpha}_3=(-2, 4, 0)$，$\boldsymbol{\alpha}_4=(3, 2, 4,)$；

(3) $\boldsymbol{\alpha}_1=(2, -1, 1)$，$\boldsymbol{\alpha}_2=(4, -2, 2)$，$\boldsymbol{\alpha}_3=(2, 0, 4)$.

解 (1) 因为两个向量$\boldsymbol{\alpha}_1$和$\boldsymbol{\alpha}_2$对应分量不成比例，所以向量$\boldsymbol{\alpha}_1$和$\boldsymbol{\alpha}_2$线性无关.

(2) 向量组中向量的个数 4 大于向量的维数 3，所以线性相关.

(3) 因部分向量$\boldsymbol{\alpha}_1$、$\boldsymbol{\alpha}_2$对应分量成比例从而线性相关，所以整个向量组线性相关.

定理 8.3.7 向量组$\boldsymbol{\alpha}_1, \boldsymbol{\alpha}_2, \cdots, \boldsymbol{\alpha}_n(n\geqslant 2)$线性相关的充分必要条件是该向量组中至少有一个向量可以由其余$n-1$个向量线性表出.

定理 8.3.8 若向量组$\boldsymbol{\alpha}_1, \boldsymbol{\alpha}_2, \cdots, \boldsymbol{\alpha}_n$线性无关，而向量组$\boldsymbol{\alpha}_1, \boldsymbol{\alpha}_2, \cdots, \boldsymbol{\alpha}_n, \boldsymbol{\beta}$线性相关，则向量$\boldsymbol{\beta}$一定可以由$\boldsymbol{\alpha}_1, \boldsymbol{\alpha}_2, \cdots, \boldsymbol{\alpha}_n$线性表出，且表示法唯一.

8.3.5 向量组的秩

任意给定的一个n维向量组，其部分组可以是相关的，也可以是无关的. 线性无关的

部分组最多可以包含多少个向量呢？为了解决这个问题，我们先引入向量组的秩的概念.

1. 极大线性无关向量组

定义 8.3.6　设有两个向量组

$$A: \boldsymbol{\alpha}_1, \boldsymbol{\alpha}_2, \cdots, \boldsymbol{\alpha}_n, B: \boldsymbol{\beta}_1, \boldsymbol{\beta}_2, \cdots, \boldsymbol{\beta}_m,$$

若向量组 B 中的每一个向量都能由向量组 A 的所有向量线性表出，则称向量组 B 能由向量组 A 线性表出. 若向量组 A 与向量组 B 能够相互线性表出，则称这两个向量组等价.

很明显，向量组 A 与其自身等价(反身性)；若向量组 A 与向量组 B 等价，则向量组 B 与向量组 A 等价(对称性)；若向量组 A 与向量组 B 等价，且向量组 B 与向量组 C 等价，则向量组 A 与向量组 C 等价(传递性).

定义 8.3.7　若向量组 A：$\boldsymbol{\alpha}_1, \boldsymbol{\alpha}_2, \cdots, \boldsymbol{\alpha}_n$ 中能够选出 r 个向量 $\boldsymbol{\alpha}_{i1}, \boldsymbol{\alpha}_{i2}, \cdots, \boldsymbol{\alpha}_{ir}$ 满足下面条件：

(1) $\boldsymbol{\alpha}_{i1}, \boldsymbol{\alpha}_{i2}, \cdots, \boldsymbol{\alpha}_{ir}$ 线性无关；

(2) 向量组 A 中任一向量都可由 $\boldsymbol{\alpha}_{i1}, \boldsymbol{\alpha}_{i2}, \cdots, \boldsymbol{\alpha}_{ir}$ 线性表出.

则称向量组 $\boldsymbol{\alpha}_{i1}, \boldsymbol{\alpha}_{i2}, \cdots, \boldsymbol{\alpha}_{ir}$ 是向量组 A：$\boldsymbol{\alpha}_1, \boldsymbol{\alpha}_2, \cdots, \boldsymbol{\alpha}_n$ 的一个极大线性无关向量组，简称极大无关组.

若 $\boldsymbol{\alpha}_{i1}, \boldsymbol{\alpha}_{i2}, \cdots, \boldsymbol{\alpha}_{ir}$ 是向量组 A 的一个极大无关组，那么 A 中任一向量均可以由 $\boldsymbol{\alpha}_{i1}, \boldsymbol{\alpha}_{i2}, \cdots, \boldsymbol{\alpha}_{ir}$ 线性表出. 显然，$\boldsymbol{\alpha}_{i1}, \boldsymbol{\alpha}_{i2}, \cdots, \boldsymbol{\alpha}_{ir}$ 也可以由它自身线性表出，即由向量组 A 线性表出，所以任何一个向量组均与其极大无关组等价.

推论　一个向量组的极大无关组不是唯一的，但每个极大无关组所含向量的个数相同.

2. 向量组的秩

定义 8.3.8　向量组 A：$\boldsymbol{\alpha}_1, \boldsymbol{\alpha}_2, \cdots, \boldsymbol{\alpha}_n$ 的极大无关组所含向量的个数，称为向量组 A 的秩.

例如，在全体三维向量组成的向量组 $R^{(3)}$ 中，因为 $\boldsymbol{\varepsilon}_1=(1, 0, 0)$，$\boldsymbol{\varepsilon}_2=(0, 1, 0)$，$\boldsymbol{\varepsilon}_3=(0, 0, 1)$ 是一个极大无关组，所以 $R^{(3)}$ 的秩等于 3.

推论 1　向量组的秩是唯一的.

推论 2　等价的向量组必有相同的秩.

推论 3　若向量组 A：$\boldsymbol{\alpha}_1, \boldsymbol{\alpha}_2, \cdots, \boldsymbol{\alpha}_s$ 可由向量组 B：$\boldsymbol{\beta}_1, \boldsymbol{\beta}_2, \cdots, \boldsymbol{\beta}_t$ 线性表示，则向量组 B 的秩不大于向量组 A 的秩.

定义 8.3.9　设矩阵 $\mathbf{A}$ 为 $m\times n$ 矩阵

$$\mathbf{A}=\begin{pmatrix} a_{11} & a_{12} & \cdots & a_{1n} \\ a_{21} & a_{22} & \cdots & a_{2n} \\ \vdots & \vdots & & \vdots \\ a_{m1} & a_{m2} & \cdots & a_{mn} \end{pmatrix},$$

则矩阵 $\mathbf{A}$ 的行向量组 $(\boldsymbol{a}_{i1}, \boldsymbol{a}_{i2}, \cdots, \boldsymbol{a}_{in})(i=1, 2, \cdots, m)$ 的秩称为矩阵 $\mathbf{A}$ 的行秩，矩阵 $\mathbf{A}$ 的列向量组 $\begin{pmatrix} \boldsymbol{a}_{1j} \\ \boldsymbol{a}_{2j} \\ \vdots \\ \boldsymbol{a}_{mj} \end{pmatrix}(j=1, 2, \cdots, n)$ 的秩称为矩阵 $\mathbf{A}$ 的列秩.

例题讲解

例 8.3.16 求矩阵

$$\boldsymbol{A}=\begin{pmatrix}1 & -1 & 2 & 1\\ 0 & 2 & 1 & 2\\ 0 & 0 & -1 & 1\end{pmatrix}$$

的行秩和列秩.

解 因为 $\boldsymbol{A}$ 的行向量是 $\boldsymbol{\alpha}_1=(1,\ -1,\ 2,\ 1)$，$\boldsymbol{\alpha}_2=(0,\ 2,\ 1,\ 2)$，$\boldsymbol{\alpha}_3=(0,\ 0,\ -1,\ 1)$，不难验证，当且仅当 $k_1=k_2=k_3=0$ 时，才有

$$k_1\boldsymbol{\alpha}_1+k_2\boldsymbol{\alpha}_2+k_3\boldsymbol{\alpha}_3=\boldsymbol{0},$$

即矩阵 $\boldsymbol{A}$ 的行秩是 3.

又因为 $\boldsymbol{A}$ 的列向量是

$$\boldsymbol{\beta}_1=\begin{pmatrix}1\\0\\0\end{pmatrix},\ \boldsymbol{\beta}_2=\begin{pmatrix}-1\\2\\0\end{pmatrix},\ \boldsymbol{\beta}_3=\begin{pmatrix}2\\1\\-1\end{pmatrix},$$

且

$$|\boldsymbol{\beta}_1,\ \boldsymbol{\beta}_2,\ \boldsymbol{\beta}_3|=\begin{vmatrix}1 & -1 & 2\\ 0 & 2 & 1\\ 0 & 0 & -1\end{vmatrix}=-2\neq 0,$$

即 $R(\boldsymbol{A})=3$，所以 $\boldsymbol{\beta}_1$、$\boldsymbol{\beta}_2$、$\boldsymbol{\beta}_3$ 线性无关，而 $\boldsymbol{\beta}_1$、$\boldsymbol{\beta}_2$、$\boldsymbol{\beta}_3$、$\boldsymbol{\beta}_4$ 线性相关，故矩阵 $\boldsymbol{A}$ 的列秩也是 3.

一个矩阵的行秩与列秩相等，这种情况不是偶然的，而是一个普遍的规律.

定理 8.3.9 设矩阵 $\boldsymbol{A}$ 为 $m\times n$ 矩阵，则矩阵 $\boldsymbol{A}$ 的秩等于它的列向量组的秩，也等于它的行向量组的秩.

由于矩阵 $\boldsymbol{A}$ 经过初等行变换后生成的行向量组与原行向量组等价，故秩不变.

推论 初等变换不改变矩阵的行(列)向量组的秩.

事实上，我们还有下面的更进一步的结论.

定理 8.3.10 初等行变换不改变矩阵的列向量之间的线性关系.

定理 8.3.10 为我们提供了求向量组的秩、向量组的极大无关组以及用极大无关组来表示向量组中的其余向量的一种简便而有效的方法. 即以列向量构成矩阵，只作初等行变换可将该矩阵化为行阶梯形矩阵，由此可以写出所求向量组的极大无关组(秩)；或者以行向量构成矩阵，只作初等列变换可将该矩阵化为行阶梯形矩阵，同样可以写出所求向量组的极大无关组(秩).

例题讲解

例 8.3.17 求出下面列向量组的一个极大无关组，并将其余向量表示为该极大无关组的线性组合

$$\boldsymbol{\alpha}_1=\begin{pmatrix}1\\1\\1\\1\end{pmatrix},\quad \boldsymbol{\alpha}_2=\begin{pmatrix}1\\2\\3\\4\end{pmatrix},\quad \boldsymbol{\alpha}_3=\begin{pmatrix}1\\4\\9\\16\end{pmatrix},\quad \boldsymbol{\alpha}_4=\begin{pmatrix}1\\3\\7\\13\end{pmatrix}.$$

解　将所给向量组以列向量构成 4×4 矩阵，然后用初等行变换把矩阵化为行最简阶梯形矩阵.

$$\boldsymbol{A}=(\boldsymbol{\alpha}_1,\boldsymbol{\alpha}_2,\boldsymbol{\alpha}_3,\boldsymbol{\alpha}_4)=\begin{pmatrix}1&1&1&1\\1&2&4&3\\1&3&9&7\\1&4&16&13\end{pmatrix}\to\begin{pmatrix}1&1&1&1\\0&1&3&2\\0&2&8&6\\0&3&15&12\end{pmatrix}$$
$$\to\begin{pmatrix}1&0&-2&-1\\0&1&3&2\\0&0&2&2\\0&0&6&6\end{pmatrix}\to\begin{pmatrix}1&0&-2&-1\\0&1&3&2\\0&0&2&2\\0&0&0&0\end{pmatrix}$$
$$\to\begin{pmatrix}1&0&0&1\\0&1&0&-1\\0&0&1&1\\0&0&0&0\end{pmatrix},$$

由于 $R(\boldsymbol{A})=3$，所以 $\boldsymbol{\alpha}_1$、$\boldsymbol{\alpha}_2$、$\boldsymbol{\alpha}_3$ 为极大无关组，且 $\boldsymbol{\alpha}_4=\boldsymbol{\alpha}_1-\boldsymbol{\alpha}_2+\boldsymbol{\alpha}_3$.

例 8.3.18　求下列向量组的秩和一个极大无关组，并将其余向量用这个极大无关组线性表出，

$$\boldsymbol{\alpha}_1=(1,1,-2,7),\quad \boldsymbol{\alpha}_2=(-1,-2,2,-9),$$
$$\boldsymbol{\alpha}_3=(2,4,4,3),\quad \boldsymbol{\alpha}_4=(2,1,4,3).$$

解　把所有的行向量都转置成列向量形成 4×4 矩阵，然后利用初等行变换把它化为行最简阶梯形矩阵，即可求出该向量组的秩和它的极大无关组，并且可将其余向量用极大无关组线性表出.

$$\boldsymbol{A}=(\boldsymbol{\alpha}_1,\boldsymbol{\alpha}_2,\boldsymbol{\alpha}_3,\boldsymbol{\alpha}_4)=\begin{pmatrix}1&-1&2&2\\1&-2&4&1\\-2&2&4&4\\7&-9&3&3\end{pmatrix}\to\begin{pmatrix}1&-1&2&2\\0&-1&2&-1\\0&0&8&8\\0&-2&-11&-11\end{pmatrix}$$
$$\to\begin{pmatrix}1&-1&2&2\\0&1&-2&1\\0&0&1&1\\0&0&-15&-15\end{pmatrix}\to\begin{pmatrix}1&0&0&3\\0&1&0&3\\0&0&1&1\\0&0&0&0\end{pmatrix}.$$

由于 $R(\boldsymbol{A})=3$，所以 $\boldsymbol{\alpha}_1$、$\boldsymbol{\alpha}_2$、$\boldsymbol{\alpha}_3$ 为极大无关组，且 $\boldsymbol{\alpha}_4=3\boldsymbol{\alpha}_1+3\boldsymbol{\alpha}_2+\boldsymbol{\alpha}_3$.

8.3.6　线性方程组解的结构

1. 齐次线性方程组解的结构

设有齐次线性方程组

$$\begin{cases} a_{11}x_1 + a_{12}x_2 + \cdots + a_{1n}x_n = 0 \\ a_{21}x_1 + a_{22}x_2 + \cdots + a_{2n}x_n = 0 \\ \quad\vdots \\ a_{m1}x_1 + a_{m2}x_2 + \cdots + a_{mn}x_n = 0 \end{cases}, \tag{8.3.5}$$

若记

$$\boldsymbol{A} = \begin{pmatrix} a_{11} & a_{12} & \cdots & a_{1n} \\ a_{21} & a_{22} & \cdots & a_{2n} \\ \vdots & \vdots & & \vdots \\ a_{m1} & a_{m2} & \cdots & a_{mn} \end{pmatrix}, \quad \boldsymbol{X} = \begin{pmatrix} x_1 \\ x_2 \\ \vdots \\ x_n \end{pmatrix},$$

那么方程组(8.3.5)可以改写成矩阵方程的形式

$$\boldsymbol{AX} = \boldsymbol{0}, \tag{8.3.6}$$

这时称 $\boldsymbol{X}=\begin{pmatrix} x_1 \\ x_2 \\ \vdots \\ x_n \end{pmatrix}$ 为方程组(8.3.5)的解向量，它也是矩阵方程 $\boldsymbol{AX}=\boldsymbol{0}$ 的解.

根据矩阵方程 $\boldsymbol{AX}=\boldsymbol{0}$，齐次线性方程组的解有如下性质.

定理 8.3.11 若 $\boldsymbol{\xi}_1$、$\boldsymbol{\xi}_2$ 为方程组(8.3.6)的解，则 $\boldsymbol{\xi}_1+\boldsymbol{\xi}_2$ 也是该方程组的解.

定理 8.3.12 若 $\boldsymbol{\xi}_1$ 为方程组(8.3.6)的解，k 为实数，则 $k\boldsymbol{\xi}_1$ 也是该方程组的解.

由定理 8.3.11 和定理 8.3.12 不难推出，若 $\boldsymbol{\xi}_1$，$\boldsymbol{\xi}_2$，…，$\boldsymbol{\xi}_t$ 是线性方程组(8.3.6)的解，k_1，k_2，…，k_t 为任意实数，那么线性组合 $k_1\boldsymbol{\xi}_1+k_2\boldsymbol{\xi}_2+\cdots+k_t\boldsymbol{\xi}_t$ 也是线性方程组(8.3.6)的解.

定义 8.3.10 若齐次线性方程组 $\boldsymbol{AX}=\boldsymbol{0}$ 的有限个解 $\boldsymbol{\xi}_1$，$\boldsymbol{\xi}_2$，…，$\boldsymbol{\xi}_t$ 满足：

(1) $\boldsymbol{\xi}_1$，$\boldsymbol{\xi}_2$，…，$\boldsymbol{\xi}_t$ 线性无关；

(2) $\boldsymbol{AX}=\boldsymbol{0}$ 的任意一个解都可以由 $\boldsymbol{\xi}_1$，$\boldsymbol{\xi}_2$，…，$\boldsymbol{\xi}_t$ 线性表出，

则称 $\boldsymbol{\xi}_1$，$\boldsymbol{\xi}_2$，…，$\boldsymbol{\xi}_t$ 是齐次线性方程组 $\boldsymbol{AX}=\boldsymbol{0}$ 的一个基础解系.

当一个齐次线性方程组只有唯一解时，这个唯一解就是零解，这时没有基础解系；当一个齐次线性方程组有非零解时，此时有无穷多组解，那么此时一定存在基础解系.

定理 8.3.13 对于齐次线性方程组 $\boldsymbol{AX}=\boldsymbol{0}$，如果 $R(\boldsymbol{A})=r<n$，则该方程组的基础解系一定存在，且每个基础解系中所含解向量的个数都等于 $n-r$，其中 n 是方程组中所含未知数的个数.

事实上，齐次线性方程组的基础解系就是齐次线性方程组的解集的极大无关组. 因此，若找到了齐次线性方程组 $\boldsymbol{AX}=\boldsymbol{0}$ 的一个基础解系 $\boldsymbol{\xi}_1$，$\boldsymbol{\xi}_2$，…，$\boldsymbol{\xi}_{n-r}$，那么该方程组的通解可用 $\boldsymbol{\xi}_1$，$\boldsymbol{\xi}_2$，…，$\boldsymbol{\xi}_{n-r}$ 唯一地表示为

$$\boldsymbol{X} = k_1\boldsymbol{\xi}_1 + k_2\boldsymbol{\xi}_2 + \cdots + k_{n-r}\boldsymbol{\xi}_{n-r}, \tag{8.3.7}$$

其中 k_1，k_2，…，k_{n-r} 为任意实数.

例题讲解

例 8.3.19 求齐次线性方程组 $\begin{cases} 2x_1+3x_2+2x_3=0 \\ 3x_1+5x_2+4x_3=0 \\ 8x_1+11x_2+6x_3=0 \end{cases}$ 的基础解系和通解.

解　对系数矩阵 **A** 作初等行变换，化为行最简阶梯形矩阵，

$$\boldsymbol{A}=\begin{pmatrix}2&3&2\\3&5&4\\8&11&6\end{pmatrix}\to\begin{pmatrix}2&3&2\\1&2&2\\0&-1&-2\end{pmatrix}\to\begin{pmatrix}0&-1&-2\\1&2&2\\0&-1&-2\end{pmatrix}$$

$$\to\begin{pmatrix}1&2&2\\0&-1&-2\\0&0&0\end{pmatrix}\to\begin{pmatrix}1&0&-2\\0&1&2\\0&0&0\end{pmatrix},$$

则原方程组的同解方程组为

$$\begin{cases}x_1-2x_3=0\\x_2+2x_3=0\end{cases},$$

即

$$\begin{cases}x_1=2x_3\\x_2=-2x_3\end{cases},$$

令 $x_3=1$，则对应有 $\begin{pmatrix}x_1\\x_2\end{pmatrix}=\begin{pmatrix}2\\-2\end{pmatrix}$，所以基础解系为

$$\boldsymbol{\xi}=\begin{pmatrix}2\\-2\\1\end{pmatrix},$$

故原方程组的通解为

$$\begin{pmatrix}x_1\\x_2\\x_3\end{pmatrix}=k\begin{pmatrix}2\\-2\\1\end{pmatrix}\quad(k\text{ 为任意实数}).$$

例 8.3.20　求齐次线性方程组 $\begin{cases}x_1+x_2-x_3-x_4=0\\2x_1-5x_2+3x_3+2x_4=0\\7x_1-7x_2+3x_3+x_4=0\end{cases}$ 的基础解系和通解.

解　因为 $m=3$，$n=4$，$m<n$，所以方程组有无穷多组解. 先对系数矩阵 **A** 作初等行变换，化为行最简阶梯形矩阵，有

$$\boldsymbol{A}=\begin{pmatrix}1&1&-1&-1\\2&-5&3&2\\7&-7&3&1\end{pmatrix}\to\begin{pmatrix}1&1&-1&-1\\0&-7&5&4\\0&-14&10&8\end{pmatrix}\to\begin{pmatrix}1&1&-1&-1\\0&-7&5&4\\0&0&0&0\end{pmatrix}$$

$$\to\begin{pmatrix}1&1&-1&-1\\0&1&-\frac{5}{7}&-\frac{4}{7}\\0&0&0&0\end{pmatrix}\to\begin{pmatrix}1&0&-\frac{2}{7}&-\frac{3}{7}\\0&1&-\frac{5}{7}&-\frac{4}{7}\\0&0&0&0\end{pmatrix},$$

则原线性方程组的同解方程组为

$$\begin{cases}x_1=\dfrac{2}{7}x_3+\dfrac{3}{7}x_4\\x_2=\dfrac{5}{7}x_3+\dfrac{4}{7}x_4\end{cases},$$

令$\begin{pmatrix} x_3 \\ x_4 \end{pmatrix}=\begin{pmatrix} 1 \\ 0 \end{pmatrix}$及$\begin{pmatrix} 0 \\ 1 \end{pmatrix}$，则对应有$\begin{pmatrix} x_1 \\ x_2 \end{pmatrix}=\begin{pmatrix} \frac{2}{7} \\ \frac{5}{7} \end{pmatrix}$及$\begin{pmatrix} \frac{3}{7} \\ \frac{4}{7} \end{pmatrix}$，所以基础解系为

$$\boldsymbol{\xi}_1=\begin{pmatrix} \frac{2}{7} \\ \frac{5}{7} \\ 1 \\ 0 \end{pmatrix}, \quad \boldsymbol{\xi}_2=\begin{pmatrix} \frac{3}{7} \\ \frac{4}{7} \\ 0 \\ 1 \end{pmatrix},$$

故原方程组的通解为

$$\begin{pmatrix} x_1 \\ x_2 \\ x_3 \\ x_4 \end{pmatrix}=k_1\boldsymbol{\xi}_1+k_2\boldsymbol{\xi}_2=k_1\begin{pmatrix} \frac{2}{7} \\ \frac{5}{7} \\ 1 \\ 0 \end{pmatrix}+k_2\begin{pmatrix} \frac{3}{7} \\ \frac{4}{7} \\ 0 \\ 1 \end{pmatrix} \quad (k_1、k_2 \text{ 为任意实数}).$$

2. 非齐次线性方程组解的结构

对于非齐次线性方程组

$$\begin{cases} a_{11}x_1+a_{12}x_2+\cdots+a_{1n}x_n=b_1 \\ a_{21}x_1+a_{22}x_2+\cdots+a_{2n}x_n=b_2 \\ \quad\vdots \\ a_{m1}x_1+a_{m2}x_2+\cdots+a_{mn}x_n=b_m \end{cases}, \tag{8.3.8}$$

记

$$\boldsymbol{A}=(a_{ij})_{m\times n}, \quad \boldsymbol{X}=(x_1, x_2, \cdots, x_n)^{\mathrm{T}}, \quad \boldsymbol{\beta}=(b_1, b_2, \cdots, b_n)^{\mathrm{T}},$$

则非齐次线性方程组(8.3.8)可以写成矩阵方程的形式

$$\boldsymbol{AX}=\boldsymbol{\beta}, \tag{8.3.9}$$

还可以表示为一个向量方程的形式

$$x_1\boldsymbol{\alpha}_1+x_2\boldsymbol{\alpha}_2+\cdots+x_n\boldsymbol{\alpha}_n=\boldsymbol{\beta}, \tag{8.3.10}$$

其中$\boldsymbol{\alpha}_1, \boldsymbol{\alpha}_2, \cdots, \boldsymbol{\alpha}_n$是$\boldsymbol{A}$的$n$个列向量.

此时，称$\boldsymbol{AX}=\boldsymbol{0}$为$\boldsymbol{AX}=\boldsymbol{\beta}$对应的齐次线性方程组(或导出组).

定理 8.3.14 若$\boldsymbol{\xi}_1$、$\boldsymbol{\xi}_2$为非齐次线性方程组$\boldsymbol{AX}=\boldsymbol{\beta}$的解，则$\boldsymbol{\xi}_1-\boldsymbol{\xi}_2$是其对应的齐次线性方程组$\boldsymbol{AX}=\boldsymbol{0}$的解.

定理 8.3.15 若$\boldsymbol{\eta}$为非齐次线性方程组$\boldsymbol{AX}=\boldsymbol{\beta}$的解，$\xi$是其对应的齐次线性方程组$\boldsymbol{AX}=\boldsymbol{0}$的解，则$\boldsymbol{\xi}+\boldsymbol{\eta}$是非齐次线性方程组$\boldsymbol{AX}=\boldsymbol{\beta}$的解.

定理 8.3.16 若$\boldsymbol{\eta}$为非齐次线性方程组$\boldsymbol{AX}=\boldsymbol{\beta}$的一个解，$\boldsymbol{\xi}_1, \boldsymbol{\xi}_2, \cdots, \boldsymbol{\xi}_{n-r}$是其对应的齐次线性方程组$\boldsymbol{AX}=\boldsymbol{0}$的基础解系，则$\boldsymbol{X}=k_1\boldsymbol{\xi}_1+k_2\boldsymbol{\xi}_2+\cdots+k_{n-r}\boldsymbol{\xi}_{n-r}+\boldsymbol{\eta}$称为非齐次线性方程组$\boldsymbol{AX}=\boldsymbol{\beta}$的结构式通解(其中$k_1, k_2, \cdots, k_{n+r}$为任意实数).

定理 8.3.16 表明，求非齐次线性方程组的通解时，可先求出其对应的齐次线性方程组的基础解系，再求出非齐次线性方程组的一个特解，从而可以得到非齐次线性方程组的通

解表达式.

应该指出的是：当非齐次线性方程组 $\boldsymbol{AX}=\boldsymbol{\beta}$ 有解时，它有唯一解的充要条件是其对应的齐次线性方程组 $\boldsymbol{AX}=\boldsymbol{0}$ 仅有零解；它有无穷多解的充要条件是其对应的齐次线性方程组 $\boldsymbol{AX}=\boldsymbol{0}$有非零解.

例题讲解

例 8.3.21　求非齐次线性方程组的通解

$$\begin{cases} x_1-x_2+x_3-x_4=1 \\ 3x_1-3x_2-x_3+x_4=1. \\ 2x_1-2x_2-x_3=-1 \end{cases}$$

解　构造增广矩阵$(\boldsymbol{A},\boldsymbol{b})$，对其作初等行变换，化为行最简阶梯形矩阵，有

$$(\boldsymbol{A},\boldsymbol{b})=\begin{pmatrix} 1 & -1 & 1 & -1 & 1 \\ 3 & -3 & -1 & 1 & 1 \\ 2 & -2 & -1 & 0 & -1 \end{pmatrix}\to\begin{pmatrix} 1 & -1 & 1 & -1 & 1 \\ 0 & 0 & -4 & 4 & -2 \\ 0 & 0 & -3 & 2 & -3 \end{pmatrix}$$

$$\to\begin{pmatrix} 1 & -1 & 1 & -1 & 1 \\ 0 & 0 & 1 & -1 & \frac{1}{2} \\ 0 & 0 & 0 & -1 & -\frac{3}{2} \end{pmatrix}\to\begin{pmatrix} 1 & -1 & 0 & 0 & \frac{1}{2} \\ 0 & 0 & 1 & -1 & \frac{1}{2} \\ 0 & 0 & 0 & 1 & \frac{3}{2} \end{pmatrix}\to\begin{pmatrix} 1 & -1 & 0 & 0 & \frac{1}{2} \\ 0 & 0 & 1 & 0 & 2 \\ 0 & 0 & 0 & 1 & \frac{3}{2} \end{pmatrix},$$

因为 $R(\boldsymbol{A})=R(\boldsymbol{A},\boldsymbol{b})=3<4$，所以方程组有无穷多组解，且原方程组的同解方程组为

$$\begin{cases} x_1=\frac{1}{2}+x_2 \\ x_3=2 \\ x_4=\frac{3}{2} \end{cases},$$

故原方程组对应的齐次线性方程组的同解方程组为

$$\begin{cases} x_1=x_2 \\ x_3=0 \\ x_4=0 \end{cases},$$

令 $x_2=1$，则对应有 $\begin{pmatrix} x_1 \\ x_3 \\ x_4 \end{pmatrix}=\begin{pmatrix} 1 \\ 0 \\ 0 \end{pmatrix}$，所以对应的齐次线性方程组的基础解系为

$$\boldsymbol{\xi}=\begin{pmatrix} 1 \\ 1 \\ 0 \\ 0 \end{pmatrix},$$

令 $x_2=0$，则对应有 $\begin{pmatrix}x_1\\x_3\\x_4\end{pmatrix}=\begin{pmatrix}\frac{1}{2}\\2\\\frac{3}{2}\end{pmatrix}$，所以原方程组的一个特解为

$$\boldsymbol{\eta}\doteq\begin{pmatrix}\frac{1}{2}\\0\\2\\\frac{3}{2}\end{pmatrix},$$

故原方程组的通解为

$$\begin{pmatrix}x_1\\x_2\\x_3\\x_4\end{pmatrix}=\boldsymbol{\eta}+k\boldsymbol{\xi}=\begin{pmatrix}\frac{1}{2}\\0\\2\\\frac{3}{2}\end{pmatrix}+k\begin{pmatrix}1\\1\\0\\0\end{pmatrix}\quad(k\text{ 为任意实数}).$$

例 8.3.22 设

$$\begin{cases}x_1+x_2+kx_3=4\\-x_1+kx_2+x_3=k^2,\\x_1-x_2+2x_3=-4\end{cases}$$

问方程组什么时候有解？什么时候无解？有解时，求出相应的解.

解 方程组的系数行列式为

$$|\boldsymbol{A}|=\begin{vmatrix}1&1&k\\-1&k&1\\1&-1&2\end{vmatrix}=(1+k)(4-k),$$

当 $|\boldsymbol{A}|=(1+k)(4-k)\neq0$，即 $k\neq-1$ 且 $k\neq4$ 时，方程组有唯一解，且唯一解为(按克莱姆法则)

$$x_1=\frac{k^2+2k}{k+1},\quad x_2=\frac{k^2+2k+4}{k+1},\quad x_3=\frac{-2k}{k+1}.$$

当 $k=-1$ 时，方程组为

$$\begin{cases}x_1+x_2-x_3=4\\-x_1-x_2+x_3=1,\\x_1-x_2+2x_3=-4\end{cases}$$

此时构造增广矩阵 $(\boldsymbol{A},\boldsymbol{b})$，对其进行初等行变换，化为行最简阶梯形矩阵，有

$$(\boldsymbol{A},\boldsymbol{b})=\begin{pmatrix}1&1&-1&4\\-1&-1&1&1\\1&-1&2&-4\end{pmatrix}\to\begin{pmatrix}1&1&-1&4\\0&2&-3&8\\0&0&0&5\end{pmatrix},$$

因为 $R(\boldsymbol{A})=2<R(\boldsymbol{A},\boldsymbol{b})=3$，所以方程组无解.

当 $k=4$ 时，方程组为

$$\begin{cases}x_1+x_2+4x_3=4\\-x_1+4x_2+x_3=16,\\x_1-x_2+2x_3=-4\end{cases}$$

此时构造增广矩阵$(\boldsymbol{A},\boldsymbol{b})$，对其进行初等行变换，化为行最简阶梯形矩阵，有

$$(\boldsymbol{A},\boldsymbol{b})=\begin{pmatrix}1&1&4&4\\-1&4&1&16\\1&-1&2&-4\end{pmatrix}\rightarrow\begin{pmatrix}1&1&4&4\\0&1&1&4\\0&0&0&0\end{pmatrix}\rightarrow\begin{pmatrix}1&0&3&0\\0&1&1&4\\0&0&0&0\end{pmatrix},$$

因为$R(\boldsymbol{A})=R(\boldsymbol{A},\boldsymbol{b})=2<3$，所以方程组有无穷多解，其同解方程组为$\begin{cases}x_1+3x_3=0\\x_2+x_3=4\end{cases}$，且通解为

$$x=\begin{pmatrix}x_1\\x_2\\x_3\end{pmatrix}=\begin{pmatrix}0\\4\\0\end{pmatrix}+c\begin{pmatrix}-3\\-1\\1\end{pmatrix}\quad(c\text{ 为任意常数}).$$

【习题 8.3】

1. 利用克莱姆法则求解下列方程组：

(1) $\begin{cases}7x+9y=3\\17x+7y=5\end{cases}$；　　(2) $\begin{cases}3x-7y-10=0\\9x+15y-2=0\end{cases}$.

2. 问 λ 取何值时，齐次线性方程组

$$\begin{cases}(1-\lambda)x_1-2x_2+4x_3=0\\2x_1+(3-\lambda)x_2+x_3=0\\x_1+x_2+(1-\lambda)x_3=0\end{cases}$$

有非零解？

3. 已知$\begin{cases}x_1+x_2+x_3=1\\2x_1+3x_2-x_3=\lambda\\4x_1+5x_2+\lambda^2x_3=3\end{cases}$，试讨论 λ 取何值时，方程组无解？有唯一解？无穷多组解？

4. 判断下列向量组是线性相关还是线性无关？

(1) $\boldsymbol{\alpha}_1=(1,0,-1)^{\mathrm{T}}$，$\boldsymbol{\alpha}_2=(3,-5,2)^{\mathrm{T}}$，$\boldsymbol{\alpha}_3=(-2,2,0)^{\mathrm{T}}$；

(2) $\boldsymbol{\alpha}_1=(2,2,7,-1)^{\mathrm{T}}$，$\boldsymbol{\alpha}_2=(1,1,3,1)^{\mathrm{T}}$，$\boldsymbol{\alpha}_3=(3,-1,2,4)^{\mathrm{T}}$；

(3) $\boldsymbol{\alpha}_1=(0,0,1,4,7)^{\mathrm{T}}$，$\boldsymbol{\alpha}_2=(0,1,0,3,4)^{\mathrm{T}}$，$\boldsymbol{\alpha}_3=(1,0,0,2,5)^{\mathrm{T}}$，$\boldsymbol{\alpha}_4=(2,-3,4,11,12)^{\mathrm{T}}$.

5. 求下列向量组的秩和一个极大无关组，并将其余向量用此极大无关组线性表示.

(1) $\boldsymbol{\alpha}_1=(1,2,1,3)^{\mathrm{T}}$，$\boldsymbol{\alpha}_2=(1,-3,-4,-7)^{\mathrm{T}}$，$\boldsymbol{\alpha}_3=(4,-1,-5,-6)^{\mathrm{T}}$；

(2) $\boldsymbol{\alpha}_1^{\mathrm{T}}=(1,2,-1,4)$，$\boldsymbol{\alpha}_2^{\mathrm{T}}=(9,1,10,4)$，$\boldsymbol{\alpha}_3^{\mathrm{T}}=(-2,-4,2,8)$；

(3) $\boldsymbol{\alpha}_1=(1,-1,3,-1,1)^{\mathrm{T}}$，$\boldsymbol{\alpha}_2=(2,-1,-1,4,2)^{\mathrm{T}}$，$\boldsymbol{\alpha}_3=(3,-2,2,3,3)^{\mathrm{T}}$，$\boldsymbol{\alpha}_4=(1,0,4,5,-1)^{\mathrm{T}}$.

6. 求解下列线性方程组：

(1) $\begin{cases}2x_1+x_2-x_3=0\\-x_1+x_2+5x_3=0\\x_1+2x_2+4x_3=0\end{cases}$； (2) $\begin{cases}x_1-2x_2+3x_3-x_4=1\\3x_1-x_2+5x_3-3x_4=2\\2x_1+x_2+2x_3-2x_4=3\end{cases}$；

(3) $\begin{cases}x_1-x_2-x_3+x_4=0\\x_1-x_2+x_3-3x_4=1\\x_1-x_2-2x_3+3x_4=-\dfrac{1}{2}\end{cases}$； (4) $\begin{cases}2x_1+x_2-3x_3=2\\x_2-2x_3+6x_4=1\\x_1+x_2-x_3+x_4=5\\3x_1-4x_2-x_3+2x_4=3\end{cases}$.

习题 8.3 参考答案

8.4 本章小结与拓展提高

1. 本章的重点与难点

本章的重点是行列式的概念与计算；矩阵的概念与运算；矩阵可逆与逆矩阵的概念，可逆矩阵的判别和求逆矩阵的方法；矩阵的秩的概念；矩阵的初等变换在矩阵运算中的应用；n 维向量的概念，向量组的线性相关性及其判定，向量组的极大无关组和向量组的秩的概念；线性方程组解的判定；齐次线性方程组的解的结构、基础解系、全部解等概念和通解的求法，非齐次线性方程组解的性质、解的结构及特解、通解的求法.

本章的难点是高阶行列式的计算，矩阵的概念，逆矩阵的概念，矩阵可逆的判别方法和求逆矩阵的方法；向量组的线性相关性的概念与判别方法；线性方程组的解的结构，齐次线性方程组的基础解系的概念，非齐次线性方程组解的性质、解的结构及特解、通解的求法.

2. 学法建议

(1) 在行列式的计算中，首先要观察分析行列式的各行(列)元素的构造特点，然后利用行列式的性质把某行(列)化为只有一个元素不为零，再结合行列式展开定理化简行列式，同时要尽量避免出现分数的运算而计算错误.

(2) 在矩阵的各种运算中，除了要熟练掌握运算规则外，还要注意运算应满足的条件，尤其是矩阵的运算与数的运算的不同之处.

对于可逆矩阵的判别和求逆矩阵，先要分清可逆矩阵和逆矩阵是两个概念，而后搞清楚求逆矩阵的两种方法.

矩阵的秩的概念、逆矩阵的讨论以及线性方程组解的判定联系紧密. 利用初等行变换把矩阵化为阶梯形矩阵是求矩阵的秩、求逆矩阵和线性方程组解的判定的常用方法. 需要指出的是，在学习的过程中要注意积累初等行变换的一些技巧，以保证计算的简便、快捷和准确. 如先将第一列中含有的 1 或 -1 的行换为第一行，目的是避免出现分数运算；若第一列没有 1 或 -1，可利用初等行变换将某个元素化为 1 或 -1.

(3) 向量组线性相关性的常用判定方法是求出向量组的秩后与向量组的个数进行比较，以确定向量组是否线性相关.

(4) 基础解系的意义是：当 $R(\boldsymbol{A})<n$ 时，齐次线性方程组 $\boldsymbol{AX}=\boldsymbol{0}$ 有无穷多个非零解，这些非零解可用 $n-R(\boldsymbol{A})$ 个解向量线性表示.

3. 拓展提高

***例 8.4.1**　计算行列式 $D=\begin{vmatrix}2&1&1&1&1\\1&3&1&1&1\\1&1&4&1&1\\1&1&1&5&1\\1&1&1&1&6\end{vmatrix}$.

解　因为该行列式除主对角线以外都相同，所以可利用行列式展开定理进行，用加边来解，即

$$D=\begin{vmatrix}2&1&1&1&1\\1&3&1&1&1\\1&1&4&1&1\\1&1&1&5&1\\1&1&1&1&6\end{vmatrix}\xlongequal{\text{加边}}\begin{vmatrix}1&-1&-1&-1&-1&-1\\0&2&1&1&1&1\\0&1&3&1&1&1\\0&1&1&4&1&1\\0&1&1&1&5&1\\0&1&1&1&1&6\end{vmatrix}$$

$$\xlongequal{r_{i+1}+r_1(i=1,2,3,4,5)}\begin{vmatrix}1&-1&-1&-1&-1&-1\\1&1&0&0&0&0\\1&0&2&0&0&0\\1&0&0&3&0&0\\1&0&0&0&4&0\\1&0&0&0&0&5\end{vmatrix}$$

$$\xlongequal{c_1-\frac{1}{k}c_{k+1}(k=2,3,4,5)}\begin{vmatrix}1+\frac{1}{2}+\frac{1}{3}+\frac{1}{4}+\frac{1}{5}&-1&-1&-1&-1&-1\\0&1&0&0&0&0\\0&0&2&0&0&0\\0&0&0&3&0&0\\0&0&0&0&4&0\\0&0&0&0&0&5\end{vmatrix}$$

$$=\left(1+\frac{1}{2}+\frac{1}{3}+\frac{1}{4}+\frac{1}{5}\right)\times 5!$$

$$=120+120+60+40+30+24=394.$$

***例 8.4.2**　证明：$D=\begin{vmatrix}\alpha^2+1&\alpha\beta&\alpha\gamma\\\alpha\beta&\beta^2+1&\beta\gamma\\\alpha\gamma&\beta\gamma&\gamma^2+1\end{vmatrix}$.

证　一、二、三行分别提公因子 α、β、γ，得

$$D=\alpha\beta\gamma\begin{vmatrix}\alpha+\frac{1}{\alpha}&\beta&\gamma\\\alpha&\beta+\frac{1}{\beta}&\gamma\\\alpha&\beta&\gamma+\frac{1}{\gamma}\end{vmatrix}=\begin{vmatrix}\alpha^2+1&\beta^2&\gamma^2\\\alpha^2&\beta^2+1&\gamma^2\\\alpha^2&\beta^2&\gamma^2+1\end{vmatrix}$$

$$\xlongequal{c_1+c_j(j=2,3)}\begin{vmatrix}\alpha^2+\beta^2+\gamma^2 & \beta^2 & \gamma^2\\ \alpha^2+\beta^2+\gamma^2 & \beta^2+1 & \gamma^2\\ \alpha^2+\beta^2+\gamma^2 & \beta^2 & \gamma^2+1\end{vmatrix}$$

$$\xlongequal{\alpha^2+\beta^2+\gamma^2}\begin{vmatrix}1 & \beta^2 & \gamma^2\\ 1 & \beta^2+1 & \gamma^2\\ 1 & \beta^2 & \gamma^2+1\end{vmatrix}$$

$$\xlongequal{c_i+c_1(i=2,3)}(\alpha^2+\beta^2+\gamma^2)\begin{vmatrix}1 & \beta^2 & \gamma^2\\ 0 & 1 & 0\\ 0 & 0 & 1\end{vmatrix}=(\alpha^2+\beta^2+\gamma^2).$$

***例 8.4.3** 设四阶行列式

$$D=\begin{vmatrix}a_1 & a_2 & a_3 & f\\ b_1 & b_2 & b_3 & f\\ c_1 & c_2 & c_3 & f\\ d_1 & d_2 & d_3 & f\end{vmatrix},$$

求第一列各元素的代数余子式之和$A_{11}+A_{21}+A_{31}+A_{41}$.

解 (1) 当 $f=0$ 时，根据代数余子式的定义知 $A_{i1}=0(i=1,2,3,4)$，所以 $A_{11}+A_{21}+A_{31}+A_{41}=0$.

(2) 当 $f\neq 0$ 时，由行列式展开定理，得

$$fA_{11}+fA_{21}+fA_{31}+fA_{41}=0,$$

即

$$f(A_{11}+A_{21}+A_{31}+A_{41})=0,$$

所以

$$A_{11}+A_{21}+A_{31}+A_{41}=0\ .$$

***例 8.4.4** 已知三阶矩阵 $\boldsymbol{A}=\begin{pmatrix}4 & -2 & 2\\ 2 & -1 & 1\\ -2 & 1 & -1\end{pmatrix}$，求 $\boldsymbol{A}^{2018}$.

解 因为

$$\begin{pmatrix}4 & -2 & 2\\ 2 & -1 & 1\\ -2 & 1 & -1\end{pmatrix}=\begin{pmatrix}2\\ 1\\ -1\end{pmatrix}(2\quad -1\quad 1),$$

所以

$$\boldsymbol{A}^2=\boldsymbol{A}\cdot\boldsymbol{A}=\begin{pmatrix}2\\ 1\\ -1\end{pmatrix}(2\quad -1\quad 1)\cdot\begin{pmatrix}2\\ 1\\ -1\end{pmatrix}(2\quad -1\quad 1)$$

$$=2\begin{pmatrix}2\\ 1\\ -1\end{pmatrix}(2\quad -1\quad 1)=2\boldsymbol{A},$$

$$\boldsymbol{A}^3=\boldsymbol{A}^2\cdot\boldsymbol{A}=2\boldsymbol{A}\cdot\boldsymbol{A}=2\boldsymbol{A}^2=2\cdot 2\boldsymbol{A}=2^2\boldsymbol{A},$$

$$\vdots$$

故

$$A^{2018} = 2^{2017}A.$$

* **例 8.4.5**　已知三阶矩阵 A 的逆矩阵 $A^{-1}=\begin{pmatrix}1&1&1\\1&2&1\\1&1&3\end{pmatrix}$，求其伴随矩阵 A^* 的逆矩阵.

解　因为 $A^*=|A|A^{-1}$，所以 $(A^*)^{-1}=|A|^{-1}(A^{-1})^{-1}=|A^{-1}|(A^{-1})^{-1}$.

又因为

$$|A^{-1}|=\begin{vmatrix}1&1&1\\1&2&1\\1&1&3\end{vmatrix}=\begin{vmatrix}1&1&1\\0&1&0\\0&0&2\end{vmatrix}=2,$$

$$(A^{-1},E)=\left(\begin{array}{ccc:ccc}1&1&1&1&0&0\\1&2&1&0&1&0\\1&1&3&0&0&1\end{array}\right)\to\left(\begin{array}{ccc:ccc}1&1&1&1&0&0\\0&1&0&-1&1&0\\0&0&2&-1&0&1\end{array}\right)$$

$$\to\left(\begin{array}{ccc:ccc}1&0&1&2&-1&0\\0&1&0&-1&1&0\\0&0&2&-\frac{1}{2}&0&\frac{1}{2}\end{array}\right)\to\left(\begin{array}{ccc:ccc}1&0&0&\frac{5}{2}&-1&-\frac{1}{2}\\0&1&0&-1&1&0\\0&0&1&-\frac{1}{2}&0&\frac{1}{2}\end{array}\right),$$

即

$$(A^{-1})^{-1}=\begin{pmatrix}\frac{5}{2}&-1&-\frac{1}{2}\\-1&1&0\\-\frac{1}{2}&0&\frac{1}{2}\end{pmatrix},$$

所以

$$(A^{-1})^{-1}=2\begin{pmatrix}\frac{5}{2}&-1&-\frac{1}{2}\\-1&1&0\\-\frac{1}{2}&0&\frac{1}{2}\end{pmatrix}=2\begin{pmatrix}5&-2&-1\\-2&2&0\\-1&0&1\end{pmatrix}.$$

* **例 8.4.6**　设线性方程组 $\begin{cases}(1+\lambda)x_1+x_2+x_3=0\\x_1+(1+\lambda)x_2+x_3=3\\x_1+x_2+(1+\lambda)x_3=\lambda\end{cases}$，问 λ 为何值时，此方程组

(1) 有唯一解？(2) 无解？(3) 有无穷多解？并在有无穷多解时求其通解.

解　对该方程组的增广矩阵作初等行变换，化为阶梯形矩阵，得

$$(A,b)=\left(\begin{array}{ccc:c}1+\lambda&1&1&0\\1&1+\lambda&1&3\\1&1&1+\lambda&\lambda\end{array}\right)\xrightarrow{r_1\leftrightarrow r_3}\left(\begin{array}{ccc:c}1&1&1+\lambda&\lambda\\1&1+\lambda&1&3\\1+\lambda&1&1&0\end{array}\right)$$

$$\xrightarrow{r_2-r_1,\ r_3-(1+\gamma)r_1}\left(\begin{array}{ccc:c}1&1&1+\lambda&\lambda\\0&\lambda&-\lambda&3-\lambda\\0&-\lambda&-\lambda(2+\lambda)&-\lambda(1+\lambda)\end{array}\right)$$

$$\xrightarrow{r_3+r_2}\left(\begin{array}{ccc:c}1 & 1 & 1+\lambda & \lambda\\0 & \lambda & -\lambda & 3-\lambda\\0 & 0 & -\lambda(3+\lambda) & (1-\lambda)(3+\lambda)\end{array}\right).$$

(1) 当 $\lambda\neq0$ 且 $\lambda\neq-3$ 时，方程组有唯一解.

(2) 当 $\lambda=0$ 时，方程组无解.

(3) 当 $\lambda=-3$ 时，方程组有无穷多解，此时

$$\left(\begin{array}{ccc:c}1 & 1 & 1+\lambda & \lambda\\0 & \lambda & -\lambda & 3-\lambda\\0 & 0 & -\lambda(3+\lambda) & (1-\lambda)(3+\lambda)\end{array}\right)=\left(\begin{array}{ccc:c}1 & 1 & -2 & -3\\0 & -3 & 3 & 6\\0 & 0 & 0 & 0\end{array}\right)$$

$$\xrightarrow{\left(-\frac{1}{3}\right)r_3}\left(\begin{array}{ccc:c}1 & 1 & -2 & -3\\0 & 1 & -1 & -2\\0 & 0 & 0 & 0\end{array}\right)\xrightarrow{r_1-r_2}\left(\begin{array}{ccc:c}1 & 0 & -1 & -1\\0 & 1 & -1 & -2\\0 & 0 & 0 & 0\end{array}\right),$$

原方程组的一般解为

$$\begin{cases}x_1-x_3=-1\\x_2-x_3=-2\end{cases},$$

故原方程组的同解为

$$\begin{cases}x_1=x_3-1\\x_2=x_3-2,\\x_3=x_3\end{cases}$$

取 $x_3=c$，则方程组的通解为 $\begin{pmatrix}x_1\\x_2\\x_3\end{pmatrix}=c\begin{pmatrix}1\\1\\1\end{pmatrix}+\begin{pmatrix}-1\\-2\\0\end{pmatrix}$，其中 c 为任意常数.

***例 8.4.7** 判断下面向量组的线性相关性.

$$\boldsymbol{\alpha}_1=(1,2,1),\ \boldsymbol{\alpha}_2=(0,1,1),\ \boldsymbol{\alpha}_3=(-1,0,1).$$

解 方法一：将 $\boldsymbol{\alpha}_1$、$\boldsymbol{\alpha}_2$、$\boldsymbol{\alpha}_3$ 以行向量构成矩阵，并对其进行初等行变换，有

$$\begin{pmatrix}\boldsymbol{\alpha}_1\\\boldsymbol{\alpha}_2\\\boldsymbol{\alpha}_3\end{pmatrix}=\begin{pmatrix}1 & 2 & 1\\0 & 1 & 1\\-1 & 0 & 1\end{pmatrix}\rightarrow\begin{pmatrix}1 & 2 & 1\\0 & 1 & 1\\0 & 2 & 2\end{pmatrix}\rightarrow\begin{pmatrix}1 & 0 & 1\\0 & 1 & 1\\0 & 0 & 0\end{pmatrix},$$

故向量组 $\boldsymbol{\alpha}_1$、$\boldsymbol{\alpha}_2$、$\boldsymbol{\alpha}_3$ 线性相关.

方法二：将 $\boldsymbol{\alpha}_1$、$\boldsymbol{\alpha}_2$、$\boldsymbol{\alpha}_3$ 以行向量构成矩阵，其行列式为

$$\begin{vmatrix}\boldsymbol{\alpha}_1\\\boldsymbol{\alpha}_2\\\boldsymbol{\alpha}_3\end{vmatrix}=\begin{vmatrix}1 & 2 & 1\\0 & 1 & 1\\-1 & 0 & 1\end{vmatrix}=\begin{vmatrix}1 & 2 & 1\\0 & 1 & 1\\0 & 2 & 2\end{vmatrix}=0,$$

故向量组 $\boldsymbol{\alpha}_1$、$\boldsymbol{\alpha}_2$、$\boldsymbol{\alpha}_3$ 线性相关.

***例 8.4.8** 求向量组 $\boldsymbol{\alpha}_1=(2,0,2,2)$，$\boldsymbol{\alpha}_2=(-2,-2,0,1)$，$\boldsymbol{\alpha}_3=(1,1,0,2)$，$\boldsymbol{\alpha}_4=(0,-2,2,3)$的秩，并指出它的一个极大无关组，并把其余向量用这个极大无关组线性表出.

解 将 $\boldsymbol{\alpha}_1$、$\boldsymbol{\alpha}_2$、$\boldsymbol{\alpha}_3$、$\boldsymbol{\alpha}_4$ 以列向量构成矩阵，并对其进行初等行变换，有

$$(\boldsymbol{\alpha}_1^{\mathrm{T}}\quad \boldsymbol{\alpha}_2^{\mathrm{T}}\quad \boldsymbol{\alpha}_3^{\mathrm{T}}\quad \boldsymbol{\alpha}_4^{\mathrm{T}}) = \begin{pmatrix} 2 & -2 & 1 & 0 \\ 0 & -2 & 1 & 0 \\ 2 & 0 & 0 & 2 \\ 2 & 1 & 2 & 3 \end{pmatrix} \to \begin{pmatrix} 2 & -2 & 1 & 0 \\ 0 & -2 & 1 & -2 \\ 0 & 2 & -1 & 2 \\ 0 & 3 & 1 & 3 \end{pmatrix}$$

$$\to \begin{pmatrix} 2 & -2 & 1 & 0 \\ 0 & -2 & 1 & -2 \\ 0 & 0 & 0 & 0 \\ 0 & 0 & \frac{5}{2} & 0 \end{pmatrix} \to \begin{pmatrix} 2 & -2 & 1 & 0 \\ 0 & -2 & 1 & -2 \\ 0 & 0 & 1 & 0 \\ 0 & 0 & 0 & 0 \end{pmatrix},$$

从而，该向量组的秩 $R(\boldsymbol{\alpha}_1, \boldsymbol{\alpha}_2, \boldsymbol{\alpha}_3, \boldsymbol{\alpha}_4)=3$，其中一个极大无关组为 $\boldsymbol{\alpha}_1$、$\boldsymbol{\alpha}_2$、$\boldsymbol{\alpha}_3$，继续作初等行变换，将阶梯形矩阵化为行最简形矩阵，即

$$\to \begin{pmatrix} 2 & 2 & 0 & 0 \\ 0 & -2 & 0 & -2 \\ 0 & 0 & 1 & 0 \\ 0 & 0 & 0 & 0 \end{pmatrix} \to \begin{pmatrix} 1 & 0 & 0 & -1 \\ 0 & 1 & 0 & 1 \\ 0 & 0 & 1 & 0 \\ 0 & 0 & 0 & 0 \end{pmatrix},$$

因此，向量 $\boldsymbol{\alpha}_4$ 可用极大无关组 $\boldsymbol{\alpha}_1$、$\boldsymbol{\alpha}_2$、$\boldsymbol{\alpha}_3$ 的线性表示为

$$\boldsymbol{\alpha}_4 = (-1)\cdot\boldsymbol{\alpha}_1 + 1\cdot\boldsymbol{\alpha}_2 + 0\cdot\boldsymbol{\alpha}_3 = -\boldsymbol{\alpha}_1 + \boldsymbol{\alpha}_2.$$

***例 8.4.9**　已知 $\boldsymbol{A}$ 为 4 阶矩阵，且 $R(\boldsymbol{A})=3$，$\boldsymbol{\alpha}_1$、$\boldsymbol{\alpha}_2$、$\boldsymbol{\alpha}_3$ 是线性方程组 $\boldsymbol{Ax}=\boldsymbol{b}$ 的三个不同的解，且 $\boldsymbol{\alpha}_1+2\boldsymbol{\alpha}_2+\boldsymbol{\alpha}_3=(2, 4, 6, 8)^{\mathrm{T}}$，$\boldsymbol{\alpha}_1+3\boldsymbol{\alpha}_3=(1, 3, 5, 7)^{\mathrm{T}}$，求方程组 $\boldsymbol{Ax}=\boldsymbol{b}$ 的通解.

解　由 $n-R(\boldsymbol{A})=4-3=1$ 可知，方程组 $\boldsymbol{Ax}=\boldsymbol{b}$ 的对应的齐次方程组的基础解系由 1 个非零的解向量构成. 因为

$$\boldsymbol{\alpha}_1 + 2\boldsymbol{\alpha}_2 + \boldsymbol{\alpha}_3 - (\boldsymbol{\alpha}_1 + 3\boldsymbol{\alpha}_3) = 2(\boldsymbol{\alpha}_2 - \boldsymbol{\alpha}_3),$$

由条件可知，$(\boldsymbol{\alpha}_2-\boldsymbol{\alpha}_3)\neq 0$，且

$$\boldsymbol{A}(\boldsymbol{\alpha}_1 + 2\boldsymbol{\alpha}_2 + \boldsymbol{\alpha}_3 - \boldsymbol{\alpha}_1 - 3\boldsymbol{\alpha}_3) = 2\boldsymbol{A}(\boldsymbol{\alpha}_2 - \boldsymbol{\alpha}_3) = \boldsymbol{0},$$

所以 $\boldsymbol{\xi}=2(\boldsymbol{\alpha}_2-\boldsymbol{\alpha}_3)=(1, 1, 1, 1)^{\mathrm{T}}$ 是方程组 $\boldsymbol{Ax}=\boldsymbol{b}$ 对应的齐次方程组 $\boldsymbol{Ax}=\boldsymbol{0}$ 的一个基础解系. 又因为

$$\boldsymbol{A}(\boldsymbol{\alpha}_1 + 2\boldsymbol{\alpha}_2 + \boldsymbol{\alpha}_3) = \boldsymbol{A\alpha}_1 + 2\boldsymbol{A\alpha}_2 + \boldsymbol{A\alpha}_3 = 4\boldsymbol{b},$$

即

$$\boldsymbol{A}\left(\frac{\boldsymbol{\alpha}_1 + 2\boldsymbol{\alpha}_2 + \boldsymbol{\alpha}_3}{4}\right) = \boldsymbol{b},$$

所以 $\boldsymbol{\eta}=\dfrac{\boldsymbol{\alpha}_1+2\boldsymbol{\alpha}_2+\boldsymbol{\alpha}_3}{4}=\left(\dfrac{1}{2}, 1, \dfrac{3}{2}, 2\right)^{\mathrm{T}}$ 是方程组 $\boldsymbol{Ax}=\boldsymbol{b}$ 的解.

因此方程组的通解为 $k(1, 1, 1, 1)^{\mathrm{T}}+\left(\dfrac{1}{2}, 1, \dfrac{3}{2}, 2\right)^{\mathrm{T}}$，其中 k 为任意常数.

***例 8.4.10**　求非齐次线性方程组

$$\begin{cases} x_1 - x_2 - 3x_3 + 3x_4 = 2 \\ 2x_1 - 3x_2 - 7x_3 + 8x_4 = 3 \\ -x_1 - x_2 + x_3 + x_4 = -4 \end{cases}$$

的向量形式的通解.

解 对该非齐次线性方程组的增广矩阵作初等行变换，化为阶梯形矩阵

$$(\boldsymbol{A},\boldsymbol{b})=\left(\begin{array}{cccc:c}1&-1&-3&3&2\\2&-3&-7&8&3\\-1&-1&1&1&-4\end{array}\right)\xrightarrow{r_2-2r_1,\ r_3+r_1}\left(\begin{array}{cccc:c}1&-1&-3&3&2\\0&-1&-1&2&-1\\0&-2&-2&4&-2\end{array}\right)$$

$$\xrightarrow{r_3-2r_2,\ r_1-r_2}\left(\begin{array}{cccc:c}1&0&-2&1&3\\0&-1&-1&2&-1\\0&0&0&0&0\end{array}\right)\xrightarrow{(-1)r_2}\left(\begin{array}{cccc:c}1&0&-2&1&3\\0&1&1&-2&1\\0&0&0&0&0\end{array}\right),$$

故原非齐次线性方程组的一般解为

$$\begin{cases}x_1=2x_3-x_4+3\\x_2=-x_3+2x_4+1\end{cases},$$

其中 x_3、x_4 为自由未知量，取 $\begin{pmatrix}x_3\\x_4\end{pmatrix}=\begin{pmatrix}0\\0\end{pmatrix}$代入，得原非齐次线性方程组的一个特解为

$$\boldsymbol{\xi}=\begin{pmatrix}3\\1\\0\\0\end{pmatrix}.$$

又因为原非齐次线性方程组的对应齐次线性方程组的一般解为

$$\begin{cases}x_1=2x_3-x_4\\x_2=-x_3+2x_4\end{cases},$$

其中 x_3、x_4 为自由未知量，取 $\begin{pmatrix}x_3\\x_4\end{pmatrix}=\begin{pmatrix}1\\0\end{pmatrix}$及$\begin{pmatrix}0\\1\end{pmatrix}$代入，可得基础解系为

$$\boldsymbol{\eta}_1=\begin{pmatrix}2\\-1\\1\\0\end{pmatrix},\quad \boldsymbol{\eta}_2=\begin{pmatrix}-1\\2\\0\\1\end{pmatrix},$$

所以原非齐次线性方程组的向量形式的通解为

$$\boldsymbol{X}=k_1\boldsymbol{\eta}_1+k_2\boldsymbol{\eta}_2+\boldsymbol{\xi},$$

其中k_1、k_2 为任意常数.

自测题 8

A 组(基础练习)

一、填空题

1. 已知 3 阶行列式 $\begin{vmatrix}a_{11}&2a_{12}&3a_{13}\\2a_{21}&4a_{22}&6a_{23}\\3a_{31}&6a_{32}&9a_{33}\end{vmatrix}=12$，则 $\begin{vmatrix}a_{11}&a_{12}&a_{13}\\a_{21}&a_{22}&a_{23}\\a_{31}&a_{32}&a_{33}\end{vmatrix}=$________.

2. 设 3 阶行列式 D_3 的第 1 列元素分别为 1、3、-2，对应的代数余子式分别为-7、-5、2，则 $D_3=$________.

3. 已知矩阵 $\boldsymbol{A}=(2, 3, -1)$，$\boldsymbol{B}=(4, -2, , 5)$，且 $\boldsymbol{C}=\boldsymbol{A}^{\mathrm{T}}\boldsymbol{B}$，则 $\boldsymbol{C}=$________.

4. 设 3 阶矩阵 $\boldsymbol{A}=\begin{pmatrix}3 & 2 & 1\\0 & 6 & 3\\1 & 0 & -1\end{pmatrix}$，则 $R(\boldsymbol{A})=$____________.

5. 设 $\boldsymbol{A}=\begin{pmatrix}0 & 0 & 3\\0 & 2 & 0\\1 & 0 & 0\end{pmatrix}$，则 $\boldsymbol{A}^{-1}=$____________.

6. 已知矩阵方程 $\boldsymbol{XA}=\boldsymbol{B}$，其中 $\boldsymbol{A}=\begin{pmatrix}1 & 0\\2 & 1\end{pmatrix}$，$\boldsymbol{B}=\begin{pmatrix}1 & -1\\1 & 0\end{pmatrix}$，则 $\boldsymbol{X}=$________.

7. 若向量组 $\boldsymbol{\alpha}_1=(3, 2, 0)$，$\boldsymbol{\alpha}_2=(5, 4, -1)$，$\boldsymbol{\alpha}_3=(3, 1, t)$线性相关，则 $t=$______.

8. 设 $\boldsymbol{\eta}_1$、$\boldsymbol{\eta}_2$ 是 5 元齐次线性方程组 $\boldsymbol{Ax}=\boldsymbol{0}$ 的基础解系，则 $R(\boldsymbol{A})=$____________.

二、单项选择题

1. 3 阶行列式 $\begin{vmatrix}0 & 2 & -3\\1 & 0 & -1\\-1 & 2 & 0\end{vmatrix}=$(　　).

A. -6　　B. -1　　C. -2　　D. -4

2. 行列式 $\begin{vmatrix}0 & 1 & -1 & 1\\-1 & 0 & 1 & -1\\1 & -1 & 0 & 1\\-1 & 1 & -1 & 0\end{vmatrix}$ 的第二行第一列元素的代数余子式 $A_{21}=$(　　).

A. -1　　B. -2　　C. 1　　D. 2

3. 设 $\boldsymbol{A}$、$\boldsymbol{B}$ 为 n 阶方阵，下列各式一定成立的是(　　).

A. $(\boldsymbol{AB})^{-1}=\boldsymbol{A}^{-1}\boldsymbol{B}^{-1}$　　B. $|\boldsymbol{AB}|=|\boldsymbol{BA}|$

C. $(\boldsymbol{AB})'=\boldsymbol{A}'\boldsymbol{B}'$　　D. $(\boldsymbol{AB})^2=\boldsymbol{A}^2\boldsymbol{B}^2$

4. 设 $\boldsymbol{A}$ 为二阶方阵且 $|\boldsymbol{A}|=2$，则 $|-3\boldsymbol{A}|$ 的值为(　　).

A. 18　　B. -18　　C. 6　　D. -6

5. 若 $|\boldsymbol{A}|=2$，则 $|\boldsymbol{A}^{-1}|$ 的值为(　　).

A. $\dfrac{1}{2}$　　B. 4　　C. 2　　D. 1

6. $\boldsymbol{A}=\begin{pmatrix}0 & 0 & 1\\0 & 1 & 0\\1 & 0 & 0\end{pmatrix}$ 的秩为(　　).

A. 0　　B. 1　　C. 2　　D. 3

7. 两个方程三个未知量的线性方程组 $\boldsymbol{Ax}=\boldsymbol{b}$ 满足(　　)时，一定有解.

A. $R(\boldsymbol{A})=1$　　B. $R(\boldsymbol{A})=2$　　C. $R(\boldsymbol{A})=3$　　D. $R(\widetilde{\boldsymbol{A}})=3$

8. 设 $\boldsymbol{\alpha}_1$、$\boldsymbol{\alpha}_2$、$\boldsymbol{\alpha}_3$、$\boldsymbol{\alpha}_4$ 是三维实向量，则(　　).

A. $\boldsymbol{\alpha}_1$、$\boldsymbol{\alpha}_2$、$\boldsymbol{\alpha}_3$、$\boldsymbol{\alpha}_4$ 一定线性无关

B. $\boldsymbol{\alpha}_1$ 一定可由 $\boldsymbol{\alpha}_1$、$\boldsymbol{\alpha}_2$、$\boldsymbol{\alpha}_3$、$\boldsymbol{\alpha}_4$ 线性表出

C. $\boldsymbol{\alpha}_1$、$\boldsymbol{\alpha}_2$、$\boldsymbol{\alpha}_3$、$\boldsymbol{\alpha}_4$ 一定线性相关

D. $\boldsymbol{\alpha}_1$、$\boldsymbol{\alpha}_2$、$\boldsymbol{\alpha}_3$ 一定线性无关

9. 齐次线性方程组$\begin{cases} x_1+2x_2+3x_3=0 \\ -x_2+x_3-x_4=0 \end{cases}$的基础解系所含解向量的个数为(　　).

A. 1　　B. 2　　C. 3　　D. 4

三、计算与证明题

1. 已知3阶行列式$\begin{vmatrix} 1 & x & 3 \\ -1 & 2 & 0 \\ 5 & -1 & 5 \end{vmatrix}=-2$，求 x 的值.

2. 计算行列式$\begin{vmatrix} 3 & 1 & 0 \\ 4 & -2 & 1 \\ 0 & 5 & 7 \end{vmatrix}$的值.

3. 证明：行列式 $D=\begin{vmatrix} a^2+\frac{1}{a} & a & \frac{1}{a} & 1 \\ b^2+\frac{1}{b^2} & b & \frac{1}{b} & 1 \\ c^2+\frac{1}{c^2} & c & \frac{1}{c} & 1 \\ d^2+\frac{1}{d^2} & d & \frac{1}{d} & 1 \end{vmatrix}$ $(abcd=1)$的值为0.

4. 已知矩阵 $\boldsymbol{A}=\begin{pmatrix} -1 & 1 \\ -1 & 0 \end{pmatrix}$，$\boldsymbol{B}=\begin{pmatrix} -1 & 1 \\ 0 & 2 \end{pmatrix}$，且矩阵 $\boldsymbol{X}$ 满足 $\boldsymbol{AX}+\boldsymbol{B}=\boldsymbol{X}$，求 $\boldsymbol{X}$.

5. 设 $\boldsymbol{A}=\begin{pmatrix} 1 & 1 & -1 \\ -1 & 1 & 1 \\ 1 & -1 & 1 \end{pmatrix}$满足 $\boldsymbol{A}^*\boldsymbol{X}=\boldsymbol{A}^{-1}+2\boldsymbol{X}$，求 $\boldsymbol{X}$.

6. 设向量组 $\boldsymbol{\alpha}_1$、$\boldsymbol{\alpha}_2$ 线性无关，证明：向量组 $\boldsymbol{\alpha}_1+\boldsymbol{\alpha}_2$、$\boldsymbol{\alpha}_1-\boldsymbol{\alpha}_2$ 也线性无关.

7. 已知向量组 $\boldsymbol{\alpha}_1$、$\boldsymbol{\alpha}_2$、$\boldsymbol{\alpha}_3$ 线性无关，且 $\boldsymbol{b}_1=\boldsymbol{\alpha}_1+\boldsymbol{\alpha}_2$，$\boldsymbol{b}_2=\boldsymbol{\alpha}_2+\boldsymbol{\alpha}_3$，$\boldsymbol{b}_3=\boldsymbol{\alpha}_3+\boldsymbol{\alpha}_1$，试证：$\boldsymbol{b}_1$、$\boldsymbol{b}_2$、$\boldsymbol{b}_3$ 线性无关.

8. 设向量组 A：$\boldsymbol{\alpha}_1=\begin{pmatrix} 1 \\ 4 \\ 3 \end{pmatrix}$，$\boldsymbol{\alpha}_2=\begin{pmatrix} 2 \\ k \\ -1 \end{pmatrix}$，$\boldsymbol{\alpha}_3=\begin{pmatrix} 3 \\ 1 \\ 2 \end{pmatrix}$，求常数 k，使向量组 A 线性相关；并找出一组极大无关组，将其余向量用该极大无关组线性表出.

9. 设4元非齐次线性方程组 $\boldsymbol{AX}=\boldsymbol{\beta}$ 的系数矩阵 $\boldsymbol{A}$ 的秩为3，已知 $\boldsymbol{X}_1$、$\boldsymbol{X}_2$、$\boldsymbol{X}_3$ 是它的三个解向量，且

$$\boldsymbol{X}_1=\begin{pmatrix} 2 \\ 0 \\ 5 \\ -1 \end{pmatrix},\quad \boldsymbol{X}_2+\boldsymbol{X}_3=\begin{pmatrix} 1 \\ 9 \\ 9 \\ 8 \end{pmatrix},$$

求该非齐次线性方程组 $\boldsymbol{AX}=\boldsymbol{\beta}$ 的通解.

10. 已知非齐次线性方程组$\begin{cases} x_1+x_2-3x_3-x_4=1 \\ 3x_1-x_2-3x_3+4x_4=4 \\ x_1+5x_2-9x_3-8x_4=0 \end{cases}$，求方程组的通解.

B 组(拓展练习)

一、填空题

1. 若 $D=\begin{vmatrix}1&1&1&1\\2&-3&1&-4\\4&9&1&16\\8&-27&1&-64\end{vmatrix}$，则 $D=$__________.

2. 行列式 $D=\begin{vmatrix}4&-4&3\\2&-1&1\\3&0&1\end{vmatrix}$ 中元素(−4)的代数余子式的值为______.

3. 已知 3 阶行列式 $\begin{vmatrix}k&-4&0\\1&k&-2\\0&2&1\end{vmatrix}=0$，则 $k=$__________.

4. $\begin{pmatrix}1&0&0\\0&1&0\\0&0&1\end{pmatrix}^{2018}\begin{pmatrix}a_1&b_1\\a_2&b_2\\a_3&b_3\end{pmatrix}=$__________.

5. 若 $\boldsymbol{A}=\begin{pmatrix}3&0&0\\1&3&0\\1&1&3\end{pmatrix}$，则 $(\boldsymbol{A}^2-4\boldsymbol{E})(\boldsymbol{A}-2\boldsymbol{E})^{-1}=$__________.

6. 设 3 阶矩阵 $\boldsymbol{A}=\begin{pmatrix}1&x&x\\x&1&x\\x&x&1\end{pmatrix}$ 的秩为 2，则 $x=$__________.

7. 设 $\boldsymbol{A}=\begin{pmatrix}3&0&0\\1&1&0\\2&1&5\end{pmatrix}$，则 $|3\boldsymbol{A}|=$__________.

8. 设线性方程组 $\boldsymbol{Ax}=\boldsymbol{b}$ 的增广矩阵经过初等行变换化为

$$\begin{pmatrix}1&3&1&2&6\\0&-1&3&1&4\\0&0&0&2&-1\\0&0&0&0&0\end{pmatrix},$$

则此方程组的一般解中自由未知量的个数为________.

9. 设 $\boldsymbol{A}$ 是 5×4 阶矩阵，$R(\boldsymbol{A})=2$，则齐次线性方程组 $\boldsymbol{AX}=\boldsymbol{0}$ 的一个基础解系中含有解向量的个数为________个.

10. 设 $\boldsymbol{A}=\begin{pmatrix}1&2&-2\\2&1&2\\3&0&4\end{pmatrix}$，$\boldsymbol{\alpha}=\begin{pmatrix}a\\1\\1\end{pmatrix}$，已知 $\boldsymbol{A\alpha}$ 与 $\boldsymbol{\alpha}$ 线性相关，则 $a=$________.

二、单项选择题

1. 如果 $D=\begin{vmatrix} a_{11} & a_{12} & a_{13} \\ a_{21} & a_{22} & a_{23} \\ a_{31} & a_{32} & a_{33} \end{vmatrix}=M$，则 $\begin{vmatrix} 3a_{11} & 4a_{11}-a_{12} & -a_{13} \\ 3a_{21} & 4a_{21}-a_{22} & -a_{23} \\ 3a_{31} & 4a_{31}-a_{32} & -a_{33} \end{vmatrix}=(\quad)$.

A. $-3M$　　B. $3M$　　C. $-12M$　　D. $12M$

2. 已知四阶行列式 $\begin{vmatrix} 1 & 0 & 0 & 0 \\ 1 & 0 & 3 & 4 \\ 5 & -2 & 3 & 1 \\ -8 & 0 & 1 & 1 \end{vmatrix}$，则 $5A_{11}-2A_{12}+3A_{13}+A_{14}=(\quad)$.

A. -2　　B. 2　　C. 1　　D. 0

3. 设 A_{ij} 是行列式 $|A|$ 的元素 $a_{ij}\,(i=1, 2, \cdots, n)$ 的代数余子式，当 $i\neq j$ 时，下列各式不正确的是(　　).

A. $0=a_{i1}A_{j1}+a_{i2}A_{j2}+\cdots+a_{in}A_{jn}$

B. $|A|=a_{i1}A_{i1}+a_{i2}A_{i2}+\cdots+a_{in}A_{in}$

C. $|A|=a_{1j}A_{1j}+a_{2j}A_{2j}+\cdots+a_{nj}A_{nj}$

D. $|A|=a_{i1}A_{j1}+a_{i2}A_{j2}+\cdots+a_{in}A_{jn}$

4. 设 $\boldsymbol{A}$、$\boldsymbol{B}$、$\boldsymbol{C}$ 为 n 阶方阵，下列命题正确的是(　　).

A. 若 $\boldsymbol{B}=\boldsymbol{C}$，则 $\boldsymbol{AB}=\boldsymbol{AC}$

B. 若矩阵 $\boldsymbol{A}$ 满足 $\boldsymbol{A}^2=\boldsymbol{0}$，则 $\boldsymbol{A}=\boldsymbol{0}$

C. 若 $\boldsymbol{AB}=\boldsymbol{AC}$，则 $\boldsymbol{B}=\boldsymbol{C}$

D. 有对任意方阵 $\boldsymbol{A}$、$\boldsymbol{B}$，有 $(\boldsymbol{A}-\boldsymbol{B})(\boldsymbol{A}+\boldsymbol{B})=\boldsymbol{A}^2-\boldsymbol{B}^2$

5. 设 $\boldsymbol{A}$、$\boldsymbol{B}$ 为同阶可逆矩阵，则下列说法正确的是(　　).

A. $(\boldsymbol{AB})^{\mathrm{T}}=\boldsymbol{A}^{\mathrm{T}}\boldsymbol{B}^{\mathrm{T}}$　　B. $(\boldsymbol{AB}^{\mathrm{T}})^{-1}=\boldsymbol{A}^{-1}(\boldsymbol{B}^{\mathrm{T}})^{-1}$

C. $(\boldsymbol{AB})^{\mathrm{T}}=\boldsymbol{B}^{\mathrm{T}}\boldsymbol{A}^{\mathrm{T}}$　　D. $(\boldsymbol{AB}^{\mathrm{T}})^{-1}=\boldsymbol{A}^{-1}(\boldsymbol{B}^{-1})^{\mathrm{T}}$

6. 设 $\boldsymbol{A}$ 是三阶方阵，若 $R(\boldsymbol{A})=2$，则(　　).

A. $\boldsymbol{A}$ 的阶梯形矩阵没有零行　　B. $\boldsymbol{A}$ 的阶梯形矩阵有一个零行

C. $\boldsymbol{A}$ 有一个零行　　D. $\boldsymbol{A}$ 至少有一个零行

7. 设 $\boldsymbol{A}$、$\boldsymbol{B}$ 均为 n 阶方阵，则下列命题成立的是(　　).

A. 若 $\boldsymbol{AB}=\boldsymbol{0}$，则必有 $\boldsymbol{A}=\boldsymbol{0}$ 或 $\boldsymbol{B}=\boldsymbol{0}$

B. 若 $\boldsymbol{A}\neq\boldsymbol{0}$，$\boldsymbol{B}\neq\boldsymbol{0}$，则 $\boldsymbol{AB}\neq\boldsymbol{0}$

C. 若 $\boldsymbol{A}$ 为对称矩阵，则 $[\boldsymbol{A}(\boldsymbol{A}-\boldsymbol{B})]^{\mathrm{T}}=\boldsymbol{A}^2-\boldsymbol{B}^{\mathrm{T}}\boldsymbol{A}$

D. 若 $R(\boldsymbol{A})\neq 0$，$R(\boldsymbol{B})\neq 0$，则 $R(\boldsymbol{AB})\neq 0$

8. 下列结论错误的是(　　).

A. $n+1$ 个 n 维向量一定线性相关

B. n 个 $n+1$ 维向量一定线性相关

C. 若 n 个 n 维向量 $\boldsymbol{\alpha}_1, \boldsymbol{\alpha}_2, \cdots, \boldsymbol{\alpha}_n$ 线性相关，则 $|\boldsymbol{\alpha}_1, \boldsymbol{\alpha}_2, \cdots, \boldsymbol{\alpha}_n|=0$

D. n 个 n 维向量 $\boldsymbol{\alpha}_1, \boldsymbol{\alpha}_2, \cdots, \boldsymbol{\alpha}_n$，若 $|\boldsymbol{\alpha}_1, \boldsymbol{\alpha}_2, \cdots, \boldsymbol{\alpha}_n|=0$，则 $\boldsymbol{\alpha}_1, \boldsymbol{\alpha}_2, \cdots, \boldsymbol{\alpha}_n$ 线性相关

9. 若在齐次线性方程组 $\boldsymbol{A}_{3\times 5}\boldsymbol{X}=\boldsymbol{0}$ 的一般解中，只有两个自由未知量 x_4、x_5，则在确定 $\boldsymbol{AX}=\boldsymbol{0}$ 的基础解系时，以下结论正确的是（　　）.

A. 基础解系中解向量的个数必为 5

B. 基础解系中解向量的个数必为 3

C. 只能分别取 $x_4=1$、$x_5=0$ 或 $x_4=0$、$x_5=1$

D. 不能分别取 $x_4=3$、$x_5=2$ 或 $x_4=6$、$x_5=4$

10. 设含有 m 个方程的 n 元非齐次线性方程组为 $\boldsymbol{Ax}=\boldsymbol{b}$ 且 $R(\boldsymbol{A})=r$，(　　).

A. 当 $R(\boldsymbol{A})=R(\boldsymbol{A}|\boldsymbol{b})=n$ 时，$\boldsymbol{Ax}=\boldsymbol{b}$ 有唯一解

B. $m=n$ 时，$\boldsymbol{Ax}=\boldsymbol{b}$ 有唯一解

C. $r<n$ 时，$\boldsymbol{Ax}=\boldsymbol{b}$ 有无穷多解

D. $r=m$ 时，$\boldsymbol{Ax}=\boldsymbol{0}$ 有唯一解

三、计算与证明题

1. 计算 n 阶行列式 $D=\begin{vmatrix} a & b & b & \cdots & b \\ b & a & b & \cdots & b \\ b & b & a & \cdots & b \\ \vdots & \vdots & \vdots & & \vdots \\ b & b & b & \cdots & a \end{vmatrix}$.

2. 证明：$\begin{vmatrix} a^2 & (a+1)^2 & (a+2)^2 & (a+3)^2 \\ b^2 & (b+1)^2 & (b+2)^2 & (b+3)^2 \\ c^2 & (c+1)^2 & (c+2)^2 & (c+3)^2 \\ d^2 & (d+1)^2 & (d+2)^2 & (d+3)^2 \end{vmatrix}=0$.

3. 当 λ 取何值时，齐次线性方程组 $\begin{cases} (1-\lambda)x_1-2x_2+4x_3=0 \\ 2x_1+(3-\lambda)x_2+x_3=0 \\ x_1+x_2+(1-\lambda)x_3=0 \end{cases}$ 有非零解.

4. 设方阵 $\boldsymbol{A}$ 满足方程 $\boldsymbol{A}^2-\boldsymbol{A}-2\boldsymbol{E}=\boldsymbol{0}$，证明：$\boldsymbol{A}$、$\boldsymbol{A}+2\boldsymbol{E}$ 都可逆，并求它们的逆矩阵.

5. 设三阶矩阵 $\boldsymbol{A}$、$\boldsymbol{B}$ 满足关系 $\boldsymbol{A}^{-1}\boldsymbol{BA}=6\boldsymbol{A}+\boldsymbol{BA}$，且 $\boldsymbol{A}=\begin{pmatrix} \frac{1}{2} & & \\ & \frac{1}{4} & \\ & & \frac{1}{7} \end{pmatrix}$，求 $\boldsymbol{B}$.

6. 设 $\boldsymbol{AXB}=\boldsymbol{C}$，其中 $\boldsymbol{A}=\begin{pmatrix} 3 & -2 & 2 \\ 5 & 4 & 1 \\ 1 & -1 & 0 \end{pmatrix}$，$\boldsymbol{B}=\begin{pmatrix} 2 & 1 \\ 4 & 3 \end{pmatrix}$，$\boldsymbol{C}=\begin{pmatrix} 2 & 1 \\ 2 & 0 \\ -4 & 1 \end{pmatrix}$，求未知矩阵 $\boldsymbol{X}$.

7. 已知 $\begin{cases} x_1-2x_2+5x_3=8 \\ x_1-x_2+6x_3=10 \\ 3x_1+2x_2+\lambda x_3=8\mu \end{cases}$，试讨论 λ、μ 取何值时，此方程组无解？有唯一解？无穷多组解？

8. 设 $\begin{cases} x_1+2x_2+3x_3=6 \\ x_1+x_2+ax_3=-7 \\ 3x_1+5x_2+4x_3=b \end{cases}$，问 a、b 为何值时，此方程组有唯一解、无解、有无穷多解？

并求有无穷多解时的通解.

9. 给定向量组

$$\boldsymbol{\alpha}_1=(1,-1,0,4),\quad \boldsymbol{\alpha}_2=(2,1,5,6),$$
$$\boldsymbol{\alpha}_3=(1,-1,-2,0),\quad \boldsymbol{\alpha}_4=(3,0,7,k),$$

当 k 为何值时，向量组 $\boldsymbol{\alpha}_1$、$\boldsymbol{\alpha}_2$、$\boldsymbol{\alpha}_3$、$\boldsymbol{\alpha}_4$ 线性相关？当向量组线性相关时，求出一个极大无关组.

自测题 8 参考答案

10. 已知向量组 $\boldsymbol{\alpha}_1$、$\boldsymbol{\alpha}_2$、$\boldsymbol{\alpha}_3$、$\boldsymbol{\alpha}_4$ 线性无关，证明：$\boldsymbol{\beta}_1=\boldsymbol{\alpha}_1+2\boldsymbol{\alpha}_2+3\boldsymbol{\alpha}_3+4\boldsymbol{\alpha}_4$，$\boldsymbol{\beta}_2=-\boldsymbol{\alpha}_2+2\boldsymbol{\alpha}_3+3\boldsymbol{\alpha}_4$，$\boldsymbol{\beta}_3=2\boldsymbol{\alpha}_1+3\boldsymbol{\alpha}_2+8\boldsymbol{\alpha}_3+12\boldsymbol{\alpha}_4$，$\boldsymbol{\beta}_4=2\boldsymbol{\alpha}_1+3\boldsymbol{\alpha}_2+6\boldsymbol{\alpha}_3+8\boldsymbol{\alpha}_4$ 也线性无关.

阅读资料

行列式与矩阵概念的形成与建立

行列式的概念最早出现在 17 世纪末，由日本数学家关孝和在 1683 年撰写的著作《解伏题之法》中提出来，题目的意思是“解行列式问题的方法”.

欧洲第一个提出行列式概念的是德国数学家、微积分奠基人之一——莱布尼茨(G. W. Leibniz). 1693 年，他在研究线性方程组的解法时独立地发明了行列式. 1750 年，瑞士数学家克莱姆(G. Cramer)在其著作《线性代数分析导言》中，对行列式的定义和展开法则给出了比较完整、明确的阐述，并提出了现在称之为解线性方程组的克莱姆法则. 而法国数学家范德蒙德(Vandermonde)则是第一个对行列式理论做出连贯的逻辑阐述的人. 他不仅把行列式应用于解线性方程组，而且对行列式理论本身进行了开创性的研究，是行列式的奠基者。

矩阵概念产生并发展于 19 世纪的欧洲，欧洲的社会环境和文化背景为矩阵的早期发展提供了适宜的舞台，一大批矩阵理论的奠基者做了大量的工作. 1801 年，德国数学家高斯(F. Gauss)讨论了变换(矩阵)技巧乘积. 1850 年，英国数学家西尔维斯特(J. J. Sylvester)第一个给出了“矩阵”一词. 1858 年，英国数学家凯莱(A. Gayley)发表了《关于矩阵理论的研究报告》，首次将矩阵作为一个独立的数学对象加以研究，并在这个主题上取得了一系列的学术成果，因而被认为矩阵理论的创立者. 1854 年，法国数学家赫尔米特(C. Hermite)第一个使用了“正交矩阵”这一术语，但它的正式定义直到 1878 年才由德国数学家费罗贝克乌斯(F. G. Frobenus)发表. 1879 年，引入矩阵秩的概念. 至此，矩阵的体系基本上建立起来.

附录 常用公式

一、代数公式

1. 指数运算

若 m、n 为有理数，则

(1) $a^0=1(a\neq0)$；

(2) $\frac{1}{a^n}=a^{-n}(a\neq0)$；

(3) $a^m\cdot a^n=a^{m+n}$；

(4) $a^m\div a^n=a^{m-n}$；

(5) $(ab)^n=a^nb^n$；

(6) $\left(\frac{a}{b}\right)^n=\frac{a^n}{b^n}(b\neq0)$；

(7) $(a^m)^n=a^{mn}$；

(8) $\sqrt[n]{a^m}=a^{\frac{m}{n}}(m,n\in\mathbf{N})$.

2. 对数运算

设 $a>0$，$a\neq1$；$b>0$，$b\neq1$；$x>0$，$y>0$，则

(1) $\log_a(xy)=\log_a x_1+\log_a y$；

(2) $\log_a\frac{x}{y}=\log_a x-\log_a y$ ；

(3) $\log_a N^\mu=\mu\log_a N$；

(4) 对数恒等式 $x=a^{\log_a x}$，$\log_a a=1$，$\log_a 1=0$；

(5) 换底公式$\log_a x=\frac{\log_b x}{\log_b a}$.

3. 常用恒等式

(1) $(a\pm b)^2=a^2\pm2ab+b^2$；

(2) $(a\pm b)^3=a^3\pm3a^2b+3ab^2\pm b^3$；

(3) $(a+b)(a-b)=a^2-b^2$；

(4) $a^3\pm b^3=(a\pm b)(a^2\mp ab+b^2)$；

(5) $(a+b)^n=a^n+C_n^1a^{n-1}b+C_n^2a^{n-2}b^2+\cdots+C_n^ra^{n-r}b^r+\cdots+b^n$.

4. 数列和公式

(1) 等差数列 $a+(a+d)+\cdots+[a+(n-1)d]=na+\frac{n(n-1)d}{2}$；

(2) 等比数列 $a+aq+\cdots+aq^{n-1}=\frac{a(1-q^n)}{1-q}(q\neq1)$.

二、三角公式

1. 两角和与差的三角函数

(1) $\sin(\alpha\pm\beta)=\sin\alpha\cos\beta\pm\cos\alpha\sin\beta$;

(2) $\cos(\alpha\pm\beta)=\cos\alpha\cos\beta\mp\sin\alpha\sin\beta$;

(3) $\tan(\alpha\pm\beta)=\dfrac{\tan\alpha\pm\tan\beta}{1\mp\tan\alpha\tan\beta}$;

(4) $\cot(\alpha\pm\beta)=\dfrac{\cot\alpha\cot\beta\mp1}{\cot\beta\pm\cot\alpha}$.

2. 倍角公式

(1) $\sin2\alpha=2\sin\alpha\cos\alpha$;

(2) $\cos2\alpha=\cos^2\alpha-\sin^2\alpha=2\cos^2\alpha-1=1-2\sin^2\alpha$;

(3) $\tan2\alpha=\dfrac{2\tan\alpha}{1-\tan^2\alpha}$;

(4) $\cot2\alpha=\dfrac{\cot^2\alpha-1}{2\cot\alpha}$;

(5) $\sin^2\dfrac{\alpha}{2}=\dfrac{1-\cos\alpha}{2}$;

(6) $\cos^2\dfrac{\alpha}{2}=\dfrac{1+\cos\alpha}{2}$.

3. 三角函数的和差与积的关系

(1) $2\sin\alpha\cos\beta=\sin(\alpha+\beta)+\sin(\alpha-\beta)$;

(2) $2\cos\alpha\sin\beta=\sin(\alpha+\beta)-\sin(\alpha-\beta)$;

(3) $2\cos\alpha\cos\beta=\cos(\alpha+\beta)+\cos(\alpha-\beta)$;

(4) $-2\cos\alpha\cos\beta=\cos(\alpha+\beta)-\cos(\alpha-\beta)$;

(5) $\sin\alpha+\cos\beta=2\sin\dfrac{\alpha+\beta}{2}\cos\dfrac{\alpha-\beta}{2}$;

(6) $\sin\alpha-\cos\beta=2\cos\dfrac{\alpha+\beta}{2}\sin\dfrac{\alpha-\beta}{2}$;

(7) $\cos\alpha+\cos\beta=2\cos\dfrac{\alpha+\beta}{2}\cos\dfrac{\alpha-\beta}{2}$;

(8) $\cos\alpha-\cos\beta=-2\sin\dfrac{\alpha+\beta}{2}\sin\dfrac{\alpha-\beta}{2}$.

4. 同角三角函数之间的关系

(1) 平方关系：

$$\sin^2\alpha+\cos^2\alpha=1,\ 1+\tan^2\alpha=\sec^2\alpha,\ 1+\cot^2\alpha=\csc^2\alpha.$$

(2) 商数关系：

$$\frac{\sin x}{\cos x}=\tan x,\ \frac{\cos x}{\sin x}=\cot x.$$

(3) 倒数关系：

$$\tan x\cot x=1,\ \sin x\csc x=1,\ \cos x\sec x=1.$$

三、斜三角形的边角关系

(1) 正弦定理：

$$\frac{a}{\sin A}=\frac{b}{\sin B}=\frac{c}{\sin C}=2R\quad(R\ 为外接圆的半径).$$

(2) 余弦定理：

$$\begin{cases}a^2=b^2+c_2-2bc\cos A\\ b^2=a^2+c^2-2bc\cos B.\\ c^2=a^2+b^2-2ab\cos C\end{cases}$$

四、几何公式

1. 面积公式

(1) 圆面积：$S=\pi R^2$(R 为半径)；

(2) 扇形面积：$S=\frac{1}{2}lr=\frac{1}{2}r^2\alpha$($l$ 为扇形弧长，r 为半径，α 为扇形的圆心角)；

(3) 三角形面积：$S=\frac{1}{2}ah=\frac{1}{2}ab\sin C=\frac{1}{2}ac\sin B=\frac{1}{2}bc\sin A$($a$ 为底边长，h 为高，A、B、C 为三个角，a、b、c 为所对的边长)；

$$S=\sqrt{p(p-a)(p-b)(p-c)},\ p=\frac{1}{2}(a+b+c)$$

(4) 平行四边形面积：$S=ah$ (a 为底边长，h 为高)；

(5) 梯形面积：$S=\frac{1}{2}(a+b)h$(a、b 为两底边长，h 为高)；

2. 体积公式

(1) 柱体体积：$V=Sh$(S 为底面积，h 为高)；

(2) 锥体体积：$V=\frac{1}{3}Sh$(S 为底面积，h 为高)；

(3) 球体体积：$V=\frac{4}{3}\pi r^3$(r 为半径).

五、解析几何公式

(1) 两点间距离：$|AB|=\sqrt{(x_2-x_1)^2+(y_2-y_1)^2}$($A(x_1, y_1)$，$B(x_2, y_2)$)；

(2) 过两点直线斜率：$k_{AB}=\frac{y_2-y_1}{x_2-x_1}$($A(x_1, y_1)$，$B(x_2, y_2)$)；

(3) 两直线夹角：$\tan\theta=\left|\frac{k_2-k_1}{1+k_2k_1}\right|$($k_1$、$k_2$ 为两直线的斜率)；

(4) 点到直线的距离：$d=\frac{|Ax_1+By_1+C|}{\sqrt{A^2+B^2}}$ (直线方程为 $Ax+By+C=0$，点为 $P(x_1, y_1)$)；

(5) 直角坐标与极坐标的关系为

$$\begin{cases}x=r\cos\theta\\ y=r\sin\theta\end{cases}\Leftrightarrow\begin{cases}x^2+y^2=r^2\\ \theta=\arctan\frac{y}{x}\end{cases}.$$

参 考 文 献

[1] 王继，张波，钟瑜，等. 经济数学[M]. 北京：高等教育出版社，2017.

[2] 李顺初，陈子春，王玉兰，等. 高等数学教程[M]. 北京：科学出版社，2009.

[3] 曹勃. 经济应用数学[M]. 成都：电子科技大学出版社，2014.

[4] 雷田礼，郑红，齐松茹. 经济与管理数学[M]. 北京:高等教育出版社，2008.

[5] 杜家龙. 市场调查与预测[M]. 北京：高等教育出版社，2009.

[6] 吴赣昌. 微积分(经管类)[M]. 4 版. 北京：中国人民大学出版社，2011.

[7] 冯翠莲，赵益坤. 应用经济数学[M]. 北京：高等教育出版社，2008.

[8] 李心灿，姚金华，邵鸿飞，等. 高等数学应用 205 例[M]. 北京：高等教育出版社，1997.

[9] 白景富，杨凤书. 应用数学[M]. 青岛：中国海洋大学出版社，2011.

[10] 刘洪宇. 经济数学[M]. 北京：中国人民大学出版社，2012.

[11] 顾静相. 经济数学基础[M]. 3 版. 北京：高等教育出版社，2008.

[12] 邱红. 实用高等数学[M]. 青岛：中国海洋大学出版社，2011.

[13] 葛云飞，李云友. 高等数学教程[M]. 北京：北京交通大学出版社，2006.

[14] 许贵福. 物流数学[M]. 北京：人民交通出版社，2009.

[15] 赵可培. 运筹学[M]. 上海：上海财经大学出版社，2008.

[16] 胡显佑. 运筹学基础教程[M]. 2 版. 北京：中国人民大学出版社，2008.

[17] 张红. 数学简史[M]. 北京：科学出版社，2007.